Döring · Lehren in der Weiterbildung

Klaus W. Döring

Lehren
in der Weiterbildung

Ein Dozentenleitfaden

3. Auflage 1990

Deutscher Studien Verlag · Weinheim

Über den Autor:
Klaus W. Döring, Dr. phil., Jg. 38, ist seit 1974 Professor für Erziehungs-
wissenschaft an der Technischen Universität Berlin mit den Schwerpunkten
Mediendidaktik und Erwachsenenbildung/Weiterbildung.

CIP-Titelaufnahme der Deutschen Bibliothek

Döring, Klaus W.:
Lehren in der Weiterbildung : ein Dozentenleitfaden / Klaus
W. Döring. – 3. Aufl. – Weinheim : Deutscher Studien Verlag, 1990
  ISBN 3-89271-104-6

Die 1. Auflage erschien 1983 im Belz Verlag, Weinheim und Basel, unter dem
Titel »Lehren in der Erwachsenenbildung«.

2. Auflage (Neuausgabe) 1988
3. Auflage 1990

© Neuausgabe 1988 Deutscher Studien Verlag · Weinheim
Herstellung: Goldener Schnitt · Herstellungsservice · 7573 Sinzheim
Druck und buchbinderische Verarbeitung: Druckhaus Beltz · 6944 Hemsbach
Seriengestaltung des Umschlags: Atelier Warminski · 6470 Büdingen 8
Printed in Germany

ISBN 3 89271 104 6

Verantwortlich ist man nicht nur für das, was man tut,
sondern auch für das, was man nicht tut.
LAOTSE

Inhaltsverzeichnis

Dritter Teil
Literaturhinweise zu ausgewählten Bereichen

Vorwort

Immer mehr Fachleute sind in der beruflichen Weiterbildung für Lehr-/ Lernprozesse verantwortlich, ohne dafür speziell ausgebildet zu sein. Dieser kleine Dozentenleitfaden soll helfen, eigene didaktische Kompetenzen aufzubauen sowie die entsprechenden Wissensbestände zu erweitern und zu vertiefen. Der Dozent soll in die Lage versetzt werden, einen interessanten und abwechslungsreichen Unterricht zu gestalten. Dies kann nur gelingen, wenn das Lehren durch ein angemessenes Verständnis vom menschlichen Lernen im allgemeinen sowie vom Lernen Erwachsener im besonderen gestützt wird. Genau dies unternimmt der vorliegende Band.

Die zweite Auflage dieses kleinen Dozentenleitfadens legt ein bestimmtes Begriffsverständnis von Erwachsenenbildung, wie es sich heute allgemein durchgesetzt hat, zugrunde. Danach ist der Terminus „Erwachsenenbildung" — früher vorrangig für den Bereich der Volkshochschulbewegung verwendet — heute weitgehend identisch mit dem Terminus „Weiterbildung". Daraus ergibt sich nun folgende Begriffszuordnung, die auch den Hintergrund bildet für die Änderung des Titels von „Lehren in der Erwachsenenbildung" zu „Lehren in der Weiterbildung":

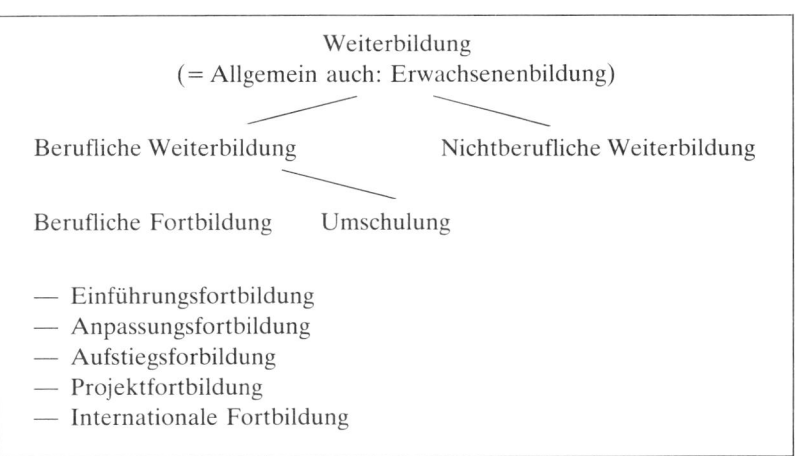

Seit vierzehn Jahren beschäftige ich mich nun mit Fragen der beruflichen Weiterbildung, mit den Problemen des Lernens Erwachsener. Dabei hat mich besonders die Frage beschäftigt, wie das Lernen des erwachsenen Menschen sich von dem des Kindes und Jugendlichen unterscheidet. Sehr bald erfuhr ich als Dozent solche Unterschiede am eigenen Leibe: Die existentiell starke Betroffenheit des Erwachsenen, den starken Wunsch nach Praxisbezug und das Bewußtsein der raschen Verwertbarkeit des Gelernten (kein Vorratslernen!), den energischen Widerwillen gegen abstraktes Theoretisieren und ein abhebendes Stratosphärendenken, die unbedingte Forderung nach Verständlichkeit, den bisweilen hartnäckigen Widerwillen gegen neues Wissen und neuartige Verfahren und noch einiges mehr...

Mit den Jahren aber wuchs bei mir der Zweifel, ob es sich hier denn tatsächlich um „Wesensunterschiede" gegenüber Heranwachsenden — um „anthropologische Konstanten" (Anthropologie = Lehre/Wissenschaft vom Menschen) — handeln konnte. Waren all die genannten Merkmale nicht vielmehr aus den Lebensumständen des beruflich tätigen Menschen erklärbar und damit erlernt? Und weiter: Würden eine Reihe der genannten Merkmale des Lernens Erwachsener nicht auch auf die Heranwachsenden zutreffen, wenn unsere Schulen anders beschaffen und praxisbezogener arbeiten würden?

Überlegungen dieser Art werden heute gestützt durch neuere Erkenntnisse über die unerwartet große Lernfähigkeit des Erwachsenen und die Bedeutung des lebenslangen Lernens für die geistige Beweglichkeit und Leistungsfähigkeit des älter werdenden Menschen. Mit einer Verzögerung von 10 bis 15 Jahren gegenüber dem schulischen Bereich hat der Lernbegriff damit auch die allgemeine Erwachsenenbildung bzw. berufliche Weiterbildung eingeholt.

Wie die neuere Lernbiographie und Lernforschung zeigen, wird damit dem vielfach negativ getönten Selbstbild Erwachsener über die eigene Lern- und Leistungsfähigkeit der Boden entzogen. Zugleich und andererseits gewinnen die Qualität der Lehre und des Unterrichts sowie vor allem die didaktische Kompetenz der Dozenten eine größere Bedeutung.

Berlin, im Juli 1988   Klaus W. Döring

Einführung

Das vorliegende Buch versteht sich als Hilfe für solche Dozenten in der Weiterbildung, die den dringenden Wunsch haben, ihre Lehrtätigkeiten zu verbessern und ihren Unterricht erfolgreicher zu gestalten. Dieser Intention entsprechend wird ein Text vorgelegt, der aus drei Teilen besteht. Der erste Teil bringt in einer leichten und lockeren Lesefassung eine Einführung in die Fragestellung: „Unterrichten — wie macht man denn das?". Es werden hier wesentliche Grundfragen einer motivierenden Lehr- und Unterrichtstätigkeit behandelt.

Der zweite Teil bringt „Bausteine und Materialien zu ausgewählten Fragen". Dieser eher vertiefende Teil ist in Sprache und Argumentation stärker wissenschaftlich orientiert und ist gedacht für den Leser, der nach Lektüre des ersten Teils an speziellen Einzelfragen Interesse hat und eine verbindlichere Beschäftigung mit ihnen anstrebt.

Der Schlußteil bringt eine ausführlichere Literaturzusammenstellung zu sechs Themenbereichen, wobei jeweils auf zwei Werke spezieller verwiesen wird, die als Einstieg und Grundlegung besonders geeignet sind.

Das vorliegende Taschenbuch ist demnach eher als Lese- bzw. Arbeitshilfe konzipiert. Es rechnet sowohl mit eiligen, unvorbelasteten Dozenten, die zunächst nur am ersten Teil interessiert sind, als auch mit solchen, die bereits spezielle Fragen haben und gezielt den zweiten Teil, bzw. Teile davon lesend in Angriff nehmen wollen. Für ein derartig vertiefendes Vorgehen ist dann auch der Literaturteil gedacht, der eine Hilfe zum Auffinden wichtiger Literatur in ausgewählten, zentralen Bereichen sein möchte.

Das bedrängendste Problem von Lehrpersonen, die in Bildungsinstitutionen Unterrichtsprozesse gestalten, also unterrichten, ist die Frage: Wie interessiere ich die Teilnehmer für mein Lehrangebot, mein Lehrgebiet, mein Thema? Wie vertreibe ich Langeweile und Gleichgültigkeit aus meinem Unterricht? Was muß ich, kann ich tun, damit die Teilnehmer bei mir etwas lernen, etwas aus dem Unterricht mitnehmen können? *Was* muß geschehen, damit sowohl ich als Dozent wie die Teilnehmer sich im Unterricht wohlfühlen?

Besonders dringlich wird diese Frage für den Bereich der *beruflichen Weiterbildung* mit Erwachsenen. Denn diese reagieren auf unbefriedigende Lernsituationen nicht nur mit subjektiver Frustration, sondern mit deutlicher Kritik und begründeter Ablehnung des Unterrichsvorhabens und des Dozenten. Ein davon betroffener Dozent kann sich dieser Kritik gegenüber verschieden verhalten:

— Er kann sie z.B. zu *bagatellisieren* versuchen, indem er die Teilnehmer dezent darauf hinweist, *sie* wollten ja schließlich etwas lernen und sollten sich daher auch entsprechend um den Stoff bemühen. Es liege an ihnen selbst, wenn sie Langeweile empfänden.

— Er kann sie *ignorieren* und sich auf sein Fachwissen, seine Funktion, seine Bezahlung etc. zurückziehen nach dem Motto: ,,Mein Selbstverständnis leitet sich nicht von meiner Fähigkeit zum Unterrichten her!‘‘

— Er kann die Kritik aber auch mit dem Argument *abwehren*, der Stoff, das Gebiet, die Zeit, die Umstände etc. ließen eine andere Vorgehensweise als die gewählte nicht zu.

— Schließlich kann er sich der geäußerten Kritik aber auch *stellen* und sie konstruktiv zu verarbeiten suchen. In diesem Falle stellt sich ihm allerdings die Frage, wo er den Hebel ansetzen muß, um einen halbwegs motivierenden Unterricht zustande zu bringen.

Das vorliegende Arbeitsbuch will in der Form des praxisorientierten Dozentenleitfadens dabei behilflich sein, die gestellte Frage sinnvoll zu präzisieren und Ansatzpunkte für eine verbesserte Unterrichtspraxis zu finden.

Es gehört zu den Grundthesen dieses Leitfadens, daß sich Unterrichtsleistungen nicht durch ein (besseres) Verständnis vorliegender didaktischer Theorien und Modelle entwickeln und verbessern lassen. In aller Regel sind diese nämlich als analytische Instrumente zu Forschungszwecken entwickelt worden und eignen sich schlecht als Handlungsanleitungen. Daher vermeidet das Buch die in solchen Zusammenhängen zumeist übliche Auseinandersetzung und Rekonstruktion der vorliegenden Didaktik-Ansätze und des wissenschaftlichen Streits um sie. Für ein auf die Verbesserung der Unterrichts-Praxis gerichtetes Interesse sind nämlich solche Theorien einerseits generell zu allgemein, zum andern oft zu einseitig.

Für den vorliegenden Zweck mag der Hinweis genügen, daß die folgende Darstellung ein revidiertes Didaktik-Modell (vgl. Abb. 1) zugrundelegt, das sich der sog. ,,Berliner Schule der Didaktik‘‘, wie sie von Heimann (1962) entwickelt wurde, verpflichtet weiß.

Die Diskussion um die bislang entwickelten wichtigsten neun Didaktik-Ansätze (vgl. Reich, 1977)

1 — Bildungstheoretische Didaktik (Klafki u.a.)
2 — Lehrtheoretische Didaktik (Berliner Ansatz, Heimann u.a.)
3 — Kybernetische Didaktik (v. Cube)
4 — Bildungstechnologische Didaktik (Flechsig)
5 — Systemtheoretische Didaktik (König/Riedel)
6 — Konstruktive Didaktik (Hiller)
7 — Kommunikative Didaktik (Schäfer/Schaller)
8 — Materialistische Didaktik (Huiskens)
9 — Curriculare Didaktik (Frey)

ist für den praxisorientierten Dozenten in der Fortbildung wenig hilfreich.

Wir wollen uns in unserer Darstellung vielmehr darum bemühen, konkrete Probleme, die den Praktiker täglich bedrängen, so abzuhandeln, daß Lösungsmöglichkeiten in den Blick kommen und ein gangbarer Weg erkennbar wird.

Solche Fragen sind zum Beispiel:

Zum Lernen
— Was muß ich als Dozent über das menschliche Lernen wissen?
— Wie lernen Erwachsene?

Zur Vorbereitung
— Wie bereite ich meinen Unterricht vor?
— Wie formuliere ich meine Themen und Lernziele?
— Wie konstruiere ich einen interessanten/abwechslungsreichen Unterrichtsverlauf?
— Wie organisiere ich das Kennenlernen der Teilnehmer?

Zur Lernorganisation (Unterricht)
— Wie beginne ich meinen Unterricht?
— Wie setze ich Medien ein?
— Wie behandle ich einen abstrakten/langweiligen Stoff?
— Wie mache ich es, daß teilnehmerzentrierte Verfahren zum Zuge kommen?
— Wie wiederhole/übe ich?
— Wie stelle ich gute Fragen?
— Wie muß ich sprechen?

Umrisse einer didaktischen Theorie professionellen Lehrerverhaltens

Objektive Faktoren

BEDINGUNGSFELDER

Kulturelle Voraussetzungen
Politische Voraussetzungen
Ökonomische Voraussetzungen
Soziale Voraussetzungen
Institutionelle Vorauss.

HANDLUNGS—ENTSCHEIDUNGS—FELDER

Ziele
Themen
Methoden
Medien
Kontrollen

Subjektive Faktoren

HANDLUNGS—ENTSCHEIDUNGS—DETERMINANTEN

Psychische Dispositionen
Sozialisationsschicksale
Einstell./Erwart./Motive
Kritisches Rollenbewußtsein
Fähigkeiten und Fertigkeiten

INTERAKTIONSMODI

Lenkung/Sanktionierung
Wertschätzung/Ermutigung
Aktivität/Engagement
Verständlichkeit
Motivierung
(„Verständlichmacher", „Aufwärmer", „Muntermacher", Teilnehmeransprache)

Primäre Berufsfunktionen

— Didakt. Planungsfkt.
— Bereitstellungsfkt.

— Lehrfkt. i.e.S.
— Lehrbegleitfkt.

— Sozialerzieherische Fkt.
— Therapeutische Funktionen

— Diagnostische Funktionen
— Konsultative Funktionen

Primäre Berufstätigkeiten

— Planen
— Organisieren
— Beschaffen

— Vortragen
— Moderieren
— Demonstrieren

— Lenken
— Leiten
— Unterstützen

— Beurteilen
— Bewerten
— Beraten

- Wie beende ich den Unterricht?
- Wie kontrolliere ich den Lernerfolg?
- Wie erfahre ich, ob mein Unterricht bei den Teilnehmern gut angekommen ist?

Zur Teilnehmerzuwendung (-umgang)
- Wie schaffe ich ein gutes Lernklima?
- Wie löse ich einen Konflikt?
- Wie gehe ich mit Teilnehmern um?

Was die folgende Darstellung also *nicht* will, wurde bereits angedeutet: Eine vorwiegend im Abstrakt-Theoretischen verbleibende Erörterung vorliegender Didaktik-Ansätze und deren mögliche Übertragung auf den Bereich der Weiterbildung. Vielmehr soll eine möglichst praktisch-pragmatisch gehaltene Orientierungshilfe zur Lösung der Hauptschwierigkeit von Dozenten in der Weiterbildung geboten werden, nämlich einen motivierenden, also
- abwechslungsreichen,
- interessanten und
- aktivierenden

Abb. 2: Lehr- und Lernformen in der Weiterbildung

	Lernort	Ausmaß direkter Dozentenaktivität und -verantwortlichkeit (Tendenz)
1. Das Selbststudium	— Der Privatbereich — Die Bildungsinstitution	/
2. Der Unterricht	— Die Bildungsinstitution	X X X
3. Das Arbeitsseminar (z.B. Erfa-Seminar)*	— Die Bildungsinstitution	X X
4. Das umfassende Rollen- und Planspielseminar	— Die Bildungsinstitution	X / XX
5. Die Unterweisung	— Der Betrieb	X X / X X X

* Erfa = Erfahrungsaustausch   Tendenz: X geringes Ausmaß
                                      XX mittleres Ausmaß
                                      XXX hohes Ausmaß

Unterricht zu gestalten. Da es bekanntlich nichts Praktischeres gibt als eine solide Theorie, soll und muß auch dieses Vorhaben theoretisch fundiert sein. Das in der Praxis vorkommende Problem muß erkennbar gemacht, von mehreren Seiten beleuchtet und mit Lösungshinweisen versehen werden. Die Weiterbildung kennt fünf verschiedene Lehr-/Lernformen (vgl. Abb. 2) mit einem jeweils unterschiedlichen Ausmaß von direkter Dozentenaktivität und -verantwortlichkeit. Dabei gehört der *Unterricht* zweifellos zu der am häufigsten verwendeten Form. In ihm ist die Dozentenaktivität und -verantwortlichkeit besonders groß. In ihm aber hat ein Dozent auch als dringlichstes Problem, anregende Lernverhältnisse zu schaffen, die die Teilnahme zum Lernen motivieren können. Daher wird sich die folgende Darstellung auf diese am häufigsten verwendete und zugleich besonders problemgeladene Grundform des Lehrens und Lernens beschränken.

Die genannte Konzentration auf die Grundform Unterricht läßt sich mit Blick auf die vorherrschende Praxis besonders nachdrücklich begründen. Es scheint nämlich so zu sein, daß Dozenten derzeit
1. vorwiegend und einseitig einen instruierend-darbietenden Unterrichtstypus (vgl. Abb. 3) bevorzugen, in dem der Dozent dominiert, und in dem es primär nur um den systematischen Aufbau von Wissensbeständen geht;
2. vorwiegend und einseitig die Lehr- und Sozialform des darbietend-entwickelnden Lehrgesprächs (vgl. Kap. 3 in B.) wählen, an der über längere unterrichtliche Zeiträume hinweg starr festgehalten wird, und die oft gekoppelt ist mit einer sehr einseitigen Mediennutzung, wie z.B. dem Overheadprojektor („Folienschleuder");
3. vorwiegend und einseitig ihren Unterricht nach fachlichen Gesichtspunkten planen und durchführen, wohingegen didaktische Gesichtspunkte stark zurücktreten.

Stellt man die Frage, womit diese Einseitigkeit vieler Dozenten zu tun hat, so gibt es darauf vor allem zwei zentrale Antworten:
1. Selbstverständnis, Einstellungen und eigene Lernerfahrungen beziehen sich ständig auf ein Unterrichtsmodell, in dem das Fachliche einseitig dominiert (= „logotrope" Grundhaltung). Es wird gleichsam ständig verdrängt, daß Unterricht eine „Lern"-veranstaltung für Teilnehmer darstellt, die bestimmte psychomentale (= geistig-seelische) Prozesse absolvieren müssen, um sich des Gegenstandes zu bemächtigen. Demgegenüber

Abb. 3: Unterrichtstypen in der Weiterbildung

Typ	Vorrangiges Ziel	Form: Dozentenzentriert, eher darbietend	Form: Teilnehmerzentriert, eher erarbeitend
1. Einführender Unterrichtstyp	übergreifende Motivation	X	
2. Instruierender (darbietender) Unterrichtstyp	Aufbau von Wissensbeständen	X	
3. Problemorientierter Unterrichtstyp	Aufbau von Problemverständnis		X
4. Wiederholender (sichernder) Unterrichtstyp	Vertiefung und Sicherung	X	X

ist Unterricht für sehr viele Dozenten im Unterbewußtsein eine Veranstaltung, die „der Sache" und einer Institution zu dienen hat. Die Teilnehmer — als Erwachsene — sind gleichsam „alt genug", als daß sich der Dozent um sie und ihre Aneignungsprobleme kümmern müßte.

2. Neben diesem — über weite Strecken unbewußten — Lehr-/Lernkonzept vieler Dozenten spielt wesentlich ein zweiter Punkt eine entscheidende Rolle: Die mangelhafte Qualifikation für das Didaktische, das Unterrichtliche. Man wird ja auch in aller Regel Dozent nicht wegen seiner unterrichtlichen Fähigkeiten, sondern weil man dafür fachlich herausragend geeignet erscheint. Über eine speziell didaktische Ausbildung dagegen verfügt kaum ein Dozent; er kann sich auch nicht an optimalen eigenen Erfahrungen als Modellen/Vorbildern orientieren, da auch in anderen Bildungsinstitutionen — etwa der Schule — ein Übergewicht des Fachlichen gegenüber dem Didaktischen herrscht. So fehlt es vielfach schlicht an möglichen und realisierbaren Alternativen zu einem Unterricht, in dem der Dozent nach alter Manier als Einzelunterhalter viel spricht und fragt, während die Teilnehmer vorwiegend nur zuhören.

In diesem Sinne setzt sich der vorliegende Text mit den folgenden *drei* Ebenen der Dozententätigkeit auseinander, die zwar als ausgrenzbare Teilbereiche voneinander zu unterscheiden sind, in der Praxis aber zusammenwirken und ineinandergreifen.

> Es ist also in den Blick zu bringen, daß der *Erfolg* eines Dozenten in der Fortbildung auf *drei* — und nicht nur auf *einer* — Qualifikationsebene beruht:
> 1. Der fachlichen Ebene:
>   Der Dozent als ausgewiesener Fachmann
> 2. Der methodisch-didaktischen Ebene (einschl. Organisation):
>   Der Dozent als guter *Lehrer*
> 3. Der mitmenschlichen Ebene:
>   Der Dozent als kooperativer *Lernpartner*   vgl. Abb. 4!

Das Thema „Moderation"/„Moderatorentätigkeit" wird aus dem vorliegenden Text aus zwei Gründen ausgeklammert:
1. Es liegt nicht eigentlich im Zentrum der Dozententätigkeit. In vielen Institutionen wird dem Dozenten daher auch speziell ein eigener Moderator an die Seite gestellt.
2. Zur Frage der Moderation liegen einige exzellente Arbeits- und Handbücher vor, auf die hier hingewiesen werden kann:

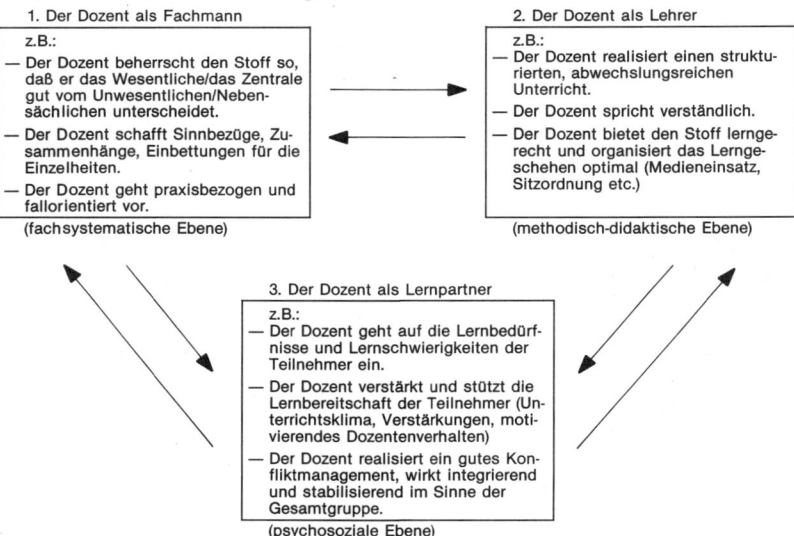

Abb. 4: Die drei Ebenen der Dozentenqualifikation

Literatur

1. Diederichs, J. u.a. (1980): Workbook — Ein Methodenangebot als Anleitung z. aktiven Gestaltung v. Lern- und Arbeitsprozessen in Gruppen. München.
2. Klebert, K. u.a. (1980): Moderations-Methode-Gestaltung der Meinungs- und Willensbildung in Gruppen... München.
3. Schnelle, W.; Stoltz, J. (1978): Interaktionelles Lernen — Leitfaden für die Moderation lernender Gruppen. Quickborn.

Zusammenfassung

1. Die vorliegende Darstellung will keine abstrakttheoretische Rekonstruktion und Diskussion der bislang entwickelten neun wichtigsten Didaktiktheorien.
2. Übergreifendes Ziel ist vielmehr, dem Dozenten eine auf die praktischen Probleme gerichtete Orientierungshilfe zu bieten, wie er einen motivierenden Unterricht realisieren kann.
3. Von den fünf übergreifenden Lehr-/Lernformen in der Weiterbildung (Selbststudium, Unterricht, Arbeitsseminar, Rollen- und Planspiel-Seminar, Unterweisung) spielt in der vorliegenden Darstellung der Unterricht die zentrale Rolle.
4. Die Konzentration auf Unterricht läßt sich
   1. mit der Dominanz des „Instruierenden Unterrichtstyps",
   2. mit einseitiger Verwendung einer bestimmten Lehr- und Sozialform im Unterricht,
   3. mit der einseitigen fachlichen Orientierung vieler Dozenten begründen. Der Unterricht erscheint demzufolge besonders verbesserungswürdig.
5. Es wurde gezeigt, daß die genannte Einseitigkeit vieler Dozenten vor allem zwei Gründe hat: Grundeinstellung zum Unterricht, mangelhafte didaktische Qualifikation.
6. Dem wurde gegenübergestellt, daß ein guter Dozent auf drei Ebenen qualifiziert tätig zu werden hat: Auf der fachlichen, der methodisch-didaktischen und der psychosozialen Ebene. Entsprechend wird die vorliegende Darstellung die genannten drei Qualifikationsebenen behandeln.
7. Der Bereich der „Moderation" und des „Moderatorenverhaltens" wird in der vorliegenden Darstellung ausgeklammert.

Erster Teil

Praxisanleitung

Unterrichten, wie macht man denn das?

oder: Wie plane, realisiere und überprüfe
ich meinen Unterricht?

In der folgenden Praxisanleitung gehen wir davon aus, daß Sie ein erstklassiger Fachmann für — sagen wir —
— „Öffentliche Finanzwirtschaft" oder
— „Führung und Zusammenarbeit" oder
— „Rentenrecht" oder
— „Allgemeines Polizeirecht" oder
— „Grundlagen der EDV" oder
— „Personalbeurteilung als Führungsmittel" usw. sind.

Der Dozent — ein Fachmann für...

Ich versichere Ihnen: Damit haben Sie zweifellos eine gute Grundlage, in der Weiterbildung zu bestehen! „Damit" — das meint, daß Sie ein erstklassiger Fachmann sind.

Die Frage ist jedoch: Reicht diese fachliche Qualifikation allein aus, Erwachsene in ein Sachgebiet einzuführen, sie darin zu unterrichten?

Der Dozent — ein Fachmann für guten Unterricht?

Die Tatsache, daß Sie zu diesem Buch gegriffen haben, zeigt, daß Sie wohl eher der Auffassung zuneigen, daß ein Dozent fachlich *und* didaktisch* (!) befähigt sein muß. — Er sollte wissen, wie man interessant unterrichtet, wie man mit Erwachsenen umgeht und mit ihnen arbeitet. Darin sind wir also einig! Ich füge noch ein Drittes hinzu:

Der Dozent — ein hilfreicher, kooperativer Lernpartner

Erwachsene lernen leichter, williger und interessierter, wenn sie im Unterricht vom Dozenten als gleichberechtigte Partner ernst genommen und akzeptiert werden. Daher ist es für den Dozenten wichtig zu wissen, wie man mit den Erwachsenen richtig umgeht. Darüber wird in einem eigenen Abschnitt gehandelt werden.

---

* Didaktik = Theorie oder Wissenschaft vom Lehren oder Lernen im weiteren Sinne

Halten wir also fest
Der Dozent ist bzw. sollte für die Teilnehmer gleichzeitig sein:

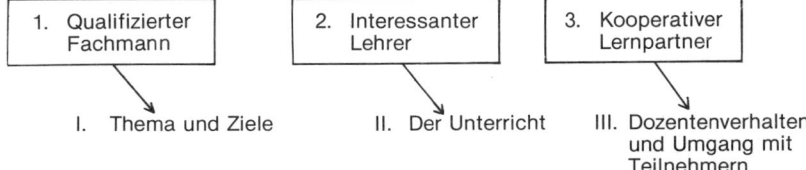

1. Qualifizierter Fachmann	2. Interessanter Lehrer	3. Kooperativer Lernpartner
I. Thema und Ziele	II. Der Unterricht	III. Dozentenverhalten und Umgang mit Teilnehmern

Daher wollen wir nun die nachfolgende Praxisanleitung genau auf die drei genannten Fähigkeiten eines Dozenten abstellen und unsere Ausführungen auch entsprechend gliedern.

I. Thema und Ziele

Ein Dozent, Fachmann für „Allgemeines Polizeirecht", soll in drei Unterrichtsstunden (à 45 Min.) das Thema „Der Generalauftrag der Polizei" abhandeln. Die Teilnehmer sind uniformierte Polizeivollzugsbeamte des Bundesgrenzschutzes im Alter von 26 bis 28 Jahren.

> „*Mir schwant etwas*", sagte der Gänserich, als die Hälse seiner Kinder immer länger wurden..."

Falls Sie diesen Witz zu unwissenschaftlich finden, vergessen Sie ihn und lesen Sie auch die vielleicht noch kommenden nicht mehr!

Der Dozent sitzt an seinem Schreibtisch und überlegt, wie er nun vorgehen soll...

Hauptproblem: „Stofffülle"! Wie grenze ich mein Thema ein?

Falls Sie aber auch diese Praxisanleitung des 1. Teils zu unwissenschaftlich finden, so lesen Sie doch einfach nur den Zweiten Teil! Dort werden eine Reihe von Fragen, die hier nur angesprochen werden, wissenschaftlich begründet dargestellt.

Oder: Lesen Sie erst den Teil 2 und dann erst den Teil 1!

Der Blick in einen ggf. vorhandenen Ausbildungs-, Fortbildungs- oder Stoffplan hilft dem geplagten Dozenten nicht weiter, weil dort überwiegend nur Themenangaben nebst zeitlichem Rahmen aufgeführt sind. So bleibt nichts anderes übrig, als nach dem Motto „Hilf Dir selbst, so hilft Dir Gott'', vorzugehen; was außerdem den großen Vorteil hat, daß der Dozent *seinen* Unterricht detailliert plant, den er dann anschließend mit viel größerer Überzeugungskraft auch umsetzen kann.

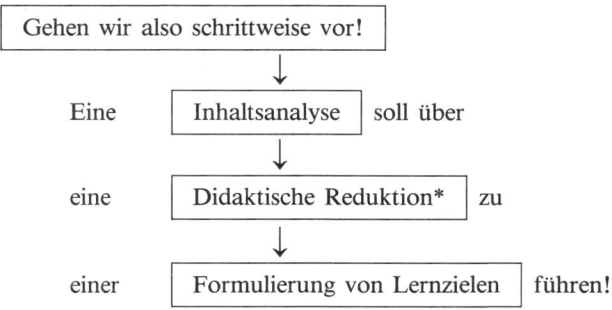

| Gehen wir also schrittweise vor! |

Eine **Inhaltsanalyse** soll über

eine **Didaktische Reduktion*** zu

einer **Formulierung von Lernzielen** führen!

* = lehr-/lernbezogene „Verkleinerung'' (= Verkürzung)

Schematisch dargestellt ist folgendes Vorgehen geplant und gemeint:

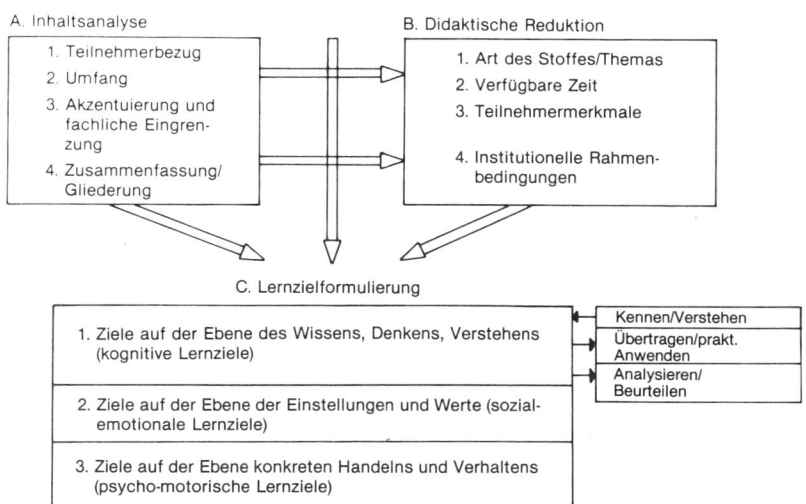

A. Die Inhaltsanalyse

Ein konkretes, bewußt ausführlich gehaltenes Beispiel dazu findet sich im 3. Teil: Die schriftliche Vorbereitung einer Lehrprobe.

1. Schritt:

Der Dozent überlegt sich kurz, in welcher Beziehung das Thema zu den Teilnehmern steht: Warum und für welchen beruflichen Zusammenhang sollen meine Teilnehmer etwas über das Thema lernen? — Bezugspunkt kann dabei eine 45-Min.-Stunde ebenso sein wie eine Unterrichtseinheit von mehreren Einzelstunden.

> Vielleicht wird es für Sie am besten sein, wenn Sie das Lesen dieser Praxisanleitung mit der Ausarbeitung einer eigenen Unterrichtskonstruktion begleiten! Setzen Sie für Ihre Planung gleich Schritt für Schritt um, was Sie hier lesen!

2. Schritt:

Der Dozent bestimmt den Gesamtumfang des Themas, wie er sich fachsystematisch darstellt. Was gehört alles zu meinem Thema?
Meist kommt schon hier der große Schrecken hoch, wie umfangreich das zu behandelnde Thema ist, und wie wenig Zeit zu seiner Behandlung doch zur Verfügung steht.

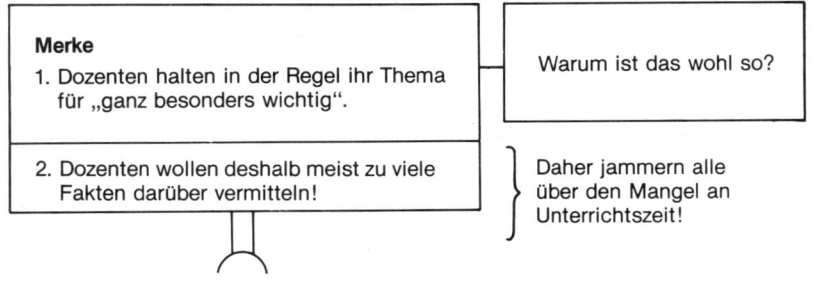

Merke
1. Dozenten halten in der Regel ihr Thema für „ganz besonders wichtig".

Warum ist das wohl so?

2. Dozenten wollen deshalb meist zu viele Fakten darüber vermitteln!

Daher jammern alle über den Mangel an Unterrichtszeit!

3. Schritt:
Jetzt sollte der Dozent das Resultat seiner Überlegungen einmal zusammenstellen und stichwortartig übersichtlich auflisten. Er wird dann sofort feststellen, daß
— zum einen Wichtiges und Unwichtiges gleichbedeutend nebeneinanderstehen
— zum anderen insgesamt immer noch zu viel Stoff aufgelaufen ist.
So empfiehlt es sich, zunächst aus rein fachlicher Sicht die Inhalte auf die zentralen und wesentlichen Punkte einzugrenzen.

Leitgedanke:
Was ist fachlich unbedingt erforderlich, um das Thema, den Gegenstand, das Problem richtig, angemessen und fachlich vertretbar anzubieten?

Diese fachliche Konzentration und Reduktion auf das Zentrale und Wesentliche eines Gegenstandes kann für das geplante Lerngeschehen nur von *Vorteil* sein. Wir wissen heute:

Ein Dozent ist mit seinem Unterricht erfolgreicher, wenn er sein *Thema* auf das Wesentliche konzentriert und übersichtlich und klar geordnet anbietet.

Merke:
In der Lehre ist weniger zumeist mehr!!

---

4. Schritt:
Nachdem Themenauswahl, Themeneingrenzung, fachliche Stoffdurchdringung und eine erste Reduzierung durchgeführt sind, bietet sich eine zusammenfassende und übersichtliche Auflistung und Gliederung der Inhalte an. Dabei sollten Hauptpunkte von Unterpunkten unterschieden werden.
Auf diese Weise entsteht eine inhaltliche Aufbereitung, die dem Dozenten eine klare Übersicht und die Trennung von Wichtigem und weniger Wichtigem ermöglicht. Was auf diese Weise entstanden ist, könnte man als komprimierte Kurzfassung der Unterrichtsthematik oder als knappe Gliederung bezeichnen.

Ein Beispiel aus dem Bereich „Öffentliche Finanzwirtschaft" soll das Gesagte erläutern. Thema einer 90-Min.-Doppelstunde soll sein: *„Haushaltsgesetz und Haushaltsplan"*. Nach Absolvierung der oben beschriebenen vier inhaltlichen Planungsschritte lautet das Ergebnis:

Inhaltsanalyse

I. Der Haushalt — ein
   — Planungs-
   — Bewirtschaftungs- } instrument
   — Kontroll-

II. Das Haushaltsgesetz
   — seine rechtlichen Grundlagen
   — der Inhalt des Haushaltsgesetzes

III. Der Haushaltsplan
   — seine rechtlichen Grundlagen
   — sein Aufbau/seine Gliederung

B. Die didaktische Reduktion

Die didaktische Reduktion ist eine Art weiterer Verkürzung und Präzisierung der Unterrichtsinhalte zum vorgegebenen Thema unter ersten unterrichtsbezogenen Gesichtspunkten. Der Dozent überlegt in *vier* Schritten, wie sich das gegebene Thema in bezug auf

   1 — Eigenheiten des Stoffes
   2 — Zeitvorgaben
   3 — Teilnehmermerkmale/-eigenheiten
   4 — Institutionsbedingungen

weiter eingrenzen, präzisieren und konkretisieren läßt. Dazu einige Fragen:

Die „didaktische Reduktion ist bereits ein Schritt mehr in Richtung auf den Teilnehmer und damit: Den Unterricht zu.

Alle folgenden Planungsschritte sind jeweils ein Schritt mehr auf den Unterricht zu.

---

1. Eigenheiten des Themas/Stoffes
— Was ist das für ein Thema?
— Hat es einen hohen Abstraktionsgrad?
— Ist es für die Teilnehmer in allgemeiner Form lebensbedeutsam?
— Kennt der Durchschnittsbürger (Teilnehmer) das Grundproblem und vielleicht schon inhaltliche Teilbereiche?
— Lassen sich zum Gesamtthema bzw. zu bestimmten Teilbereichen gute, anschauliche Beispiele finden und anbieten?
— Was ist von diesem Thema für die Teilnehmer an ihrem Arbeitsplatz wichtig?
— Was lernen die Teilnehmer bei diesem Thema vermutlich leichter und schneller, wobei werden sie eher und stärker gefordert?

2. Zeitvorgaben
— Wie verteilt sich die gegebene Zeit ungefähr auf dieses Thema, diesen Stoff?
— Wofür brauche ich mehr, wofür wohl weniger Zeit?
— Ist meine Stoffauswahl nun zeitlich überhaupt realisierbar, oder muß ich inhaltlich Abstriche machen?

Die Frage der Zeit wird natürlich später nochmals wichtig, wenn der Dozent seine methodischen Entscheidungen zu treffen hat. (Es macht dann zeitlich z.B. einen wesentlichen Unterschied, ob ein Lehrvortrag oder eine Gruppenarbeit zur Bewältigung eines Teilthemas vorgesehen ist. — Aber darauf kommen wir später noch zurück!!)

3. Teilnehmermerkmale
— Was ist mir vom Kenntnisstand der Teilnehmer bekannt?
— Welchen Bildungsstand/Ausbildungsgrad haben die Teilnehmer? (Habe ich es z.B. mehr mit ,,Praktikern'' oder mehr mit ,,Theoretikern'' zu tun?)
— Gibt es bei diesen Teilnehmern vermutlich besondere Interessen am Thema? Welche sind das? (Was wollen/sollen die Teilnehmer aus dem Gelernten machen?)

Aus derartigen Kenntnissen, Überlegungen und Vermutungen können sich wesentliche Gesichtspunkte der Themeneingrenzung und -akzentuierung ergeben:

— Was kann ich kürzer, mehr zusammenfassend behandeln? Wo muß ich genauer und ausführlicher vorgehen?
— Muß ich jeweils vom Beispiel ausgehen? Muß ich überhaupt mehr an der Praxis bleiben, oder soll, ja, muß ich bei diesen Teilnehmern in der Tendenz mehr theoretisch-fachwissenschaftlich orientiert vorgehen?
— Was am vorliegenden Thema lernen *diese* Teilnehmer vermutlich leichter und schneller? Wobei werden *sie* eher Schwierigkeiten haben?

Derartige Fragen helfen, die inhaltliche Ebene meines Themas Schritt für Schritt und zunehmend deutlicher in eine unterrichtliche überzuführen!

4. Institutionsbedingungen

— Welche Interessen hat die veranstaltende Institution in bezug auf meinen Unterricht und dieses Thema? Welche Akzente setzt sie, wo sieht sie evtl. ihre Schwerpunkte?
— Welche Rahmenbedingungen finde ich vor: Teilnehmerzahl, Räume und Raumgrößen, Ausstattungen usw.? Welche Unterrichtsbedingungen ergeben sich daraus für das gestellte Thema?
— Welche Konsequenzen hat mein Unterricht für die Teilnehmer: Zertifikat, Prüfung, Feststellungsverfahren, Bescheinigung etc.? Wie werden sich die Teilnehmer daher vermutlich zum Thema verhalten (Motivation)?

C. Die Formulierung von Lernzielen

Merke:

„Wenn man nicht genau weiß, wohin man will, landet man leicht da, wo man gar nicht hin wollte."   R. F. Mager

---

Inhaltsanalyse und Didaktische Reduktion münden aus in die Formulierung möglichst konkreter Lernziele (Unterrichtsziele). Man könnte sagen: Die Formulierung präziser Lehr-/Lernziele ist der springende Punkt jeder Unterrichtsplanung. Denn verfügt der Dozent über klare Lernziele, so bekommt sein unterrichtliches Handeln Richtung. Er weiß dann genau, *was* er will, *wozu* er etwas will und mit *welchem Gewicht* er etwas will. — Mit anderen Worten:

— Lernziele bezeichnen *inhaltlich*, worauf der jeweilige Unterricht hinaus-läuft, was der Unterricht erreichen soll!
— Lernziele bezeichnen genau die *Zielebene,* in welchem Bereich sich der Unterricht also vorwiegend bewegt (Denken, Fühlen/Werten, Handeln).
— Lernziele bezeichnen genau, mit welchem Gewicht, mit welcher *Intensität* etwas im Unterricht behandelt werden soll.

Damit ergeben sich zwei weitere positive Konsequenzen für den Dozenten:
1. Genaue Beziehung der Lernebene auf die *berufliche Funktionsebene:* Klare Lernziele lassen sofort erkennen, ob der angebotene Unterrichtsprozeß für die berufliche Praxis bedeutsam ist oder nicht.
2. Bessere, klarere Möglichkeit, den *Lernerfolg* am Ende des Unterrichts abzuschätzen oder möglicherweise zu überprüfen: Klare Lernziele benötigen praktisch lediglich eine Umformulierung in Frageform, dann können sie als Instrument der Überprüfung des Unterrichtserfolges dienen.

Merke:
Überprüfung, „Kontrolle" sollte bei Erwachsenen in der Regel heißen:
„Selbstüberprüfung", „Selbstkontrolle"!

Einige Unterscheidungen müssen im folgenden getroffen werden:
1. Lernziele sind zunächst daraufhin zu betrachten, welchen Grad an Genauigkeit und Detailliertheit sie aufweisen:
Man unterscheidet heute:
— Richtlernziele
— Groblernziele
— Feinlernziele

Dabei sind die Beziehungen so zu sehen, daß jede Unterstufe die jeweilige höhere Lernzielstufe präzisiert.
= *Richtlernziele:* Sie beziehen sich auf übergreifende institutionelle und bildungspolitische Rahmenvorgaben (z.B. und u.a. „Der mündige Bürger" oder „Bürgernahe Verwaltung").
= *Groblernziele:* Sie beziehen sich auf eine speziellere Fortbildungsmaßnahme, wie z.B. auf ein bestimmtes, etwa einwöchiges Seminar (z.B. und u.a. „Aufgabenbereiche öffentlichen Verwaltungshandelns bestimmen können"), wobei jeder Tag durch ein bis drei Groblernziele repräsentiert sein kann.

= *Feinlernziele:* Sie erst beziehen sich auf eine bestimmte Unterrichtssequenz (z.B. und u.a. „8 Kriterien eines bürgernahen Verwaltungshandelns nennen und herleiten können")!

Damit ist deutlich, daß ein Dozent auf der Ebene der Gesamtplanung einer Fortbildungsmaßnahme *Groblernziele* und auf der Ebene des einzelnen Unterrichts, der speziellen Unterrichtssequenz, *Feinlernziele* formulieren muß.

Merke:
Auf den verschiedenen Lernzielstufen werden jeweils immer wieder neue Entscheidungen fällig. Feinlernziele präzisieren so zwar die Groblernziele, sie lassen sich aber logisch nicht aus diesen ableiten („Deduktions-" oder Ableitungsproblem)!

Besonders auf dieser letztgenannten Ebene ist es wichtig, die Ziele unbedingt in präziser Form anzugeben, sie möglichst in Kategorien beobachtbaren Verhaltens zu fassen:

Also: Auf der Feinlernzielebene soll *nicht* so formuliert werden:

„Der Teilnehmer soll ein Verständnis für Fragen bürgernahen Verwaltungshandelns entwickeln."

sondern so:

„Der Teilnehmer soll drei Problemebenen bürgernahen Verwaltungshandelns — x, y, z — benennen, unterscheiden und erklären können."

2. Lernziele sind weiterhin zu unterscheiden hinsichtlich der Könnensbereiche, auf die sie sich beziehen. Zwar dominiert im Fortbildungssektor eindeutig

der Bereich des Wissens, Denkens und Verstehens	= kognitiver Bereich

es ist aber für jeden Dozenten gut zu wissen, daß es daneben zwei weitere Könnens- und Lernzielbereiche gibt, die im Fortbildungssektor vorkommen:

der Bereich der Werte, Gefühle und Einstellungen	= affektiver Bereich

und

Einstellungswelt

der Bereich des Handelns und Verhaltens	= psychomotorischer Bereich

Es dürfte jedem einleuchten, daß es ein Unterschied ist, ob Unterrichtsangebote sich — um im Beispiel zu bleiben

entweder: — auf Wissen und Kennen von Problemen einer bürgernahen Verwaltung

oder: — auf Einstellungen und werthafte Begründungen zu bürgernahem Verwaltungshandeln

oder: — auf die Einübung konkreter Verhaltensweisen bürgernahen Handelns

beziehen. Dies klar zu unterscheiden, bleibt auch dann noch sinnvoll, wenn man sich bewußtmacht, daß es Überlappungen zwischen diesen Bereichen gibt; z.B. enthalten wertmäßige Einstellungen immer Wissens- und Kennenselemente, und die Einübung von kriterienbezogenen Verhaltensweisen setzt die Kenntnis der Kriterien voraus.

3. Lernziele — im folgenden soll der kognitive (auf das Denken, Wissen, Verstehen bezogene) Bereich im Vordergrund stehen — müssen schließlich klar hinsichtlich ihrer *Intensitätsstufe* bezeichnet werden. Das bedeutet z.B., daß eine Entscheidung darüber getroffen werden muß
   — ob lediglich Überblickswissen
   — ob Grundkenntnisse
   — oder aber ob vertiefte systematische Kenntnisse
im jeweiligen Unterricht angestrebt werden sollen.

Es gibt auch noch andere, wesentlich präzisere Möglichkeiten der Gewichtung. Dabei ergeben sich z.B. unterschiedliche Intensitätsstufen aus den genauer bezeichneten Fähigkeiten der Teilnehmer, mit dem Stoff, dem Thema, den Sachverhalten usw. des Unterrichts umzugehen:

Stufe 1: Kennen und Verstehen
Stufe 2: Übertragen und praktisch Anwenden (Umsetzen) können
Stufe 3: Analysieren und Beurteilen können

Achtung!
Die jeweils niedrigere Intensitätsstufe ist Voraussetzung zur Bewältigung der nächst höheren!

Am einfachsten ist es für den Dozenten, wenn er sich das folgende kleine Schema zur Grundlage macht:

Lernzielstufen

		Kennen Verstehen	Übertagen prakt. Anwenden	Analysieren Beurteilen
Grundthema (Inhalt)	Teil- thema 1			
	Teil- thema 2			
	Teil- thema 3			

In dieses Schema lassen sich die operationalisierten Lernziele (= Lernziele in Formulierungen beobachtbaren Verhaltens) eintragen. Das Tableau liefert dem Dozenten einen klaren Überblick, welche Absichten er in einer Unterrichtseinheit mit welchen (Teil-)Themen verwirklichen will.

Dazu nun ein kleines Beispiel zur Vorlage:

Gesamtthema: Haushaltsgesetz und Haushaltsplan
Teilthema 1: Der Haushalt
Teilthema 2: Das Haushaltsgesetz
Teilthema 3: Der Haushaltsplan

	Kennen Verstehen	Übertragen prakt. Anwenden	Analysieren Beurteilen
Teil-thema 1	Drei Aufgaben des Haushalts im Rahmen der Finanzwirtschaft erläutern können	./.	./.
Teil-thema 2	Das Haushalts-gesetz in seinen wichtigsten Merk-malen beschreiben (bestimmen/er-läutern) können	Durch Vergleich die Besonderheiten des Haushalts-gesetzes gegenüber anderen Gesetzen erklären können	./.
Teil-thema 3	Den Haushalt in seinem Aufbau (Gliederung) be-schreiben können	An drei Finanzie-rungsbeispielen die Aufgaben des Haushaltsgesamt-plans erläutern können	Die Entwicklun-gen, Umfänge und Finanzierungsarten der Bundeshaus-halte von 1960, 1970 und 1980 im Vergleich in Grundzügen analy-sieren und problemorientiert darstellen können

Lernziele sind die Richtungsweiser, die Verkehrszeichen des Unterrichts!

Es fragt sich nun, ob mit der Formulierung der Lernziele bereits das Unterrichtsgeschehen, der Unterrichtsablauf, das Vorgehen, die Methodik festgelegt, geplant und bestimmt sind. Eine kurze Überlegung zeigt uns, daß dies keineswegs der Fall ist! Denn mit der Eingrenzung der Unterrichtsinhalte und der die Richtung bestimmenden Lernziele ist die Frage des

„Wie?"

= des unterrichtlichen Vorgehens (= der Methodik),
= der zu verwendenden Medien (unterrichtlichen Hilfsmittel),
= der vorzusehenden Kontrollen (Wahl eines Typus von Selbst- oder Fremdkontrolle),
noch völlig offen.

Wir unternehmen daher nun den zweiten Schritt: Auf der Grundlage unseres Tableaus der Lernziele fragen wir nach Möglichkeiten der Unterrichtsgestaltung...

II. Der Unterricht

Es ist der Wunsch und die Hoffnung jedes Dozenten, sein Unterricht möge die Teilnehmer zum Lernen anregen, sie motivieren. Es möge ihm gelingen, das Thema, den Stoff, abwechslungsreich und interessant zu vermitteln.

Viele Dozenten resignieren mit dieser Hoffnung allerdings vor der Überlegung, gerade ihr Thema sei so „trocken", so abstrakt, so unanschaulich, daß didaktisch da nichts zu machen sei. Da könnten letztlich nur der Appell an den guten Willen und die Arbeitsmoral der Teilnehmer helfen.

So gut, so falsch! Abwechslungsreicher Unterricht ist handwerklich herstellbar, läßt sich auf verschiedene Weise zu Wege bringen und ist *dann* geradezu vordringlich wichtig, wenn der Unterrichtsstoff

— abstrakt,

— trocken und

— unanschaulich erscheint.

Wir wollen im folgenden daher fünf Möglichkeiten, Vorgehensweisen, Wege aufzeigen, den Unterricht für die Teilnehmer interessant und motivierend zu gestalten, wobei wir mit den Grundfragen beginnen wollen:

A. Was heißt denn eigentlich „Lernen"?

B. Bedarfsabfrage: Warum und Wie?

„Spruchweisheiten"
1. Teil He who can — does. He who cannot — teaches!
2. Teil He who cannot teach, teaches how to teach.
Lehren heißt: Lernenmachen!

Es folgen sodann:

C. Die Strukturierung (Der Lernverlauf)
D. Die Lehr- und Sozialformen (Die Arbeitsformen)
E. Lerngerüst und Stundenschluß (Der Ein- und Ausstieg)
F. Die Veranschaulichung und der Umgang mit den Hilfsmitteln (Der Medieneinsatz)
G. Die Lehrskizze als Unterrichtsvorbereitung

A. Was heißt denn eigentlich Lernen?

Viele Leute glauben, Unterricht sei eine Veranstaltung, in welcher ein Fachmann — der Dozent/Lehrer — seinen Teilnehmern — Nichtfachleuten/Laien — etwas erzählt, mitteilt oder erklärt, während diese ihm zuhören.
Man kann hier von einem „Einbahnstraßenmodell" des Lernens sprechen — entsprechend der Idee vom Nürnberger Trichter. Jemand, der etwas hat — „weiß" — füllt es denen ein — „erzählt es denen" —, die es nicht haben — „wissen". Die Veranstaltung, in der solches vor sich geht, nennt man dann Unterricht.

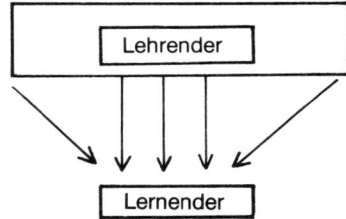

Im Wort vom „bei-bringen" ist diese alte, überholte Vorstellung vom Lernen noch voll enthalten. Der Dozent als Fachmann bringt dem Nichtfachmann etwas „herbei", der es — wenn es „herbeigebracht" wurde — anschließend in Besitz nimmt.

| **Merke:** |
| „Greifen" und „Begreifen" haben etwas wortgeschichtlich Gemeinsames! |
| **Der Weg:** |
| Vom Greifen (Anfassen, Anschauen) zum Begreifen! |

Diese — man möchte sagen — rührend-naive Vorstellung vom Lernen ist weit verbreitet und hält sich hartnäckig. Selbst in der Wissenschaft vom menschlichen Lernen — der Lernpsychologie — beginnt man erst seit etwa 20 Jahren ein anderes Modell, eine andere Sichtweise, eine andere Vorstellung vom menschlichen Lernen zu entwickeln und die Forschung daran zu orientieren.

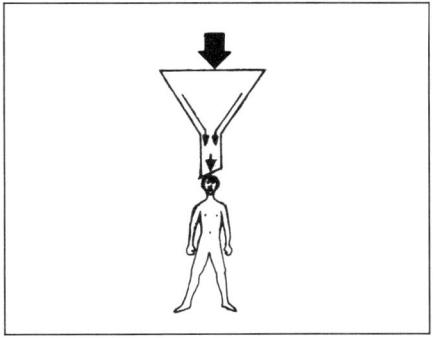

Wer nicht genau weiß, wie der Mensch lernt, der ist auch nicht imstande, dafür geeignete Unterrichtsprozesse zu planen und zu gestalten; der kann auch nicht lerngerecht lehren! ,,Darum sage mir, wie der Mensch lernt, und ich sage Dir, wie Du lehren mußt!''

> Ein erfolgreicher Dozent braucht ein richtiges Verständnis vom menschlichen Lernen, um seine Lehrtätigkeit daran orientieren zu können.

Eine neue Vorstellung vom Lernen

Lassen wir also unsere überholte Vorstellung vom Lernen beiseite und wenden wir uns der angemesseneren, neuen Sichtweise Schritt für Schritt zu:

> **1. Schritt:** Lernen, ein ganzheitlicher Vorgang

Am Lernprozeß ist der ganze Mensch beteiligt, nicht nur der Kopf, der Verstand. Lernen als partielle, aber dennoch grundlegende innere Umgestaltung des Menschen heißt individuelle Veränderung. Wer verändert sich schon leicht und gern! Insbesondere Erwachsene, die bereits ein festgefügtes Weltbild aufgebaut haben, tun sich in bezug auf Veränderungen schwer. Soll aber Lernen zu einer verbindlichen innerlichen Veränderung führen, so muß der ganze Mensch beteiligt werden.

Schritt: Beteiligung von Kopf, Herz und Hand

Soll aber die Gesamtpersönlichkeit beim Lernen beteiligt sein, so muß der Lernprozeß außer dem *Verstand* den Bereich der *Gefühle* und den des *Handelns* mit einbegreifen. Es gilt zu berücksichtigen:

Existentes Vorwissen, Kenntnisse	→ werden verändert oder erweitert.
Existente Gefühle, Wertvorstellungen, Motive, Einstellungen	→ werden verändert oder erweitert.
Existente(s) Handlungsbereitschaften, Fähigkeiten, Können	→ werden verändert oder erweitert.

Wer allein die genannten drei psychischen Bereiche ins Auge faßt, versteht oder ahnt doch zumindest, daß naiv ist, wer glaubt, Lernen bestünde einfach in der Übernahme von Informationen. Stellen wir uns einen Beamten aus irgendeiner Bundesbehörde mit mehrjähriger Erfahrung vor, der an einer Fortbildungsveranstaltung über ,,Zusammenarbeit am Arbeitsplatz'' teilnimmt. Was immer der Dozent dieser Veranstaltung ihm an neuem Wissen, neuen Einstellungen, neuen Verhaltensweisen vermitteln will, — er kann getrost davon ausgehen, daß er bei diesem Teilnehmer bereits auf bestimmte Einstellungen zu dieser Frage, auf Wissen und Vorerfahrungen stößt. Wiederum wäre er naiv, würde er davon ausgehen, er brauche seinem Teilnehmer nur neues Wissen über Zusammenarbeit am Arbeitsplatz zu vermitteln, um sein Ziel zu erreichen. Wenn Lernen bedeuten soll, daß sich unser Teilnehmer verbindlich um neue Formen der Zusammenarbeit am Arbeitsplatz bemühen soll, dann müssen seine Bedenken, Ängste, negativen Vorerfahrungen und Einstellungen regelrecht ,,bearbeitet'' oder ,,abgearbeitet'' werden, ehe die Chance für eine Veränderung gegeben sein kann.

3. Schritt: Lernen heißt: auf verschiedene Weise tätig und aktiv sein.

Wenn Lernen jener Prozeß der verbindlichen Verinnerlichung im Denken, Fühlen und Handeln darstellt, so dürfte unmittelbar einleuchten, daß er nur gelingen kann, wenn der Lernende als ganze Person voll aktiv und auf die verschiedenste Weise beteiligt ist. Niemand kann glauben, daß Zuhören eine dafür ausreichende Voraussetzung bietet. Sich eines Sachverhalts bemächtigen heißt z.b.: Ich höre etwas Neues; ich rede über das Neue; ich schreibe und zeichne etwas darüber; wir probieren etwas aus; wir diskutieren darüber; wir machen ein Rollenspiel; wir sehen uns dazu ein Beispiel im Film an; wir lösen gemeinsam einen Fall usw. usw.

---

4. Schritt: Es sind mehrere Anläufe nötig!

Lernen verläuft in der Regel in einem Prozeß der allmählichen, schrittweisen Aneignung eines neuen Wissens-, Wert-/Einstellungs- und Verhaltensrepertoires. Dazu bedarf es mehrerer Anläufe und der verschiedensten Wiederholungen. Nur selten wird etwas in einem Zug gelernt. Auch von daher sind die verschiedensten Aktivitäten (3. Schritt) erforderlich:
1. Ich höre etwas Neues und ahne ungefähr, worum es geht.
2. Ich lese etwas Ergänzendes darüber und sehe schon klarer.
3. Ich spreche mit anderen darüber, es bleiben nur noch drei unklare Punkte.
4. Ich konstruiere ein zeichnerisches Erklärungsmodell und erläutere es anderen Teilnehmern. Jetzt ist mir der Sachverhalt klar.
5. Ich realisiere ein kleines Rollenspiel und übe den Sachverhalt praktisch ein. Nun kann ich bereits ansatzweise richtig handeln.

---

5. Schritt: Die verschiedensten Hilfsmittel einsetzen!

Sollen den Teilnehmern unterschiedliche Lernaktivitäten in mehreren Anläufen ermöglicht werden, so bedarf es der verschiedensten unterrichtlichen Hilfsmittel. Diese haben sehr verschiedene, primär aber zwei Funktionen:
1. Veranschaulichung, Konkretion, Praxisbezug des Lernprozesses (→ Lernhilfe)
2. Steuerung und Unterstützung teilnehmerorientierter oder -zentrierter Lernprozesse (→ Arbeitshilfe)
Ohne unterrichtliche Hilfsmittel ist ein Dozent mit einem Handwerker vergleichbar, der kein Handwerkszeug verfügbar hat, gleichwohl aber Arbeitsprozesse abwickeln will. Es dürfte einleuchten, daß dies schwerlich möglich

ist und wenn, dann nur unter den größten qualitativen Abstrichen. Ein Dozent, der sich nicht mit Nachdruck um eine gute Medienausstattung seines Unterrichts bemüht, verhält sich daher letztlich teilnehmerunfreundlich. Er bietet den Lernenden zu wenig Hilfen an, den Lernprozeß entsprechend den eigenen Erfordernissen für sich optimal zu nutzen. Jeder Lernende repräsentiert nämlich einen eigenen *Lerntyp*, der auf Lernangebote ganz unterschiedlich reagiert. Je optimaler unterrichtliche Hilfsmittel zum Einsatz kommen, desto mehr Lernende haben eine Chance, das Lernziel zu erreichen.

Fassen wir zusammen:
Lernen als ein aktiver, verbindlicher Prozeß der Verinnerlichung ist mehr als nur passives Zuhören. Dieses neue Verständnis vom Lernen hat für das Lehren weitreichende Konsequenzen. Wir haben sie in den Grundzügen in fünf Schritten skizziert:

1. Schritt: Lernen ist ein ganzheitlicher Vorgang.
2. Schritt: Kopf, Herz und Hand sind dabei beteiligt.
3. Schritt: Verschiedene Aktivitäten sind zur erfolgreichen Verinnerlichung erforderlich.
4. Schritt: Dabei sind mehrere Anläufe nötig.
5. Schritt: Unterrichtliche Hilfsmittel sind unentbehrliche Helfer des Dozenten für die Lernenden.

Hatten wir eingangs die überholte, traditionelle Vorstellung vom Lernen modellhaft skizziert, so können wir dasselbe nun für die neue Konzeption tun: Wir betrachten dazu den lernenden Teilnehmer, der sich im Verlauf des Lernprozesses verändern soll:
Der entscheidende Unterschied zwischen altem und neuem Modell besteht in der Betonung des Unterrichtsprozesses (= aktiver Aneignungs- bzw. Internalisierungsvorgang) mit möglichst abwechslungsreichen Abläufen zur Bewältigung des Lerngegenstandes. Etwas modisch nennt man solche Prozesse heute ,,Interaktions- und Kommunikationsprozesse" und meint damit: vortragen, diskutieren, rollenspielen, erklären, aufschreiben, zeichnen usw.

Lehren heißt heute:
Optimale Realisierung und Gestaltung solcher intensiver Aneignungs- und Internalisierungsprozesse.

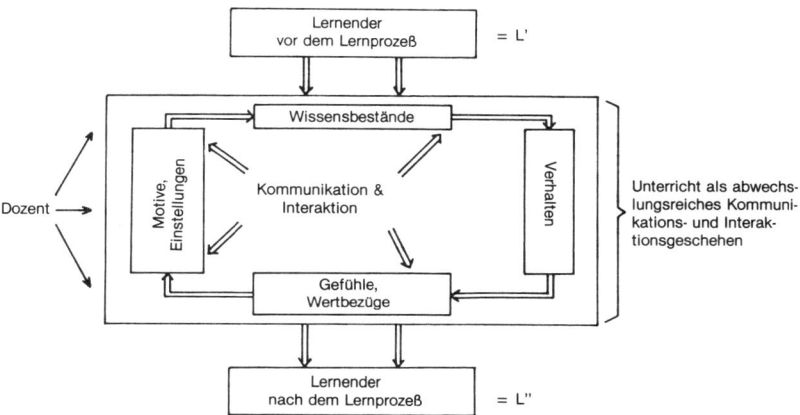

B. Die Bedarfsabfrage

Alle Planungen und Überlegungen über zukünftige Unterrichtsprozesse sind notwendigerweise mehr oder weniger gut begründete Vermutungen des Dozenten darüber, wie die Teilnehmer sich dem Thema und dem Unterrichtsangebot gegenüber verhalten werden. Aus diesem — und noch einigen anderen Gründen — stehen in der modernen Erwachsenenbildung *Bedarfsabfragen* am Beginn des eigentlichen Lerngeschehens. Diese sind besonders am Anfang längerer Lernverläufe — etwa mehrtägiger geschlossener Seminare — wichtig, um einerseits sog. Blindfliegen zu vermeiden, andererseits die teilnehmenden Erwachsenen verantwortlich am Lerngeschehen zu beteiligen.

Regel:

Hüte Dich vor dem Blindflug!

Merke:
Erwachsene lernen primär unter praxisbezogenen Verwendungsgesichtspunkten!

Lern- und Unterrichtsangebote, die an dieser Intention leichtfertig vorbeilaufen, werden rasch abgelehnt. Der Dozent bekommt es schnell zu spüren!

Für eine Bedarfsabfrage am Beginn des Lerngeschehens sprechen vor allem fünf Gesichtspunkte:

1. Erstes Kennenlernen der anwesenden Teilnehmerpersönlichkeiten,
2. sofortiges Aktivieren der Teilnehmer durch Schaffung eines Sprechanlasses sowie Weckung von Lernbereitschaft und Kooperation,
3. Ermittlung der Erwartungen, Wünsche, Interessen der Teilnehmer,
4. ungefähre Klärung der Vorkenntnisse, des Vorwissens der Teilnehmer,

   und aus alledem resultierend

5. flexibleres, genaueres Abstimmen des Unterrichtsgeschehens auf die Teilnehmer (Prinzip der Passung),

Ohne Bedarfsabfrage sollte jeder Dozent sein Unterrichtsgefährt gut polstern!

Es gibt nur einen *Einwand* gegen die Bedarfsabfrage, der sich aus der Notwendigkeit der vorausgehenden Unterrichtsplanung ergibt:

In Fragen formuliert:
— Was ist, wenn die Teilnehmerwünsche sich nicht mit der Unterrichtsplanung des Dozenten in Einklang bringen lassen?
— Haben Unterrichtsplanung und Unterrichtsvorbereitung überhaupt einen Sinn, wenn am Beginn des Lerngeschehens dann doch eine Bedarfsabfrage steht:

Dazu wäre eine Menge zu sagen, z.B. dies, daß eine Bedarfsabfrage in der Regel nicht völlig vom Dozentenkonzept abweichende Wünsche artikulieren dürfte. Vielmehr wird es im Normalfall um eine *Gewichtung* bestimmter Inhalte gehen, denen dann zeitlich mehr oder weniger Raum gegeben werden kann.

Das Hauptargument für die Bedarfsabfrage bei optimaler Unterrichtsvorbereitung aber lautet: Eine fachlich und didaktisch solide Vorbereitung schafft erst die Voraussetzung für ein flexibles Eingehen auf die Teilnehmer. Der Freiraum zum Improvisieren wird also erst durch exakte Planung erschlossen. Dies gilt im übrigen nicht nur für die Bedürfnisabfrage, sondern ebenso für die gesamte Unterrichtsgestaltung.

In all den Fällen, wo vorbereitende Unterrichtsplanung und in der Bedürfnisabfrage geäußerte Teilnehmerwünsche gut zusammenpassen, wird die Lernbereitschaft der Teilnehmer besonders groß sein. In der Bedarfsabfrage zeigt sich also ein spezielles Moment moderner Erwachsenenbildung, die sich in partnerschaftlichem Umgang, Kooperation und Mitbestimmung der Teilnehmer ausdrückt. Auf genau dieser Linie liegt ein halboffenes Curriculum (= Lernangebot), das mit einer Bedarfsabfrage gekoppelt ist: Verständigung als Prinzip des Lernens mit Erwachsenen!

Man unterscheidet heute zwei Grundformen der Bedarfsabfrage:

a) die mündliche Aussprache
b) die schriftliche Befragung

Während die mündliche Form wegen der großen Zeitersparnis vor allem bei kürzeren Unterrichtsangeboten Verwendung findet, setzt man die verschiedenen Formen der schriftlichen Bedarfsabfrage vor allem bei mehrtägigen Weiterbildungsveranstaltungen ein.

Bedarfsabfrage als Interessenausgleich oder:
Unterschiedliche Interessen im Unterricht!

Während die mündliche *Bedarfsabfrage* zumeist mit dem persönlichen *Vorstellen* der Teilnehmer verknüpft wird, gliedert man die schriftlichen Formen unterrichtlich eher aus und verbindet sie mit einem ersten einführenden *Erfahrungsaustausch.*

Dazu soll nun eine Form der schriftlichen Bedarfsabfrage — die *,,Kartenabfrage''* — kurz vorgestellt werden.

Der Dozent benutzt dazu farbige Pin-Karten (9,5 x 20,5 cm) und schreibt das Seminar- oder Unterrichtsthema als Überschrift auf ein Plakat, das auf einer Stellwand breitflächig angeheftet ist. Die Teilnehmer werden nun gebeten, auf die Pin-Karten ihre zentralen Lernanliegen, Erwartungen, Wünsche zu schreiben (zentrale Begriffe, gut lesbar). Um eine Kartenflut zu vermeiden und die Teilnehmer auf das Wesentliche zu konzentrieren, sollte man vereinbaren, daß jeder Teilnehmer nur maximal 3 oder 5 Karten schreiben darf. Diese Karten werden nach dem Einsammeln vom Dozenten verlesen, evtl. vom Schreiber kurz erläutert und — sofort grob sortiert — an die Stellwand geheftet.

Nachdem alle Karten angeheftet sind, wird die Gruppen- bzw. Themenbildung optisch durch Einkreisen mit einem farbigen Filzschreiber unterstützt und dabei das Gesamtbild zusammenfassend erläutert. Die Anzahl der Karten zu einem Gesichtspunkt oder Teilthema bietet zugleich eine für alle sichtbare optische Gewichtung der Teilnehmerbedürfnisse und -wünsche.

Auf der Grundlage dieser Bedarfsabfrage kann der Dozent nun sein vorbereitetes Programm- und Unterrichtsangebot erläutern, gewichten und auf die Teilnehmerwünsche abstimmen. Damit aber ist eine wesentliche Voraussetzung für eine gute Mitarbeit der Teilnehmer und ein kooperatives Lehrklima geschaffen. Denn die Teilnehmer werden dem Dozenten die gezeigte Flexibilität und Kooperation sicher hoch anrechnen. Von daher ist auch ein spontanes, unvorbereitetes Eingehen des Dozenten auf spezielle Teilnehmerwünsche wenig risikoreich, denn der Dozent hat einen gewichtigen Bonus auf seiner Seite...

> **Teilnehmerabstimmung**
>
> Der Vater zu seinem Sohn: *„Werdet ihr in der Schule eigentlich sexuell aufgeklärt?"* — *„Das gerade nicht",* antwortet der Sohn grinsend, *„aber was möchtest Du denn gern wissen...?"*

C. Die Strukturierung (Der Lernverlauf)

Wir werden im folgenden einige zentrale Gesichtspunkte einer realistischen Unterrichtsvorbereitung und -durchführung kennenlernen, deren Beachtung ein erfolgreiches Lehren in der Fortbildung sicherstellt. Nach der Bedarfsabfrage ist ein nächster Punkt die Gestaltung des Lernverlaufs für den geplanten Unterricht. Es gilt,

— zum einen den Unterrichtsprozeß in einen vernünftigen Ablauf, einen Aufbau, eine plausible Verlaufsgestalt zu bringen,

— zum anderen geht es darum, überschaubare, abgrenzbare Phasen oder Sequenzen zu bilden, die nicht zu kurz, aber auch nicht zu lang sein dürfen, damit ein wechselvolles Lerngeschehen entsteht!

Damit wird die Handhabung des Faktors „Zeit" zu einem wesentlichen didaktischen Gestaltungsprinzip gemacht. Werden einzelne Lernphasen/

-sequenzen zu lang, so entstehen Langeweile, Desinteresse, Abschalten. Sind die Phasen zu kurz, so kommen leicht Hektik, Unruhe und Überforderung in den Unterricht hinein.

Zwei Faustregeln oder: „Die 20-Minuten-Regel"

1. Steht der Dozent im Mittelpunkt des Lerngeschehens:	die einzelne Phase nicht *länger* als *20 Minuten* werden lassen.	z.B. Lehrvortrag Lehrgespräch
2. Stehen die Teilnehmer im Mittelpunkt und tragen mit ihrer Aktivität den Unterricht:	die einzelne Phase nicht *kürzer* als *20 Minuten* werden lassen	z.b. Gruppenarbeit Partnerarbeit

Der Dozent geht also im Normalfall mit Zeitblöcken von 20 (bis 30) Minuten für die einzelnen Lern- und Unterrichtsphasen um, jeweils nach dieser Zeit käme dann also ein *Aktivitätswechsel*:

Etwa so:

Phase 1 Die Teilnehmer haben dem Dozenten bei einem Vortrag über „Drei Aufgaben des Haushalts im Rahmen der Finanzwirtschaft" 20 Min. lang zugehört.	Zuhören als wichtigste Tätigkeit der Teilnehmer
Phase 2 Danach läßt der Dozent die Teilnehmer 30 Min. lang selbständig (anhand eines Arbeitsblattes und des Haushaltsgesetzes) Merkmale dieses Gesetzes herausarbeiten (Partnerarbeit).	Lesen, Diskutieren, Analysieren als wichtigste Tätigkeiten der Teilnehmer

Gerade Erwachsene können aufgrund ihrer Berufstätigkeit und meist mehrjährigen Abstinenz von Bildungs- und Ausbildungssituationen nur sehr schwer stundenlangen Vorträgen eines Dozenten folgen. Selbst wenn es bei einem solchen Vorgehen nicht zu Protesten oder Störungen kommen sollte, so wird der Lernerfolg dabei doch äußerst gering sein. Die Teilnehmer schalten innerlich ab, dösen oder träumen vor sich hin, bekommen aber kaum etwas mit.

Rezeptives (= aufnehmendes) Lernen nennt man auch Einbahn-Kommunikation. Diese Lernart ermüdet besonders Erwachsene sehr rasch.

Merke!!
Auch für das Lernen — wie für das Essen — gilt der Grundsatz: „Immer öfter mal was anderes!"

Nimmt man daher einmal eine Doppelstunde von *90* Minuten, so ergibt sich vom Stundenverlauf her als ein möglicher Aufbau z.B. dieser:

Im Zentrum soll eine 40 minütige Teilnehmerarbeit stehen. Es ergäbe sich dann die Möglichkeit, jeweils 25. Min *vor* sowie *hinter* diese Gruppenarbeit zu legen:

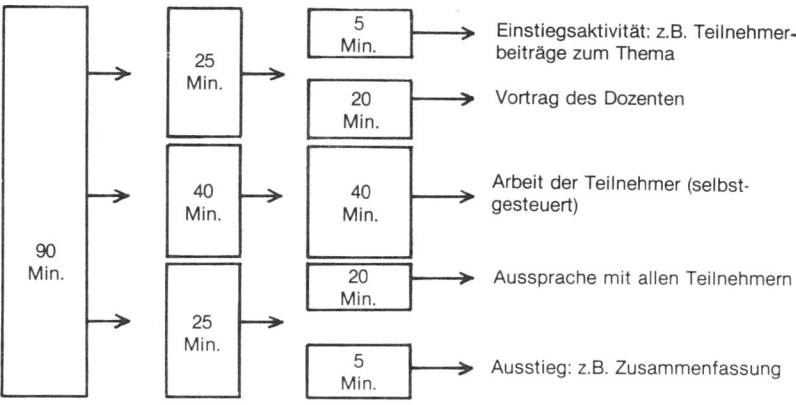

47

Ein Lerngeschehen wird von Teilnehmern als interessant und abwechslungsreich erlebt

— wenn es einerseits *zeitlich* einen günstigen Aufbau hat, d.h. die einzelnen Lernphasen jeweils weder zu kurz noch zu lang sind (davon war eben die Rede!),
— wenn es andererseits in bezug auf die Teilnehmeraktivitäten einen vernünftigen Wechsel der Tätigkeiten ermöglicht und zuläßt (davon ist jetzt zu reden!).

Zwei grundlegende Arten von Tätigkeiten lassen sich voneinander unterscheiden, die sich im Unterrichtsprozeß abwechseln sollten:

— Tätigkeiten mit stärker aufnehmendem, rezeptivem Charakter,
— Tätigkeiten mit stärker handlungsbezogenem, expressivem Charakter.

Man kann dies mit einem geistigen Atmungsprozeß vergleichen. Nach dem *Einatmen* müssen wir *ausatmen*. Ähnlich verhält es sich mit den Lernprozessen. Nach der Phase mit vorwiegend rezeptiven Tätigkeiten (= Einatmen) sollte eine andere folgen, in der vorwiegend eigenständig gehandelt wird (= Ausatmen). Wir stellen gegenüber:

Tendenziell eher rezeptive Tätigkeiten ,,Einatmen''	Tendenziell eher expressive Tätigkeiten ,,Ausatmen''
— Zuhören — Zuschauen/Beobachten — Lesen	— Sprechen — Selbermachen — eigenständiges Schreiben
— Abmalen, Abschreiben — Nachmachen, Nachvollziehen	— eigenständiges Zeichnen/Malen — Spielen, Vormachen

Zwar lassen sich Überschneidungen bei einigen dieser Tätigkeiten feststellen, uns soll es hier aber um die große Linie, die wesentliche Tendenz gehen. Diese lautet: Unterricht sollte so strukturiert werden, daß ein wechselhaftes Tätigwerden der Teilnehmer möglich wird. Dieses wechselvolle Geschehen stellt der Dozent letztlich dadurch her, daß er das *Lehrmethoden-Instrumentarium*,

> Strukturierung des Unterrichts bedeutet geistige Atemhilfe!

d.h. die verschiedenen Lehr- und Sozialformen, beherrscht und anwendet und sich nicht einseitig auf eine ganz bestimmte konzentriert: z.b. den Lehrvortrag oder das Lehrgespräch oder... oder... oder...

D. Die Lehr- und Sozialformen (Die Arbeitsformen)

Die verschiedenen Lehr- und Sozialformen bilden das Repertoire der Arbeitsformen, mit deren Hilfe ein Dozent das Lerngeschehen im Unterricht gestalten und die Aktivitäten der Teilnehmer lenken kann. Vielseitig unterrichten heißt daher, von diesem Repertoire bei der Unterrichtsplanung und -durchführung auch tatsächlich Gebrauch zu machen.

In der neueren Didaktik der Weiterbildung sind vor allem die folgenden fünf Haupttypen im Gebrauch:
— Der Lehrvortrag   — Die Gruppenarbeit
— Die Einzel- und Partnerarbeit   — Das Rollen- und Planspiel
— Das Lehrgespräch

Der Lehrvortrag
Er stellt eine sehr einseitige Form der Einbahnkommunikation dar. Daher ist er für die Teilnehmer besonders belastend. Er sollte daher unbedingt zeitlich auf maximal 20 Minuten begrenzt werden. Bei ihm kommt es besonders auf Verständlichkeit an (Die 4 Verständlichmacher: vgl. III A). Er eignet sich sehr gut zur knappen, zusammenhängenden Darstellung von Sachverhalten, die eingeordnet, übersichtlich gemacht, zusammengefaßt oder eingeleitet werden müssen. Im Lehrvortrag kann der Dozent seine fachliche und didaktische Kompetenz gut zur Darstellung bringen.

Die Einzel- und Partnerarbeit
Hier werden die Teilnehmer sehr stark vereinzelt, um so eine individuellere Auseinandersetzung mit dem Thema zu ermöglichen. Einzel- und Partnerarbeit stellen die Teilnehmer stärker auf sich und machen von daher klare Arbeitsaufträge und -anweisungen erforderlich. Einzel- und Partnerarbeit eignen sich besonders gut für die Gestaltung von produktiven und expressiven Tätigkeiten. Die Handhabung des Faktors Zeit ist für den Dozenten hier schwieriger als beim Lehrvortrag.

Das Lehrgespräch
Hierbei führt der Dozent ähnlich stark wie beim Lehrvortrag, tut dies aber mit dem Instrument der didaktischen Frage. Da Fragen eine Kunst ist, steht und fällt das Lehrgespräch mit der Qualität der Fragen. Eine gute Mischung aus engen (= geschlossenen) und weiten (= offenen) Fragen ermöglicht es den Teilnehmern, auch innerhalb dieser Lehr- und Sozialform „geistig ein- und auszuatmen", so daß das Lehrgespräch weit weniger belastend ist als der Lehrvortrag (→ Zwei- oder Mehrbahnkommunikation).

Die Gruppenarbeit
Hierbei wird die Teilnehmerschaft in mehrere Kleingruppen von je max. 5 (!) Mitgliedern aufgeteilt, die entweder alle dieselbe Aufgabe in Angriff nehmen (= arbeitsgleiches Verfahren) oder die an je verschiedenen Aufgaben eines Gesamtthemas arbeiten (= arbeitsteiliges Verfahren). Für das Gelingen der Gruppenarbeit ist wichtig, daß eine klare, am besten *schriftliche Arbeitsanweisung* (nebst Arbeitsunterlagen) vorliegt, die den Gruppenprozeß tragen und unterstützen kann. Wichtig ist ferner auch das Einüben der Teilnehmer in diese Arbeitsform (mittelfristige Strategie) sowie die entsprechenden Raum-

Zusammenarbeit!

50

bedingungen (Gruppenräume). Die Frage, ob Gruppenarbeit ein zu zeitaufwendiges Verfahren ist, wie vielfach behauptet wird, hängt wesentlich davon ab, wie gut Dozent und Teilnehmer mit Gruppenarbeit umgehen können.

Das Rollen- und Planspiel

Rollen- und Planspiele haben in der neueren Erwachsenenbildung an Bedeutung gewonnen, weil sie eine Brücke zum Bereich der Praxis bilden. Im Rollen- und Planspiel wird das Lernfeld näher an das berufliche Funktionsfeld herangeschoben. In einer kleinen Rollenspielsequenz z.b. wird eine reale berufliche Situation im Kleinen abgebildet und handelnd bewältigt. Hierbei wird theoretisch Gelerntes auf einen bestimmten Fall angewendet und praktisch umgesetzt.

Ein Beispiel: Ausbilder werden in einem Jugend-Psychologie-Seminar mit dem Thema „Umgang mit Heranwachsenden" befaßt. In kleinen Rollenspielen werden reale Konflikte und ihre Bewältigung durchgespielt. — Planspiele sind größere Unterrichtsprojekte, die sich über mehrere Seminartage erstrecken können und modellhaft das politische und institutionelle Zusammenspiel möglicherweise beteiligter gesellschaftlicher Gruppen und Kräfte in der Lösung politischer, bürokratischer, rechtlicher oder sozialer Probleme darstellen. In mehreren Gruppen und mit verteilten Rollen werden dabei manöverähnlich ganze Sequenzen und Abläufe einschließlich Sitzungen, Protokollen, Schriftwechseln usw. im Spiel abgebildet. Der einzelne Dozent kann Planspiele nur einsetzen, wenn er ausgearbeitete Spielkonzepte verfügbar hat. Diese selbst zu erstellen, dürfte kaum möglich sein.

Zusammengefaßt

„Geistiges Ein- und Ausatmen"-Strukturierung des Unterrichts mit Hilfe der verfügbaren Lehr- und Sozialformen heißt also, einen geeigneten Wechsel dieser Arbeitsformen herbeizuführen. Je deutlicher dieser Wechsel akzentuiert wird, desto ausgeprägter erleben ihn die Teilnehmer.

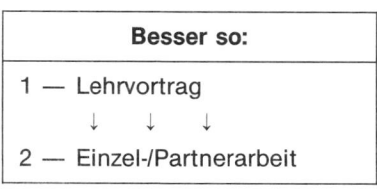

Nicht so:	**Besser so:**
1 — Lehrgespräch	1 — Lehrvortrag
↓ ↓ ↓	↓ ↓ ↓
2 — Lehrvortrag	2 — Einzel-/Partnerarbeit

E. Lerngerüst und Stundenschluß (Der Ein- und Ausstieg)

Was wissen wir bis jetzt über wichtige Gesichtspunkte der Unterrichtsgestaltung, die ein Dozent kennen und beachten sollte?

1. Die Unterrichtsvorbereitung beginnt mit einer Inhaltsanalyse und mündet aus in die Formulierung operationalisierter Feinlernziele auf drei verschiedenen Intensitätsstufen. Das erste Arbeitsergebnis bildet ein kurzes Lernzieltableau.
2. Der zweite Schritt der Planungen bezieht sich auf Überlegungen zum Lernverlauf. Dieser wird in zeitlich begrenzte Abschnitte — Lernphasen — zerlegt, denen bestimmte Teilthemen und Teilnehmeraktivitäten so zugeordnet werden, daß ein abwechslungsreiches Tun möglich wird (geistiges „Ein- und Ausatmen").
3. Das geeignete Instrument zur Herstellung eines optimal strukturierten Unterrichts ist im Lehrmethoden-Instrumentarium der Lehr- und Sozialformen gegeben. Der Dozent wählt aus ihnen für die geplanten Lernphasen geeignete aus. Er sollte darauf achten, daß sie einen deutlichen Wechsel der Teilnehmeraktivitäten zwischen eher rezeptiven und eher produktiven Tätigkeiten ermöglichen.

Wichtige Gründe sprechen dafür, dem *Unterrichtsbeginn* und dem *Unterrichtsschluß* bsondere Aufmerksamkeit zu widmen. Dieses spezielle Interesse am „Ein- und Ausstieg" begründet sich primär lernpsychologisch. Mit einem überzeugenden Unterrichtsbeginn wird das Lernfeld für den Teilnehmer nämlich lernbedeutsam geöffnet. Es wird so etwas wie ein *Lerngerüst* aufgebaut, in den sich die späteren Details des Unterrichts einbetten lassen. Mit einem interessanten und motivierenden Stundenbeginn werden gleichsam erste Pflökke eingeschlagen, an denen sich das spätere Lerngeschehen festmachen läßt. Damit bietet ein guter Stundenbeginn eine erste wesentliche *Orientierungsgrundlage* für alles weitere unterrichtliche Lernen: Möglicherweise mit Sinnfragen, zentralen Begriffen und einer ersten allgemeinen Übersicht.

Von ganz ähnlicher Bedeutung wie der Stundenbeginn oder Einstieg ist der *Stundenschluß* oder *Ausstieg*. Er bildet den Abschluß, die Abrundung des Unterrichts. Ohne ihn macht der Lernprozeß einen unvollständigen Eindruck, wirkt er wie abgebrochen. Der gute Ausstieg faßt noch einmal das Wesentliche kurz zusammen, bringt auf den Begriff, macht noch einmal übersichtlich

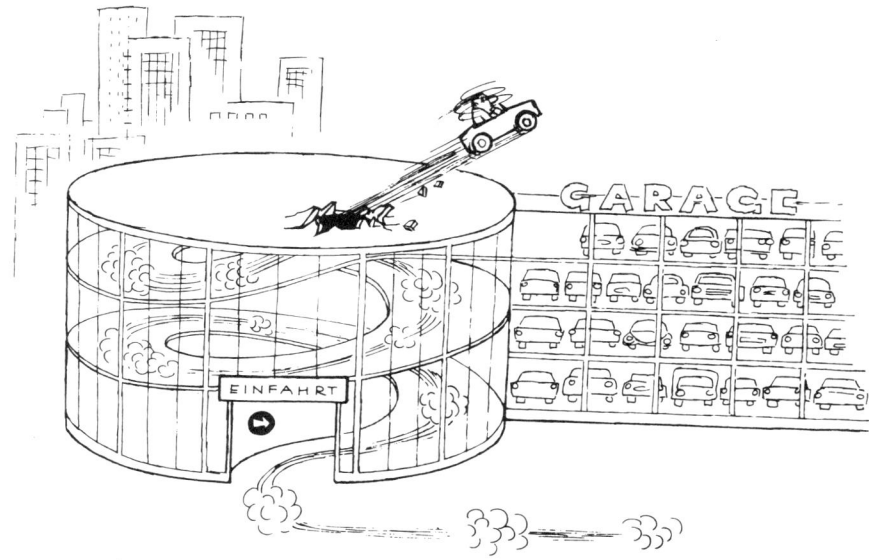

Einstieg — Ausstieg

und deutet Ausblicke und Fortsetzungsmöglichkeiten an. So wie der Stundenschluß damit das Lernergebnis sichert und zusammenfaßt, so dient er den Teilnehmern wie dem Dozenten dazu, eine Art Lernkontrolle (Selbst- wie Fremdkontrolle) durchzuführen.

Bevor wir je ein Beispiel für einen Ein- und Ausstieg skizzieren, soll zunächst jeweils eine Übersicht über verschiedene Typen von Stundeneröffnungen und Stundenschlüssen geliefert werden:
1. Der *„Aufhänger"* als punktueller Einstieg
   („Ein Nagel wird in die Wand geschlagen": z.B. Presse-, Funk-, Fernsehmeldungen)
2. Die *Wiederholung*
   (Anknüpfung an vorher Gelerntes, zugleich Sicherung/Lernkontrolle)
3. Die zeitliche und sachliche *Gliederung* des Unterrichts
   („Das Vorgehen in dieser Stunde")

4. Die Darstellung eines *Fallbeispiels*
   (Problemfall oder humorvolle Schilderung oder übergreifendes Praxisbeispiel etc.)
5. Das Aufgreifen von *Teilnehmererfahrungen*, -wissen in gesprächsmäßiger Form oder in Form kleiner Rollenspiele
6. Das vereinfachende *Schema oder Modell*
   (als verkürzende Abstraktion des Themas/Sachverhaltes)
7. Die *„kognitive Landkarte"*
   (als ausführlicheres Suchschema zur Darstellung komplexer Zusammenhänge) (Graphiken, Zeichnungen, Tabellen, Flußdiagramme etc.)

Merke:
Das Lerngerüst des Unterrichts sollte medial so präsentiert werden, daß es während der ganzen Unterrichtsstunde sichtbar ist. Möglichst keine Folien oder Tafelzeichnungen, die in der Stunde wieder ausgewischt werden, verwenden! Plakate sind am besten geeignet!

In der Regel dürfte es so sein, daß ein, zwei oder auch drei Typen zusammen zu einem Einstieg verschmolzen werden!!

Beispiel:
1. Der Dozent beginnt seinen Unterricht mit einer kleinen Problemskizze: Er verliest eine kleine *Zeitungsmeldung* zum Thema des Unterrichts und erläutert daran kurz die Fragestellung.
   (Typ 1: Der „Aufhänger")
2. Der Dozent erläutert daran anschließend an einem vereinfachenden Schema (Tafelskizze) übersichtsmäßig den Sachverhalt in seinen grundlegenden Zusammenhängen und markiert dabei gleichzeitig die notwendigen Arbeitsabschnitte.
   (Typ 6: Schema/Modell)

Beide Typen (1 + 6) zusammen bilden hier in einer Art Vorphase des systematischen Arbeitsganges *ein Lerngerüst* für den Unterricht. Die Teilnehmer kennen nun das Problem und gegebenenfalls seine Aktualität; sie haben erfahren, warum dieses Thema bearbeitet wird (Sinnbezüge), und sie wissen, welche Teilthemen und welcher Themenumfang zu bewältigen sind. Nun kann es losgehen...!

Achtung

Erwachsenen unbedingt ein sinnbezogenes Lernen ermöglichen:
Was? Warum? Wozu? Wohin? Womit? (→ Bedarfsabfrage!)
Die im Einstieg angebahnte Beantwortung derartiger Fragen fördert
die Lernbereitschaft!

Konstruieren Sie doch gleich einmal einen eigenen „Einstieg" für Ihren Unterricht und verwenden Sie dazu auch zwei der o.a. Typen!

So, nun zu dem „Ausstieg", dem Stundenschluß. Zunächst wieder eine Übersicht über vier verschiedene *Grundtypen*:

1. Der Stundenschluß als *Lernkontrolle*
   — mündlich/schriftlich
   — offen/geschlossen
   (z.B. als Abfrage, Lerntest/Lernkontrolle in schriftl. Form, Arbeitsblatt-Bearbeitung neuer Aufgaben etc.)
2. Der Stundenschluß als systematische *Zusammenfassung*
   (z.B. durch den Dozenten oder einen Teilnehmer)
   Häufig: Lehrvortrag mit Medienunterstützung
3. Der Stundenschluß als (praktische) *Anwendung*
   — Fall-orientiert
   — Aufgaben-orientiert
   Ziel ist hier vorrangig der Transfer, die sichernde und abrundende Übertragung des Gelernten auf Neues.
4. Der Stundenschluß als mediale *Illustration*
   a) Neueinführung eines das Thema abrundenden bzw. abschließenden Mediums (dieses darf nicht zu komplex sein!).
   b) Wiederverwendung eines bereits eingeführten Mediums (dieser Typ will das Gelernte abschließend nochmals veranschaulichen und zugleich konkretisieren. Oft wird hierbei das Schema/Modell oder die kognitive Landkarte des Einstiegs verwendet. Abrundung der Stunde!).

Der lernpsychologische Sinn des Stundenschlusses liegt darin begründet, daß die Teilnehmer in knapper Form die Lernergebnisse des Unterrichts nochmals übersichtlich, zusammenhängend und geordnet angeboten bekommen, bzw. selber wiederholend darstellen. Übersicht, abschließender Rückblick, Ergebnissicherung, Konsequenzen und Ausblicke sind die zentralen Ziele des Ausstiegs.

Darüberhinaus bildet ein gelungener Stundenschluß so etwas wie einen Ausweis für eine „handwerklich" gekonnte, professionell akzeptable Dozentenleistung. Gute Ein- und Ausstiege sind so gesehen eine Art *Visitenkarte des Dozenten*. Er zeigt mit ihnen eine gute Planung sowie gekonnte Unterrichtsführung vor, schafft neben der fachlichen Leistung auch didaktisch Vertrauen.

Beispiel:

Ein Dozent hat im Lehrgebiet „Polizeirecht" das Thema „Rechtsgrundlagen der Vernehmung" in einer 45-Min.-Stunde behandelt. Grundlage des Unterrichts waren die § 136 und 136 a der Strafprozeßordnung. An unterrichtlichen Medien wurden neben dem Gesetzestext eine Overhead-Folie zum Teil-Thema „Belehrungspflichten" sowie ein Filmausschnitt von 10 Min. Dauer aus dem Film „Strafsache gegen F." zum Teil-Thema „Unzulässige Vernehmungsmethoden" eingesetzt. An Lehr- und Sozialformen kamen ein Lehrgespräch (15 Min.), ein Lehrvortrag 10 Min., die genannte Film-Demonstration von 10 Min. nebst kurzer Auswertung im Lehrgespräch (5 Min.) zum Einsatz.

Dem Dozenten verbleiben demnach noch *5 Min.* für einen abrundenden Stundenschluß. Der Dozent wählt den Typ 2 „systematische Zusammenfassung" und gibt dazu das folgende Schema in Form eines Arbeitsblattes vor, in das jeder Teilnehmer eigene Eintragungen machen kann. Der Dozent ruft die Lösungen dazu bei den Teilnehmern ab:

Arbeitsblatt:
„Rechtsgrundlagen der Vernehmung"

Orientierungsgrundlage	§ . . . .
ist die STPO:	§ . . . .
Belehrungspflichten: _____	
_____	
_____	
Unzulässige Vernehmungsmethoden:	
_____	
_____	

F. Die Veranschaulichung und der Umgang mit den Hilfsmitteln (Der Medieneinsatz)

In unserem einleitenden Abschnitt über das Lernen (II. A) wurde bereits dargestellt, daß Medien als unterrichtliche Hilfsmittel vor allem zwei Funktionen haben: Zum einen die Funktion als *Instruktionshilfe* (Veranschaulichung, Konkretion und Praxisbezug), zum anderen die als *Arbeitshilfe* zur Steuerung von teilnehmerorientierten bzw. -zentrierten Lernprozessen.

1. Instruktionsfunktion

Unterrichtliche Hilfsmittel (= Medien) helfen dem Dozenten, seinen Unterricht dadurch effektiver zu gestalten, daß möglichst viele Teilnehmer die im Unterricht angebotenen Informationen
— gut aufnehmen,
— angemessen verarbeiten,
— längerfristig im Gedächtnis behalten und
— sich leicht wieder erinnern können.

Nehmen wir an, daß über das unterrichtliche Thema aus dem Polizeirecht: ,,Rechtsgrundlagen der Vernehmung'' ausschließlich vortragsmäßig gesprochen wird, ohne daß unterrichtliche Hilfsmittel wie Tafel, Gesetzestext, Overhead-Folie, Arbeitsblatt, Film usw. eingesetzt werden. Mit Sicherheit sind dann alle *die* Teilnehmer frustriert, die Gesprochenes schlechter aufnehmen können als zum Beispiel Geschriebenes oder Gezeichnetes oder konkret Vorgezeigtes oder selber Durchgespieltes. Alle diese Teilnehmer sind als anders veranlagte Lerntypen in unserem Beispiel also behindert und benachteiligt. Statt daß unser Dozent — wofür er ja eigentlich engagiert ist — möglichst vielen Teilnehmern beim Lernen behilflich ist, also sich bemüht, vielseitig zu arbeiten, behindert er stattdessen die meisten dadurch, daß er nur *einen* Weg, *eine* Lernspur anbietet: nämlich das gesprochene Wort.

> **Medieneinsatz im Hühnerstall**
> Trägt ein Hahn ein Straußenei in den Hühnerstall. Sagt er: *,,Ich möchte Ihnen ja nicht zu nahe treten, meine Damen, aber ich halte es doch für richtig, Ihnen einmal vorzuführen, was anderswo so geleistet wird!''*

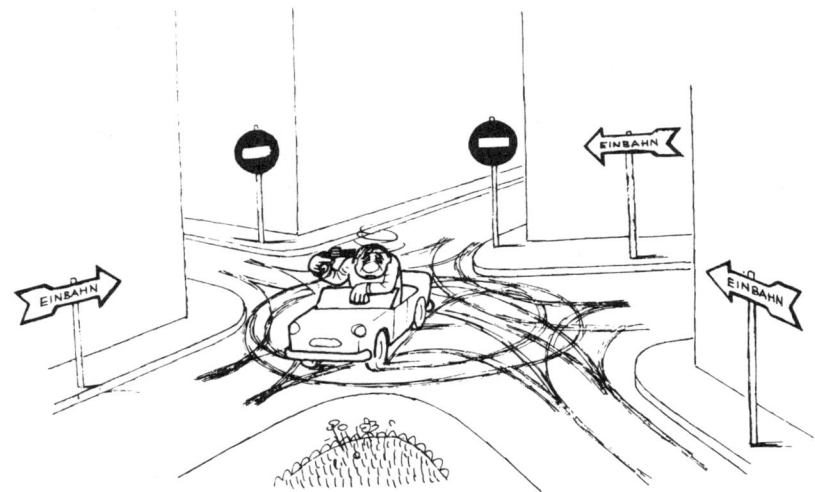

Medien als Instruktionshilfe

2. Arbeitshilfe

Hier geht es nun darum, Medien für bestimmte Teile des Unterrichts so einzusetzen, daß die Teilnehmer relativ selbständig, ohne die ständige Mitwirkung des Dozenten für sich allein in Einzel-, Partner- oder Gruppenarbeit vorgehen können.

Bleiben wir bei unserem Beispiel „Rechtsgrundlagen der Vernehmung". Unser Dozent will die Frage des Umfangs der Belehrungspflicht mit einer 25minütigen Partnerarbeit einleiten. Dazu setzt er als Medium das folgende *Arbeitsblatt* als Arbeitsanweisung sowie einen *Gesetzestext* ein:

Thema: „Umfang der Belehrungspflicht"

Aufgabe: Bestimmen Sie den Umfang der Belehrungspflicht vor einer Vernehmung!

Arbeitshinweis:

1. Lesen Sie dazu die § 136, 136 a der Strafprozeßordnung!
2. Stellen Sie Ihr Arbeitsergebnis auf einer Folie zur Präsentation im Plenum dar!

Medien als Arbeitshilfe

Medium: Strafprozeßordnung
Arbeitsform: Arbeitsgleiche Partnerarbeit
Arbeitszeit: 25 Min.

An dieser Stelle ist es sinnvoll, kurz die 16 wichtigsten unterrichtlichen Medien für den Bereich der beruflichen Weiterbildung systematisch aufzuführen und hinsichtlich ihrer Erstellung und ihres Einsatzes kurz zu erläutern:

Gruppe: Bücher und Zeitungen
— Fach-, Sach- und Lehrbücher
— Gesetzestexte und Kommentare

59

- Unterrichtsprogramme in Buchform
- Tageszeitungen und Zeitschriften

Gruppe: Lehr- und Lernmaterialien
- Plakate, Tafelbilder, Pin-Karten, Wandbilder
- Overhead-Folien
- Arbeitsblätter, -anweisungen, -hilfen
- Arbeitsunterlagen, Manuskripte

Gruppe: Reale Gegenstände
- Formulare, Erlasse
- Akten, Aktenstücke
- Arbeitsgeräte, -materialien
- Arbeitsvorgänge, Fälle, Arbeitsprozesse

Gruppe: Audio-visuelle Medien
- Overhead-Projektion
- Film-Projektion
- Video-Tapes (= Aufzeichnungen, Mitschnitte aus dem Fernsehen)
- Dia-Projektion

Sieht man sich dieses keineswegs vollständige, dargestellte Gesamtrepertoire genauer an, so ist man erstaunt, welche Vielfalt an Hilfsmitteln an sich verfügbar ist, und wie wenig davon normalerweise eingesetzt wird. Einerseits dürfte dafür verantwortlich sein, daß Dozenten die Bedeutung des Einsatzes unterrichtlicher Hilfsmittel für ihren Unterricht nicht (er-)kennen, zum anderen finden sie oft verschiedene Hilfsmittel und apparative Voraussetzungen institutionell nicht vor. In diesem Fall ist ein Einsatz daher gar nicht möglich. Hier ist eindringlich darauf hinzuweisen, daß Dozenten in einem erheblichen Maße dafür verantwortlich sind, daß vor Ort die notwendigen Voraussetzungen für ein erfolgreiches Lehren geschaffen werden.

Qualität des Dozenten?
Qualität des Unterrichts?

„Am Gebrauch und Einsatz der unterrichtlichen Hilfsmittel kann man beides erkennen!"

Sie sind die Fachleute für Unterricht. *Sie* müssen wissen, was erforderlich ist. *Sie* müssen die notwendigen Anschaffungen beantragen und durchsetzen. Im übrigen sind verschiedene Hilfsmittel käuflich nicht zu erwerben, sondern müssen vom einzelnen Dozenten selber her- bzw. bereitgestellt werden, z.B. und vor allem:

— Plakate, Tafelbilder
— Folien
— Arbeitsblätter, -anweisungen
— Arbeitsunterlagen, Manuskripte
— Video-Mitschnitte
— Zeitungsausschnitte
— Modellhafte Aktenvorgänge.

Diese notwendige (partielle) *Selbsterstellung* unterrichtlicher Hilfsmittel stellt deshalb eine unabdingbare Voraussetzung für ein erfolgreiches Lehren in der Weiterbildung dar, weil a) diese Medien nicht käuflich zu erwerben sind und b) selbsterstellte Medien am besten zum jeweiligen Unterricht des Dozenten passen.

Man sollte hinsichtlich des *Arbeitsaufwandes* und der Mühe bei Selbsterstellung und Organisation der Hilfsmittel einen ganz wesentlichen Punkt nicht übersehen: Sind unterrichtliche Medien erst einmal verfügbar, so verbessern sie nicht nur die Qualität des Unterrichts, sondern *erleichtern* dem Dozenten seine Arbeit ganz wesentlich:

— Da sie jederzeit wiederverwendbar sind, stellen sie eine sehr ökonomische und effektive Zeitersparnis für wiederkehrende Unterrichtsprozesse dar.
— Da sie *im* Unterricht Funktionen des Dozenten übernehmen, vereinfachen sie ihm die Arbeit ganz wesentlich. Wer ständig den Unterricht über seine Person ablaufen läßt und keine teilnehmerzentrierten Verfahren einsetzt, darf sich nicht wundern, wenn ihn der Lehrprozeß stark belastet und anstrengt.

Fazit

1. Unterrichtliche Hilfsmittel haben primär zwei Funktionen:
   a) eine Instruktionsfunktion (Veranschaulichung, Konkretion, Praxisbezug),
   b) die Funktion als Arbeitshilfe (vor allem bei teilnehmerzentrierten Lehr-/Lernverfahren).

2. Es gibt eine breite Palette unterrichtlicher Hilfsmittel, unter denen vor allem 16 für den Bereich der beruflichen Weiterbildung in Betracht kommen.
3. Unterrichtliche Hilfsmittel zu erstellen bzw. bereitzustellen, gehört zum professionellen Auftrag jedes Dozenten.
4. Die Selbstherstellung bzw. eigenverantwortliche Bereitstellung unterrichtlicher Hilfsmittel ist effektiv und ökonomisch.

G. Die Lehrskizze als Unterrichtsvorbereitung

Was wissen wir nun eigentlich über die Gestaltung des Unterrichtsprozesses? Fassen wir unsere grundlegendsten Kerngedanken nochmals kurz zusammen:

1. Zum Unterricht müssen wir uns ein reduziertes *inhaltliches Konzept* erarbeiten.
2. Diesem zugeordnet ist eine begrenzte Anzahl *operationalisierter Lernziele* (= Lernziele in Kategorien beobachtbaren Verhaltens).
3. Der darauf abzustellende *Lernprozeß* der Teilnehmer darf sich keineswegs auf passives Zuhören reduzieren, sondern ist als möglichst vielseitiger, aktiver Verinnerlichungsprozeß von ,,Kopf", ,,Herz" und ,,Hand" zu gestalten.
4. Die *Bedarfsabfrage* bei den Teilnehmern dient dazu, daß sich der Dozent Gewißheit über die Bedarfsgerechtigkeit seines Angebots verschafft, gegebenenfalls die vorgesehenen Themen etwas anders akzentuiert und gewichtet, notfalls aber auch Umstrukturierungen vornimmt und spontan Neuangebote einbaut.
5. Der Unterrichtsprozeß selbst ist nach zeitlich begrenzten *Lernphasen* zu planen, die jeweils ein möglichst verschiedenartiges Aktivwerden der Teilnehmer erzwingen (,,Ein-, Ausatmen").

Der Plan
,,Erst macht man einen Plan.
Der ist kein großes Licht.
Dann macht man einen zweiten Plan,
gehn tun sie beide nicht."
nach B. Brecht

6. In diesen Lernphasen sollte der Dozent auch verschiedene *Lehr- und Sozialformen* (Arbeitsformen) sich einander abwechseln lassen.

7. Jede Unterrichtseinheit sollte einen planmäßigen *Ein- und Ausstieg* (Lernrahmen und Stundenschluß) haben.

8. Der Lernprozeß sollte sinnvoll durch den gezielten Einsatz veranschaulichender und aktivierender *unterrichtlicher Hilfsmittel* unterstützt werden (Instruktions-, Arbeitshilfe). Dazu steht ein breites Repertoire zur Verfügung, das der Dozent bereitzustellen hat.

Bei der Verwirklichung von (Unterrichts-)Plänen braucht man auch ein bißchen Glück!

Die Lehrskizze als realistische Unterrichtsvorbereitung ist der Versuch des Dozenten, die genannten Unterrichtsmomente in *einer* Planskizze zusammenzufassen. Sie sollte auf jeden Fall drei Bedingungen erfüllen: Sie sollte

— nicht zu ausführlich sein,

— übersichtlich gestaltet sein, um als Orientierungshilfe dienen zu können,

— die zentralen Kategorien des Unterrichts enthalten.

Im vorliegenden Fall wird das nachfolgende Schema vorgeschlagen:

Unterrichtsthema: _____

	Zeit	Lern-ziel (Stichwort)	Thema	Lehr- und Sozialform	Medium	Teilnehmer-aktivitäten
Phase 1						
Phase 2						
Phase n^{-1}						
Phase n						

Zu den einzelnen Kategorien ist noch folgendes festzuhalten:

Zeit:
Hier sollte die konkrete Uhrzeit notiert werden, damit sich der Dozent jeweils mit einem Blick orientieren kann, ob er in der Zeit ist. Also für eine Phase nicht schreiben: 20 Min., sondern lieber 9.00 - 9.20.

Lernziel:
Das jeweilige Teillernziel der einzelnen Phase nur in Kurzform, aber operationalisiert notieren. Es ist möglich, daß ein Lernziel auch einmal für zwei oder mehrere Phasen gilt. Vielleicht auch nur ein Stichwort notieren.

Thema:
Das jeweilige Teilthema in Kurzform notieren.

Lehr- und Sozialform und Medium:
Nur die Bezeichnung einsetzen.

Teilnehmeraktivitäten:
Es wir die zentrale Aktivität der Teilnehmer in einer Phase notiert. Die Angaben dienen dabei vor allem der Kontrolle eines abwechslungsreichen Tuns der Teilnehmer (→ Vermutete Lernphase).

III. Motivierendes Dozentenverhalten und der Umgang mit der Teilnehmern

Es gibt kaum Zweifel daran, daß der Unterrichtserfolg eines Dozenten in der Weiterbildung wesentlich bestimmt wird von der Art und Weise, *wie* er mit seinen erwachsenen (!) Teilnehmern umgeht. Noch so gute fachliche Qualitäten und eine noch so optimale Unterrichtsplanung und -gestaltung werden in ihrem Wert gemindert oder gar zunichte gemacht, wenn sich der Dozent in didaktischer und sozialer Hinsicht wie „die Axt im Walde" benimmt. Wovon hier also zu reden ist, kann man demnach als die „dritte Säule" des Erfolges in der Fortbildung bezeichnen: Der Dozent, ein kooperativer Lernpartner!

Was das im einzelnen heißen soll, möge die folgende Skizze verdeutlichen:

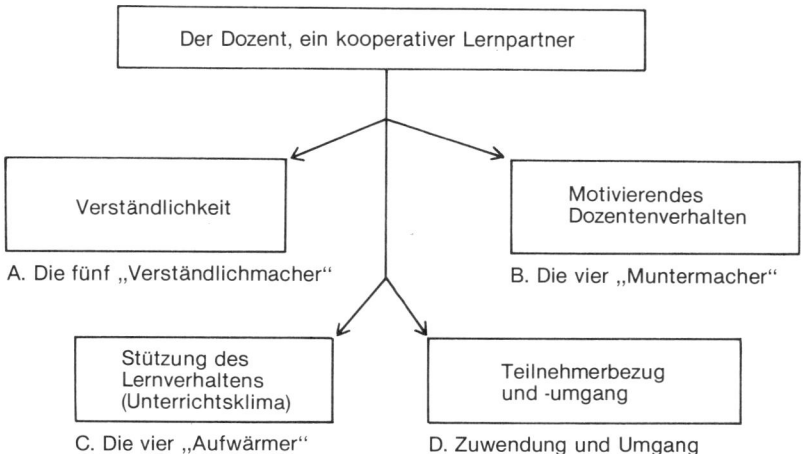

65

Immer beachten:
Der Dozent in der Weiterbildung hat zwar Lernende, aber keine Schüler vor sich! Der Teilnehmer ist gleichberechtigter Partner.

Immer beachten:
Der Dozent in der Fortbildung hat zwar Lernende, aber keine Schüler vor sich! Der Teilnehmer ist gleichberechtigter Partner.

Die vier herausgehobenen Gesichtspunkte lassen sich auch in die folgenden vier Fragen kleiden:
1. Wie drücke ich mich als Dozent verständlich aus?
2. Wie mache ich meine Teilnehmer geistig munter?
3. Wie erzeuge ich ein gutes, lernförderndes Sozialklima?
4. Wie gehe ich mit meinen Teilnehmern am besten um?

Die folgenden Abschnitte sollen die gestellten vier Fragen etwas genauer erläutern und dazu beitragen, ein besseres Verständnis für diesen Teil der pädagogisch-didaktischen Aufgaben und Möglichkeiten eines Dozenten aufbauen zu helfen.

Der Dozent, eine „geistig-kulinarische" Schnecke?

„Die Spezialität unseres Lokals", sagt der Ober, *„sind Schnecken!"* — *„Ich weiß",* antwortet der Gast, *„beim letzten Besuch hier hat uns eine bedient...!"*

A. Die fünf „Verständlichmacher"

Eine der wesentlichen Voraussetzungen dafür, daß erwachsene Teilnehmer in Fortbildungsveranstaltungen Lernbereitschaft zeigen, ist die, daß der Dozent sich verständlich ausdrückt. Wie wissenschaftliche Untersuchungen eindeutig zeigen, nehmen Erwachsene einem Dozenten nichts so übel wie eine hochgestochene, abstrakte, möglicherweise mit Fremdwörtern gespickte Sprechweise. Offenbar verbaut ihnen ein derartiger nebulöser Jargon nicht nur das tatsächliche Verstehen der Unterrichtsthematik, vielmehr baut Unwillen über das gezeigte Sprachgehabe des Dozenten darüber hinaus zusätzliche psychische Barrieren auf, die jede Lernbereitschaft abtöten können.

Eine verständliche Sprache erhöht daher die Motivation der Teilnehmer. Sie fühlen sich

Eine gute Verständigung ist das halbe Leben!

a) partnerschaftlich angenommen, der zu lernende Sachverhalt erscheint
b) nicht mehr als so schwierig, es wird
c) leichter, Vorwissen und Vorerfahrungen zu mobilisieren und in den Lernprozeß einzubringen.

Aus einer Reihe wissenschaftlicher Untersuchungen kennen wir heute *Merkmale* einer gut verständlichen Sprache. Mit ihrer Hilfe ist es uns daher möglich, genauer anzugeben, worauf jeder Dozent achten sollte, wenn er Wert auf eine verständliche Sprache legt. Der Einfachheit und eigenen Verständlichkeit wegen wollen wir diese *fünf* Hauptmerkmale als unsere ,,*Verständlichmacher*'' bezeichnen.

Verständliche Sprache?
Ein Gütekriterium für jeden Dozenten in der Fortbildung! Es zeigt u.a., daß er die zu lehrenden Sachverhalte wirklich beherrscht.

Es sind dies:
1. Das freie Reden oder auch ,,Sprechdenken''
2. Die Einfachheit
3. Die Ordnung und gedankliche Gliederung
4. Die Prägnanz oder Treffsicherheit
5. Die Stimulans oder Anregung

Merke:
Schriftlich vorformulierte Texte sind in ihrer *Gestaltung* zwar perfekter, dagegen in ihrer *Verständlichkeit* als gesprochene Sprache problematischer.

Darum:
Beim Vortragen das Vorlesen unbedingt vermeiden!

Wir wollen im folgenden diese fünf Verständlichmacher noch etwas genauer beschreiben und erläutern.

1. Das freie Reden oder auch „Sprechdenken"

Viele Dozenten glauben, die Leistungsfähigkeit ihres Unterrichts durch eine perfekte Sprache sicherstellen zu müssen. Um dies zu erreichen, schreiben sie sich alles auf, was sie im Unterricht sagen wollen und lesen ihren Teilnehmern dann im Unterricht „aus ihren gesammelten Werken" vor. Zu ihrer oftmals großen Verblüffung stellen sie dann bald fest, daß die Teilnehmer
a) davon sehr gelangweilt sind und viele bald „schlafen" und
b) der Rest trotz Aufmerksamkeit nur einen geringen Lerngewinn davonträgt.
Wie kommt das? Wie hat man sich das zu erklären? Nun, die Sache ist verhältnismäßig einfach: Die Sprache ist zu perfekt, zu glatt, weil abgelesen, außerdem zu schlecht betont und meist mit zu langen Sätzen bestückt, schließlich wird in aller Regel zu hastig, zu schnell gesprochen.
Der Teilnehmer versteht daher viel leichter, wenn der Dozent als Sprecher ungefähr so redet, wie er denkt. Da niemand in verschachtelten, buchreifen Sätzen denkt, wird der Satzbau sofort einfacher, die Denkspur ist leichter nachzuvollziehen. Außerdem ist im freien Sprechdenken
— die Wortwahl einfacher,
— Der Sprechakt — weil nicht so perfekt — natürlicher,
— die Redegeschwindigkeit in aller Regel etwas herabgesetzt.
Wie lernt man nun das Sprechdenken am einfachsten und schnellsten? —
Auch dies ist eigentlich sehr einfach: Indem man ab sofort nichts mehr zum Vorlesen in den Unterricht mitnimmt. — Sprechdenken lernt man verhältnismäßig rasch nur, wenn man sich zwingt, viel frei zu reden. Es ist halt wie mit dem Erlernen des Autofahrens: Man lernt es nur durch viel Fahren.

Ein Tip: Eine Gliederung dessen, was man vortragen will (als Ersatz für einen Stichwortzettel) auf ein Plakat oder eine Folie schreiben und im Unterricht verwenden: Natürlich als Hilfe für die Teilnehmer...! Siehe da, man hilft sich damit selber und verliert die Angst, steckenzubleiben.

2. Die Einfachheit

Die große Kunst, einfach zu sprechen, bezieht sich im wesentlichen auf zwei verschiedene Sachen:
— einmal auf die *Wortwahl*,
— zum anderen auf den *Satzbau*.
Wer einfach sprechen will, muß zunächst einmal im allgemeinen schwer verständliche *Fremdwörter* und *Fachausdrücke* weitgehend vermeiden und stattdessen Wörter aus der Umgangssprache verwenden. Statt zu sagen: ,,Die basalen Kategorien einer relevanten Organisationslehre sind...'', sollte der Dozent lieber vorschlagen: ,,Wir wollen nun einmal ein bißchen grundsätzlicher überlegen, was für eine Organisationslehre wichtig sein könnte...''.
Nicht wahr, die zweite Formulierung ist uns sympathischer. Sie ist nicht so bombastisch, viel bescheidener, lädt zum Mitdenken und Mitarbeiten ein. Sie vermittelt ganz stark den Eindruck, die Sache sei gar nicht so schwierig und kompliziert, jeder könne dazu einen Beitrag leisten.
Man sieht also, daß der Verständlichmacher ,,Einfachheit'' einen hohen aktivierenden und motivierenden Wert hat. Das gilt genauso für den Satzbau: Es sollten beim Sprechen kurze Sätze bevorzugt werden. Sehr hilfreich sind eingestreute kleine rhetorische Fragen, die der Dozent im nächsten Satz sogleich beantwortet. Auch die Wiederholung eines kurzen Satzes mit denselben oder in anderen Worten ist meist eine große Denk- und Lernhilfe. Denn Fragen und Wiederholungen ,,schaffen Luft'', verlangsamen das Tempo und erhöhen die Möglichkeiten zum Mitdenken.

> **Einfacher Satz**
> *,,Derjenige, der den, der die Warnungstafel, die am Wege, der durch die Wiesen führt, steht, beschädigt hat, überführt, erhält eine Belohnung aus der Gemeindekasse.''*

3. Die Ordnung und gedankliche Gliederung

Der genannte Verständlichmacher ist ein hohes Lied auf die Logik und gedankliche Stimmigkeit. Sie ist besonders für den Lernenden von geradezu zentraler Bedeutung, denn sie schafft für den Mitarbeitsbereiten gedankliche „Helligkeit" und Klarheit. Am besten ist es daher, wenn die Sachverhalte schön der Reihe nach behandelt werden. Die dazugehörige Gliederung sollte für alle sichtbar und gut leserlich an der Tafel, auf einem Plakat oder auf einem jedem Teilnehmer ausgehändigten Arbeitsblatt aufgeschrieben werden. Ein Dozent mit ausgeprägtem Verständlichmacher „Ordnung/Gliederung" legt eindrucksvoll von zweierlei Zeugnis ab:

1. von seiner fachlichen Kompetenz,
2. von einer guten Unterrichtsvorbereitung.

Beides sind Sachen, die Teilnehmer mögen, und die zur Mitarbeit anregen... .

4. Die Prägnanz oder Treffsicherheit

Der Verständlichmacher „Prägnanz" ist die Fähigkeit, zum Punkt zu sprechen, die Dinge klar und präzise auf den Begriff zu bringen. Wir kennen das aus der Umgangssprache: Es ist geradezu nervtötend, wenn der Partner ständig um die Dinge herumredet, ohne die Kernpunkte klar und deutlich auszusprechen. Manch einer wird dann drastisch und wehrt sich mit den Worten: „Mensch, Du quatscht mich besoffen". Fehlende Prägnanz ist für Lernende besonders mißlich, denn sie kann verwirren. Eine treffsichere Rede dagegen vereinfacht vieles, vor allem das Mitdenken.

Bisweilen ist es erforderlich, um prägnant formulieren zu können, den Sachverhalt, das Problem, die Frage usw. etwas zu vereinfachen. Dies ist eine große Kunst, bedeutet zugleich für viele Dozenten eine große Hürde. Sie haben — in deutscher Gründlichkeit — Angst, fachlich angreifbar zu werden. Dabei vergessen sie oft, daß es

1. um Lernprozesse und Fragen des Verstehens und Behaltens der Teilnehmer geht,
2. daß man eine bewußte Vereinfachung — nachdem das Prinzip, der Kerngedanke, der entscheidende Punkt usw. erst einmal klargemacht sind — nachgängig leicht ergänzen, erweitern oder korrigieren kann.

Lehren heißt oft, das Bewußtsein und Verständnis der Teilnehmer in konzentrischen Kreisen zu erweitern. Wer gleich zu Anfang mit 1 000 Einzelheiten, Aspekten, Gesichtspunkten, Fragen usw. operiert, verhält sich wie jemand, der immer gleich mit der Tür ins Haus fällt. Das sollte man ja schon in der Liebe nicht so machen, wie viel weniger beim Lehren, das ja Lernen, Denken und Behalten bewirken soll.

Einfachheit der Sprache und Prägnanz der Antwort

5. Die Stimulans oder Anregung

Die Verständlichkeit der Sprache hängt schließlich auch ab von dem Grad an direkter zusätzlicher Anregung, den die Redeweise des Dozenten vermittelt. Dabei ist vor allem an folgendes zu denken:

— Verwendung von *Ausrufen* und von *wörtlicher Rede* soweit wie möglich,
— *Bildung von Beispielen* aus dem täglichen Leben sowie der beruflichen Sphäre der Teilnehmer,

71

— *direktes Ansprechen* der Teilnehmer,
— Verwendung bestimmter, bekannter *Reizwörter*, möglichst in neuer, witziger Verpackung,
— Einbettung der zu vermittelnden Sachverhalte in wahre oder erdachte *Geschichten*,
— Verwendung bewußter *Übertreibungen* und *überraschender Wendungen* mit anschließender Richtigstellung.

Übertreibung oder überraschende Wendung??

Stellt man sich zusammenfassend die fünf behandelten Verständlichmacher vor Augen, so wird deutlich, welche ausgezeichneten Möglichkeiten die Sprache des Dozenten bietet, die Teilnehmer zum aktiven Mitdenken und Mitarbeiten zu bewegen.

Verständlichkeit, also:

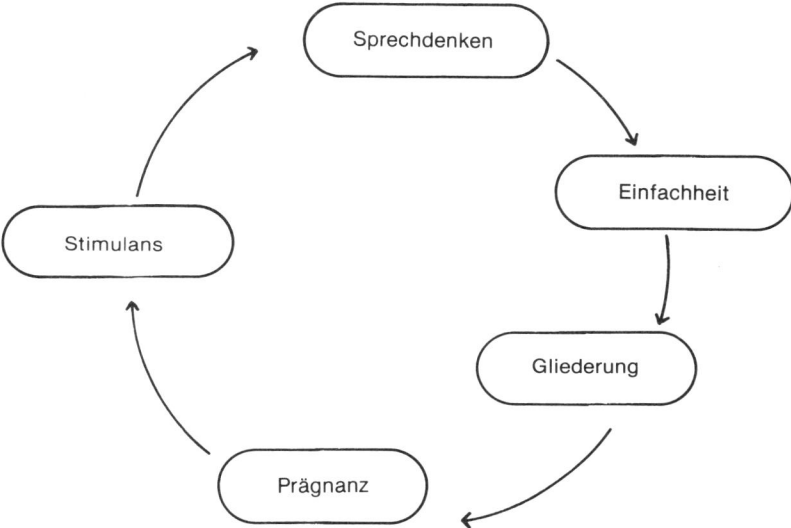

ist somit die wirksamste Grundlage für ein motivierendes Dozentenverhalten.

B. Die vier „Muntermacher"

In dem Abschnitt über die Verständlichmacher haben wir gesehen, daß der Dozent über die Sprache durchaus schon „muntermachend" auf die Teilnehmer wirken kann. Darüberhinaus stehen ihm vier weitere Helfer, die sogenannten Muntermacher zur Verfügung, um den Unterricht und die Teilnehmer über sein *eigenes Verhalten* in Schwung zu bringen:
— das freigebend-kontrollierende Verhalten,
— das energievolle Verhalten,
— das streitbare Verhalten,
— das geistreiche Verhalten.

73

Bevor wir auch die vier Muntermacher erläutern, noch kurz diese Charakterisierung:

— freigebend-kontrollierendes Verhalten — energievolles Verhalten	beziehen sich vorwiegend auf das Problem der Lenkung im Unterricht (= Führungsverhalten)
— streitbares Verhalten — geistreiches Verhalten	beziehen sich vorwiegend auf die intellektuellen Fähigkeiten des Dozenten

1. Freigebend-kontrollierendes Verhalten

Hierbei handelt es sich um einen Muntermacher von besonderer Bedeutung. Denn da wir es in der Weiterbildung mit Erwachsenen zu tun haben, ist die Frage nach dem Ausmaß von deren Möglichkeiten, sich selbst zu regulieren, wichtig für ihre Lernbereitschaft. Gefragt ist bei diesem Muntermacher nach einem Dozenten, der im Unterrichtsgeschehen planvoll Freiräume schafft, in denen die Teilnehmer stärker selbstbestimmt agieren können. Dies bezieht sich einmal auf die methodisch-didaktische Struktur des Unterrichts (→ Einsatz teilnehmerzentrierter Lehr- und Sozialformen), zum anderen auf das hier interessierende Dozentenverhalten selber:

— Das Stellen weiterer, offener Fragen.
— Das Setzen von Denkanstößen und Impulsen.
— Die Hilfestellung beim Problematisieren des Sachverhaltes durch die Teilnehmer.
— Das Ermöglichen von Eigenaktivitäten der Teilnehmer: Plakat-/Tafelbeschriftung, Erläuterungen vor der Lerngruppe, Entwickeln eines Problems, einer Lösung am Arbeitsprojektor etc..
— Ermunterung von Teilnehmerfragen.

— Realisierung von Denk- und Arbeitspausen, in denen die Teilnehmer auch tatsächlich überlegen, mitdenken und mitarbeiten können.

Wichtig ist, daß dieses freigebende Verhalten des Dozenten nicht mit ,,laissez-faire''-Verhalten verwechselt wird, einer spezifischen Form von Gleichgültigkeit und Passivität des Dozenten. Vielmehr sollte er die Freigabe *kontrolliert* realisieren. Er sollte genau wissen, was in der Lerngruppe vor sich geht, wann Eigenaktivitäten der Teilnehmer am Platze sind, wie lang eine Arbeits- und Denkpause sein sollte, welcher Teilnehmer als nächstes aktiviert werden sollte usw. usw..

Achtung!
Wer viel Lenkung im Unterricht ausübt, lähmt die Teilnehmer regelrecht. — Die meisten Dozenten sind diesbezüglich viel zu aktiv.
Besser:
Die Teilnehmer viel selber machen lassen!

Kontrolliert freigebendes Verhalten

2. Das energievolle Verhalten

Jeder Dozent bietet seinen Teilnehmern ein Modell für das eigene Verhalten an. Er ist eine Art Vorbild, an dem man sich bewußt und unbewußt (!!) orientiert. Verhält sich der Dozent lahm, passiv und gelangweilt und verbreitet er ein Klima des Desinteresses, so darf er sich nicht wundern, wenn es ihm seine Teilnehmer nachmachen. — Geht er jedoch energisch auf die anstehenden Fragen los, zeigt er Engagement und Interesse und den unbedingten Willen, die „Sache" zum erfolgreichen Ende zu bringen, so wird sich seine Energie auf die Teilnehmer übertragen, wird sie munter machen und aktivieren. Es genügt nicht, daß sich der Dozent für die Sache, den Unterricht und die Teilnehmer interessiert, er muß dieses Interesse durch energievolles Verhalten vielmehr glaubhaft machen.

> **Merke:** Es gibt nichts Schläfrigeres als Schläfrigkeit.

3. Das streitbare Verhalten

Hier geht es nicht darum, daß der Dozent ständig einen Streit vom Zaune bricht. Streitbares Verhalten meint vielmehr, daß sich der Dozent gleichsam augenzwinkernd an bestimmten Stellen (!) „dumm" stellt: Teilnehmerbeiträge z.B. bewußt nicht richtig verstehen will, Argumente falsch verwendet, unlogisch argumentiert, ungeeignete Einwände formuliert usw. usw.. Dies alles — wie gesagt — ein bißchen verschmitzt, nie persönlich verletzend und mit dem augenzwinkernden Effekt, den Teilneh-

> **Streitbares Verhalten**
> *„Ein schönes Bild haben Sie gemalt",* sagt ein Atelierbesucher zum Maler, *„ich kann mich nicht satt sehen!"*
> Darauf der Maler: *„Ich auch nicht! Daher möchte ich es Ihnen gern verkaufen!"*

mern die Chance zu geben, den Dozenten durch gute Argumente zu widerlegen, zu zeigen, daß man ihm nicht auf den Leim gegangen ist, daß man aufgepaßt und die Sache verstanden hat.

Streitbares Verhalten in diesem Sinne ist überaus belebend. Es kann befreiend gelacht werden, denn letzten Endes ist ja der Dozent der „Dumme" und die Teilnehmer können zeigen, daß sie etwas gelernt haben und Kompetenzen besitzen.

4. Das geistreiche Verhalten

Unser letzter Muntermacher bezieht sich auf die Fähigkeit des Dozenten, u.a. folgende Merkmale in seinem Verhalten abzubilden:
— Überraschende Vergleiche anstellen und ungewohnte Einfälle produzieren.
— Ungewohnte Wendungen benutzen
— Gute Beispiele und Bilder wählen
— Humorvolle und anekdotische Bezüge herstellen
— Schlagfertigkeit und Witz zeigen
— Scheinbar einfache Fragen mit ,,Tiefgang'' stellen
— Einen komplizierten Sachverhalt vereinfachen und auf einen kleineren Nenner bringen
— Historische Hintergründe andeuten
— Einen theoretischen und abstrakten Sachverhalt fallbezogen durchspielen.

Daß zum geistreichen Verhalten neben einer guten fachlichen Kompetenz vor allem Schlagfertigkeit, Witz und Einfallsreichtum gehören, dürfte klar sein. Daher ist ganz besonders hier eine gute Übung im Sprechdenken vonnöten. Dieses bildet eine unabdingbare Voraussetzung für geistreiches Verhalten.

Geistreiches Verhalten und der ungewohnte Einfall!

An dieser Stelle sollte daher ein Hinweis darauf erfolgen, wie man als Dozent seine Leistungsfähigkeit in Sachen ,,Verständlichmacher'', ,,Muntermacher'' und ,,Aufwärmer'' (s.u.!) verbessern kann:

a) Teilnehmerbefragungen durchführen (siehe Teil 3 des Buches!), um herauszufinden, wie einen die Teilnehmer wirklich erleben.
b) In kleinen Schritten vorgehen und sich nicht alles auf einmal vornehmen. Gezielt auf ein oder zwei Merkmale achten!
c) Einen Kollegen hospitieren und beurteilen lassen.
d) Unterrichtsnachbereitungen und Analysen anstellen! Wichtiges aufschreiben, Verbesserungsvorschläge notieren.

C. Die vier ,,Aufwärmer''

Die im folgenden zu besprechenden ,,Aufwärmer'' beziehen sich auf die Aufgabe jedes Dozenten, ein konstruktives, lerngünstiges *Unterrichtsklima* herzustellen. Es geht darum, die Teilnehmer gefühlsmäßig für den Unterricht zu gewinnen, sie gleichsam für das Lernen zu erwärmen. Es wäre ein schwerwiegender Irrtum anzunehmen, der Lernprozeß spiele sich nur im Kopf ab. Es sei gleichgültig, in welcher Stimmung, mit welchen Gefühlen die Teilnehmer dem Unterricht beiwohnten. Wer so denkt, verkennt den engen Zusammenhang zwischen Gefühlen, Stimmungen, Denk- und Lernvorgängen. Ein humorvoll-entspanntes, partnerschaftlich-wertschätzendes und bekräftigendes Klima ist für die meisten Teilnehmer eine Grundvoraussetzung für ein Lernen in der Gruppe.

Besonders erwachsene Lerner sind oft sehr sensibel, gehen mit durchaus beachtlichen Vorbehalten, ja, Ängsten, in den Unterricht hinein. Ihnen macht — weil ein wenig lernungewohnt — das kontinuierliche, systematische Lernen Probleme, zumindest bestehen diesbezüglich bei ihnen oftmals entsprechende Sorgen.

Um so befreiender und hilfreicher, wenn sie auf einen Dozenten treffen, der mit Hilfe der folgenden vier Aufwärmer für ein angenehmes Unterrichtsklima sorgt:

— partnerschaftliches Verhalten
— wertschätzendes Verhalten
— bekräftigendes Verhalten
— humorvolles Verhalten.

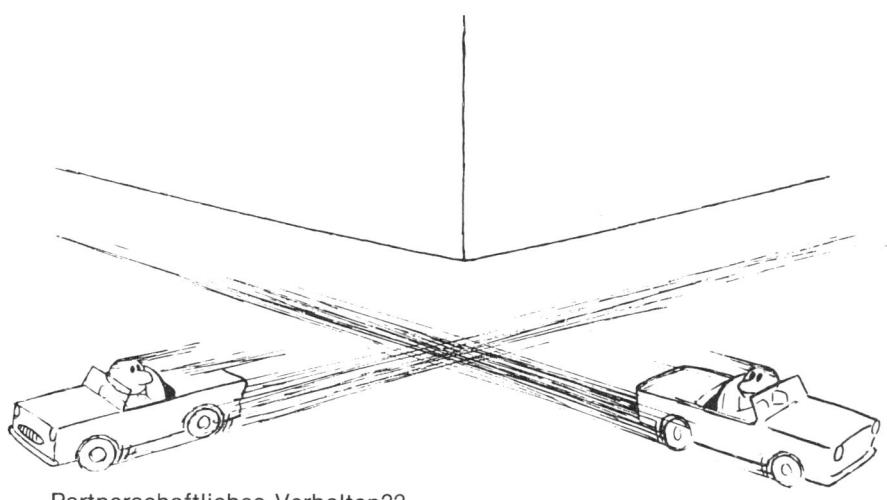

Partnerschaftliches Verhalten??

1. Das partnerschaftliche Verhalten

Hier ist wichtig, daß der Dozent kein Ranggefälle
a) zwischen den Teilnehmern oder
b) zwischen sich und den Teilnehmern
aufkommen läßt. Unter Weglassung von Titeln und Ämterbezeichnungen wird ein freundlicher Umgang gesucht, der am ehesten die Gewähr für ein sachbezogenes Arbeiten bietet.

Das Verhalten des Dozenten ist in jeder Beziehung umkehrbar (,,reversibel"), das heißt, alle Verhaltensweisen des Dozenten gegenüber den Teilnehmern können von diesen in gleicher Weise auf ihn angewendet werden. Der Dozent nimmt seine Teilnehmer ernst, ist immer gesprächsbereit. Er vermittelt den Teilnehmern das klare Gefühl, daß er für sie immer da ist, jederzeit als Ansprechpartner zur Verfügung steht.

2. Das wertschätzende Verhalten

Dieses geht über den partnerschaftlichen Umgang noch hinaus. Der Dozent zeigt deutlich sein Interesse an der Person seiner Teilnehmer. Er vermittelt Wärme und Verständnis für ihre Situation und ist auch außerhalb des Unterrichts für sie da.

Der Dozent bemüht sich darum, personenbezogene Konflikte (den sog. Schlagabtausch) im Unterricht tunlichst zu vermeiden. Er versucht, auch im sozialen Miteinander der Teilnehmer ein Klima der Freundlichkeit und Wärme zu erzeugen.

Dazu dient z.b. die Einführung des sog. „Butlerprinzips" am Beginn eines Lehrgangs oder Seminars: „Jeder ist jedermanns Diener." — Es ist immer wieder erstaunlich zu beobachten, wie mit diesem einfachen Kunstgriff das soziale Klima einer Lerngruppe positiv beeinflußt wird.

3. Das bekräftigende Verhalten

Das menschliche Verhalten wird — wie Untersuchungen zeigen — u.a. stark beeinflußt von der Hoffnung, erfolgreich zu sein. Eine Unterrichtssituation, die für viele Teilnehmer die Erfahrung ermöglicht, beim Lernen erfolgreich gewesen zu sein bzw. sein zu können, bekräftigt zum Weiterlernen.

Jeder Dozent verfügt über drei Möglichkeiten, Teilnehmer zu bekräftigen und zu verstärken:

a) Die direkte Bekräftigung (es wird z.b. Lob, Anerkennung ausgesprochen):
   aa) im Unterrichtsgeschehen,
       vor der ganzen Lerngruppe
   ab) außerhalb des Unterrichtsgeschehens,
       etwa im 4-Augen-Gespräch.

b) Die indirekte Bekräftigung durch Ermöglichung der Darstellung von positiven Teilnehmerleistungen vor der Gesamtgruppe: Hier besteht die Verstärkung mehr in der Darstellung der Ergebnisse in der Gruppe, hat also mehr einen sozialen Charakter. Teilnehmer verstärken Teilnehmer.

c) Die Selbstverstärkung: Der Teilnehmer erhält die Möglichkeit, sich eine sach- oder aufgabenbezogene Rückmeldung über seine Leistung selbst zu geben, sich also selber zu bekräftigen. Hierbei handelt es sich um eine besonders erwachsenengerechte Form der Bekräftigung, denn der Teilnehmer ist bei dieser Form weder vom Dozenten, noch von den anderen Teilnehmern abhängig. Selbstverstärkung ist in diesem Sinne als die emanzipierteste Form der Verstärkung zu bezeichnen.

Um aber keine Mißverständnisse aufkommen zu lassen:

Alle drei Verstärkungsformen haben in der Weiterbildung ihren Platz: Direkte und indirekte Bekräftigung, ebenso die Selbstverstärkung.

Viele, besonders aber die lernunerfahrenen Teilnehmer in der Weiterbildung benötigen durchaus den direkten persönlichen Kontakt und Zuspruch, auch und gerade das direkte Lob und die persönliche Anerkennung. Zu beachten ist dabei freilich, daß diese sachlich voll berechtigt sein müssen. Ein „Pseudolob" ohne Hintergrund, das nur der Bekräftigung wegen ausgesprochen wird, ist für Erwachsene durchschaubar und eher peinlich!

Es kommt sicher auf den Bildungsstand, die Lernerfahrungen sowie das soziale Herkommen der Teilnehmer an,
— wie intensiv und
— in welcher Form
die Teilnehmer am ehesten zu bekräftigen sind. Hier kommt es auf das Gespür und die Feinfühligkeit des Dozenten wesentlich an.

Verstärkung ja, Übertreibung nein!

4. Das humorvolle Verhalten

Der letzte unserer vier Aufwärmer ist der Humor. Von ihm wird das Unterrichtsklima auf das nachhaltigste beeinflußt. Sehr zu recht, denn tierischer Ernst, Verbissenheit und straffe Arbeitsorientierung sind der Tod jeder Arbeitsbereitschaft. Lernen muß — und kann ja auch — Spaß machen. Lachen kann regelrecht befreiend wirken, lockert alle Beteiligten auf, ist ein gefühlsmäßiger ,,Warmmacher" im sozialen Miteinander.

Zwar kann man nicht jedem Dozenten abverlangen, als professioneller Humorist aufzutreten. Jedoch ist zumutbar, daß jeder Dozent sich um gelegentliche situative Einschübe bemüht, in denen einmal gelächelt oder auch gelacht werden kann. Oft helfen da einzelne Teilnehmer einem nicht so witzig veranlagten Dozenten weiter. Fast jede Lerngruppe hat da so ihren Spaßmacher. Sie gilt es dann zu ermutigen, mit kleineren ,,Einlagen" dem Dozenten unter die Arme zu greifen... .

Humor ist, wenn man trotzdem lacht!

Fassen wir noch einmal kurz zusammen:

Neben den Muntermachern stehen mit den vier Aufwärmern jedem Dozenten Hilfsmittel zur Verfügung, die Teilnehmer für das Unterrichtsgeschehen zu gewinnen: Partnerschaftliches, wertschätzendes, bekräftigendes und humorvolles Verhalten sind hier zu nennen. Durch eigenes Vorbild (Modellverhalten) und den systematischen und gezielten Einsatz der Aufwärmer wird ein konstruktives Unterrichtsklima geschaffen, das viele der erwachsenen Teilnehmer als Lernhilfe dankbar annehmen werden.

D. Dozentenverhalten und Teilnehmerumgang

Motivierendes Dozentenverhalten heißt nicht nur

— Verständlichkeit (= „Verständlichmacher")
— Ermunterung (= „Muntermacher")
— Wärme/Wertschätzung (= „Aufwärmer")

Dazu gehört auch der Einsatz eines unterrichtlich angemessenen, konstruktiven Verhaltens, das von der Körpersprache des Dozenten bis zum Umgang mit den Teilnehmern reicht. Es geht darum, wesentliche Punkte herauszustellen, die beachtet werden müssen, wenn der Dozent günstige Rahmenbedingungen für seinen Unterricht schaffen will. — Damit dieses Buch nicht zu umfangreich wird, sollen diese Punkte im folgenden nur kurz aufgelistet und ganz knapp erläutert werden. Zunächst die fünf wichtigsten Punkte zur *Körpersprache:*

Schwierigkeiten sind dazu da,
überwunden zu werden!

1. Augenkontakt herstellen — keinen „Blindflug" anstellen!

Der Dozent sollte sich dieses Mittels bedienen, um darüber informiert zu sein, was bei den Teilnehmern vor sich geht. Daher ist es nötig, frei zu sprechen, die Teilnehmer ständig anzusehen!

2. Zuwendung realisieren — Interesse zeigen!

Dem Teilnehmerinteresse am Unterricht entspricht das Dozenteninteresse am Teilnehmer! Darum: Niemanden übersehen! Teilnehmerwünsche und -beiträge beachten und würdigen! Auf die Teilnehmer zugehen. Auch abwegige Beiträge als Versuch der Mitarbeit akzeptieren!

3. Mimik und Gestik entwickeln und einsetzen!

Der Dozent ist freilich kein Schauspieler! Aber in Grenzen sollte er dem Verständlichmacher Stimulans auch in seiner Körpersprache mit gestischen und mimischen Mitteln wenigstens ansatzweise Raum geben. Grundsatz: Wehret der Lahmheit und Schlafbereitschaft des Dozenten wie der Teilnehmer. (Jedoch: Fingerüberfälle und jede Theatralik vermeiden!) Auf der gleichen Ebene liegt:

4. Die Sprache: Lautstärke und Modulation

Wer als Dozent tätig ist, sollte seine Sprechwerkzeuge so benutzen, daß er für alle verständlich ist. Durch angemessene Betonungen und Variation der Sprechgeschwindigkeit kann der Eindruck des Leiertons und der Tibetanischen Gebetsmühle gar nicht erst auftreten. Denn: Dynamisches Sprechen ist Ausdruck von Engagement, Aktivität und Interesse... (Modellverhalten).

5. Sitzen, Stehen, Gehen — aber kein Wanderprediger!

Standorte im Unterricht durchaus wechseln! Regel: Beim Vortrag und darstellend-entwickelnden Lehrgespräch *stehen*, beim fragend-entwickelnden Lehrgespräch und bei Dozenteneinhilfen oder Mitarbeit in teilnehmerzentrierten Verfahren (Einzel-, Partner-, Gruppenarbeit) *stets sitzen*. Ranggefälle vermeiden! — Jedoch: Dynamisches und funktionales Sitzen/Stehen/Gehen dürfen nicht zum Unruheherd im Unterricht werden. Kein Wanderprediger oder Löwe im Käfig sein!! Ruhe ist die erste Dozentenpflicht! — Im übrigen: Auch der Medieneinsatz erfordert ein dynamisches Verändern des Standortes im Raum.

Nach den fünf wichtigsten Punkten zur Körpersprache nun entsprechend fünf zum *Umgang* mit den Teilnehmern:

---

1. Sitzordnung, Namensschilder — Anrede beachten!

Eine gesprächsfördernde Sitzordnung in U-Form oder in quadratischer Form — alle Teilnehmer können sich ins Gesicht sehen (= face-to-face-Situation) — sowie Namensschilder vor jedem Teilnehmer fördern die Mitarbeit und begünstigen das Arbeitsklima. Der Dozent sollte jeden Teilnehmer von der ersten Minute an mit seinem Namen anreden! *Tip:* Am Beginn Namen so schnell wie möglich auswendig lernen!

---

2. Sorgfältige Vorbereitungen (Manuskripte, Tafelanschriften, Medien, Räumlichkeit etc.) jeweils direkt vor dem Unterricht sind eine Verbeugung des Dozenten vor den Teilnehmern!

Geht der Dozent hier sorgfältig vor, gibt er seinen Teilnehmern wortlos zu verstehen, daß er seine Aufgabe — und damit letztlich die Teilnehmer als Gegenüber — ernst nimmt. Damit zeigt er positives Modellverhalten. Außerdem: Gute Vorbereitung zahlt sich unweigerlich positiv aus: Es klappt alles besser!

---

3. Einwände, Konflikte und Kritik der Teilnehmer sachlich behandeln!

Geäußerte Einwände von Teilnehmern niemals als Kampfansagen behandeln! Das vergiftet die Atmosphäre. Einwände und Kritik auch nicht unter den Teppich kehren. Besser ist es, sie sachlich zu behandeln, sie vielleicht an die Tafel zu schreiben, andere Teilnehmer Stellung nehmen zu lassen, sich selber sachlich zu äußern. — Kommen gefühlsmäßige Konflikte auf, diese zur Lösung in die Gruppe zurückgeben!

4. Fragen als Führungshilfen benutzen!

Guter Unterricht ist immer ein gut geführter Unterricht. Mit Hilfe von fünf Fragetypen kann der Dozent nicht-direktiv (indirekt und kooperativ) Führungshilfen geben, ohne das Klima zu beeinträchtigen:

— Gegenfragen (bei Einwänden hilfreich zur Überprüfung der Argumentation)
— Umwegfragen (zur Überbrückung einer Denk-, Argumentationsschwierigkeit)
— Alternativfragen (= entweder/oder, Entscheidungshilfen)
— Rhetorische Fragen (Denkpausen, Denkhilfen, Akzentsetzungen)
— Sicherungs-/Kontrollfragen (Verständnissicherung, „Brückenbau" zum nächsten Unterrichtsabschnitt)

Fassen wir das zum Dozentenverhalten und Teilnehmerumgang Gesagte zusammen, so ergibt sich, wie viele Möglichkeiten ein Dozent hat, die Motivation und Arbeitsbereitschaft seiner Teilnehmer anzuregen und zu unterstützen. Wesentlich und umfassend geschieht dies durch Herstellung eines guten „Betriebs-"/Unterrichtsklimas. Das folgende Tableau wurde behandelt:

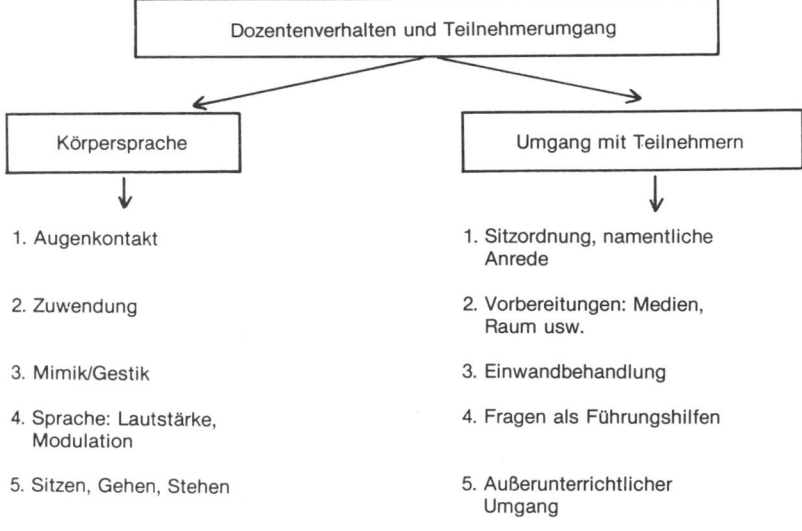

Dozentenverhalten und Teilnehmerumgang

Körpersprache	Umgang mit Teilnehmern
1. Augenkontakt	1. Sitzordnung, namentliche Anrede
2. Zuwendung	2. Vorbereitungen: Medien, Raum usw.
3. Mimik/Gestik	3. Einwandbehandlung
4. Sprache: Lautstärke, Modulation	4. Fragen als Führungshilfen
5. Sitzen, Gehen, Stehen	5. Außerunterrichtlicher Umgang

Viele unterrichtliche Probleme und Konflikte treten gar nicht erst auf, wenn sich der Dozent und die Teilnehmer gut kennen und verstehen. Wenn es daher möglich ist, sollte der Dozent unbedingt mit den Teilnehmern gemeinsam Essen gehen, Wein trinken, Kegeln gehen, Spaziergänge machen usw.. Solche außerunterrichtlichen Aktivitäten sind konkrete Beiträge zu einem guten Unterrichtsklima.

Überlegte Vermeidung von Schwierigkeiten

IV. Hinweise für eine realistische Unterrichtsvorbereitung

An zwei Stellen der bisherigen Darstellung war schon von Unterrichtsplanung und -vorbereitung die Rede: ,,Unterrichtsplanung und Lehrskizze" (II G) sowie die ,,Vorbereitung des Unterrichts vor Ort" (II D). In der Tat sind dies die beiden Säulen jedes akzeptabel vorbereiteten Unterrichts.

Nun weiß aber jeder einigermaßen erfahrene Dozent, daß es durchaus nicht selten vorkommt, daß eine ausführliche Vorbereitung auf den Unterricht — etwa in der Art einer didaktischen Analyse — in der Regel nicht möglich ist. In diesem Fall ist eine — vor allem zeitlich machbare — *realistische Vorbereitung* vom Dozenten gefragt, für die einige Hinweise nützlich sind. Drei Voraussetzungen, die der Dozent z.T. selber schaffen kann, erleichtern die Unterrichtsvorbereitung ganz wesentlich:

a) wenn wiederkehrende Lehrveranstaltungen vorbereitet werden,
b) wenn Manuskripte, Medien und Materialien sauber geordnet zur Wiederverwendung aufbewahrt werden,
c) wenn der Dozent über das in diesem Buch beschriebene Grundwissen und Können verfügt.

Gehen wir als *Beispiel* von einem Dozenten aus, der eine 4-stündige Lehrveranstaltung (= zwei mal 90 Min.) vorzubereiten hat, die er zwar in Zukunft öfters durchführen wird, aber die nun zum ersten Mal vorzubereiten ist. Er verfügt demzufolge weder über einen Themenkatalog, noch über Lernziele, geschweige denn über Manuskripte, Materialien oder Medien.

Realistische Vorbereitung!?!

Eine realistische Unterrichtsvorbereitung hätte hier davon auszugehen, daß das anstehende Problem nur in mehreren Stufen und Etappen zu bewältigen ist, daß also erst von Mal zu Mal eine qualitativ bessere Unterrichtsvorbereitung vorliegen kann, die sich freilich der jeweiligen Erfahrungen der vorausgegangenen Stunden bedienen würde.

Die Aufgabe wäre demnach zu reduzieren und der Dozent müßte sich bei der Erstvorbereitung vielleicht auf nur zwei Punkte beschränken:
a) Erstellung der Unterrichtsthemen und Teilthemen,
b) Strukturierung des Unterrichtsablaufs.

Zu a) Hier wird lediglich durch eine verkürzte Inhaltsanalyse und Didaktische Reduktion (vgl. I A, B) der inhaltliche Hintergrund des Unterrichts aufbereitet. Das Resultat ist eine Themenliste mit Unterthemen.
Zu b) Sodann wird eine verkürzte Unterrichtsstruktur erstellt, in der lediglich die Abfolge der Lehr- und Sozialformen nebst zeitlicher Festlegung enthalten sind.

Das Ergebnis dieser ersten Vorbereitung zu einer wiederkehrenden Unterrichtseinheit sieht dann folgendermaßen aus:

Doppelstunde I (90 Min.): Thema X : 9.00 — 10.30 Uhr

1. Lehrvortrag (Einstieg: Gliederung): Übersicht und Begründung
   (9.00 — 9.15 Uhr)

2. Gruppenarbeit (Erarbeitung): Teilthema X_1
   (9.15 — 9.45 Uhr)

Arbeitsauftrag: wird mündlich erteilt.
Arbeitsmaterial: z.B. Gesetzestext oder Buchtext etc. im Besitz der Teilnehmer.

3. Plenum: Auswertung der GA
   (9.45 — 10.15 Uhr)

4. Lehrvortrag: Teilthema X_2 und Zusammenfassung
   (10.15 — 10.30 Uhr)

Es ist klar, daß diese reduzierte Vorbereitung noch erhebliche Mängel aufweist, dafür hat sie den Vorteil, realistisch und nicht hochstaplerisch zu sein.

Die fehlenden:
— Lernziele — Manuskripte
— Materialien — Medien

können — wie gesagt — Schritt für Schritt — von Mal zu Mal — bereitgestellt werden. Ihre spätere Erstellung hat auf jeden Fall noch den Vorteil, im Lichte bereits einschlägiger Unterrichtserfahrungen zu erfolgen, so daß der Dozent gezielter planen kann. Mir scheint, daß diese gestufte Form der Unterrichtsvorbereitung gerade für nebenberuflich tätige Dozenten der einzig vernünftige Weg ist, schrittweise zu einer didaktisch akzeptablen Ausarbeitung zu kommen.

V. Die Überprüfung des eigenen Unterrichts

Ähnlich wie viele Lehrer an den Schulen und Hochschullehrer an den Universitäten fürchten sich manche Dozenten in der Weiterbildung vor Rückmeldungen, wie der Unterricht bei den Teilnehmern angekommen ist. Dabei sind Informationen darüber, wie der Unterricht erlebt wurde, ob man in ihm lernen konnte, was besonders gelungen, und was eher mißlungen ist, grundlegend für eine Revision, Übearbeitung und Verbesserung.

— Wer nicht weiß, was falsch war, kann keine Korrekturen vornehmen!
— Wer nicht weiß, was richtig war, weiß nicht, was beizubehalten ist.

Sich sein eigenes Urteil zu bilden, ist zwar unerläßlich, schützt aber nicht vor Fehleinschätzungen. Gerade das, was Teilnehmer — als die Hauptabnehmer und -betroffenen — sagen, ist für den Dozenten interessant und wichtig. Dies gilt vor allem auch für die mehrtägigen Lehrveranstaltungen in der Weiterbildung, die keine schriftlichen Leistungsüberprüfungen, Tests

---

Auch eine Rückmeldung

Bei einem Studenten wird eingebrochen.

Zischt der Einbrecher den überraschten jungen Mann an:

„Seien Sie still, ich suche nur Geld!"

Darauf der: *„Warten Sie einen Moment, ich suche mit...!"*

oder mündlichen Prüfungen haben. Hier ist die Teilnehmerbefragung in Verbindung mit einer ausführlicheren Schlußaussprache eine geradezu unerläßliche Maßnahme.

Wer hier Bedenken hat, sollte sich die folgenden drei zusätzlichen Überlegungen vor Augen stellen:

— Wer sich der Kritik anderer stellt, muß nicht fürchten, etwas zu verlieren. Vielmehr gewinnt er auf jeden Fall die Achtung, den Respekt, ja, den Dank der Teilnehmer.

— Nicht alle Rückmeldungen werden sich auf Kritik und Ablehnung beziehen. Der Dozent darf auch auf positive, zustimmende und konstruktiv anregende Hinweise rechnen. Er erfährt so auch Anerkennung und Bestätigung.

— Nur wer sich selbst kritisieren läßt, hat die Glaubwürdigkeit und letztlich das Recht, andere zu kritisieren. Die Schlußaussprache bietet damit dem Dozenten die Möglichkeit, seinerseits den Teilnehmern gezielt und glaubwürdig Rückmeldungen zu geben.

Es gibt verschiedene Möglichkeiten, kontrollierte Teilnehmerbefragungen durchzuführen. Die beiden wichtigsten — im dritten Teil des Buches beispielhaft abgedruckten — sind:

— Abfrage per Fragebogen,
— Punktbewertung über ein vorgegebenes Schema an der Tafel (Plakat).

Der Vorteil der Verwendung von Fragebogen ist zu sehen
— in größerer Genauigkeit (Differenziertheit) des Urteils,
— in flexibler Verwendung (sowohl als Stimmungsbarometer unmittelbar nach einer LV wie als Abfrage nach Wochen oder Monaten).

Ein gewisser Nachteil besteht in dem größeren Auswertungsaufwand, der die Verwendung als Stimmungsbarometer erschwert. Demgegenüber ist die Punktbewertung sehr einfach zu handhaben. Sie bietet sofort allen Teilnehmern ein zwar grobes, aber klares Bild darüber, wie die Teilnehmer bestimmte zentrale Punkte der Lehrveranstaltung erlebt haben bzw. gewichten und bewerten.

In der Schlußaussprache sollte nach Präsentation der Ergebnisse der Versuch vorherrschen, Hinweise, Erläuterungen und Ergänzungen zur Abfrage zu geben. Keinesfalls aber dürfen Beschuldigungen, Anklagen oder Rechtfertigungen das Feld beherrschen. Nach Klärung des in der Abfrage Gemeinten sollte die Schlußaussprache sich besser auf zu ziehende Konsequenzen und konstruktive Verbesserungsvorschläge konzentrieren. Motto: „Was und wie können wir (es) das nächste Mal besser machen. Denn: „Nobody and nothing is perfect!"

Zweiter Teil

Bausteine und Materialien zu ausgewählten Fragen

I. Lehrbefähigung, Lernen, Lernfähigkeit
1. Einstieg:
Lehrbefähigung als didaktische Qualifikation

Lehrbefähigung als didaktische Qualifikation ist ein Weiterbildungskonzept, mit dessen Hilfe die *Professionalisierung* der in der beruflichen Bildung lehrenden Aus- und Fortbilder erreicht werden kann. Das Programm setzt voraus,

1. daß pädagogische Begabung und eine breite Erfahrung für didaktische Erfolge zwar durchaus wichtig sind, die Bewältigung der komplizierten didaktischen Aufgaben dadurch allein aber noch nicht sichergestellt ist;

2. daß die Lehrbefähigung verbessert und ausgebaut werden kann, das heißt, jeder Ausbilder eine Chance hat, durch Weiterbildung sein erworbenes Erfahrungswissen zu strukturieren und sein didaktisches Leistungsvermögen zu steigern.

Unter Professionalisierung ist der Prozeß zu verstehen, in welchem die Lehrbefähigung als didaktische Qualifikation bewußt gemacht, ausgebaut und entwickelt wird. Professionalisierung als Prozeß hat sich dabei psychologisch auf dreifacher Ebene zu vollziehen:

I. auf kognitiver Ebene:
   Aufarbeitung und Systematisierung von Berufswissen,

II. auf affektiver (= sozial-emotionaler) Ebene:
   Bewußtmachung und Förderung did. Verhaltens- und Bewertungsmuster

III. auf konativer Ebene:
   Ausbau und Vertiefung berufspraktischer Fertigkeiten (= skills)

Weiterbildungsbemühungen haben sich — so betrachtet — gleichwertig auf alle drei Bereiche zu erstrecken. Es genügt keineswegs — wie traditionellerweise üblich —, lediglich ein spezifisches didaktisches Wissen zu aktualisieren. Denn: Ein solches Wissen ohne bewußten *Wertbezug* und flexible *Handlungskompetenz* muß in seiner Wirksamkeit beeinträchtigt sein und eine geringe Dauerhaftigkeit aufweisen, weil ihm das subjektiv-psychologische Fundament fehlt. Lehrbefähigung als didaktische Qualifikation wird demnach im Prozeß der Professionalisierung der Aus- und Fortbilder bewußt gemacht, ausgebaut und entwickelt und umfaßt:

I. die Professionalisierung des didaktischen *Wissens,*

II. die professionelle Orientierung didaktischer Verhaltens- und *Bewertungsmuster,*

III. die Professionalisierung der Lehrfertigkeiten (des *Lehrverhaltens).*

Im einzelnen ergeben sich dabei inhaltlich die folgenden exemplarischen Schwerpunkte:

I. Didaktisches Wissen

1. *Bedingungen* des Unterrichts:
   Institutionelle (einschließlich rechtlicher Bedingungen) und anthropogene Voraussetzungen (= Bedingungsfelder)
2. *Entscheidungsfelder* des Unterrichts:
   Ziele, Themen, Methoden, Medien, Kontrollen
3. *Analyse, Beurteilung* und *Bewertung* von Unterrichtsprozessen, -bedingungen und -ergebnissen

II. Didaktische Verhaltens- und Bewertungsmuster

1. Kooperation:
   Unterricht als soziale Interaktion
2. Innere Differenzierung:
   Der Einzelne und seine Lernleistung
3. Aktivität und Interesse:
   Lernangebot und Lernbeteiligung
4. Eigenverantwortliches Lernen — Teilnehmerzentrierte Lehr- und Lernverfahren
5. Funktionen und Rolle des Dozenten

III. Lehrtätigkeiten — Lehrfähigkeiten

1. Lehrverhalten und unterrichtliche Medien
2. Didaktische Fähigkeiten/Fertigkeiten (= ,,Skills'')
3. Die Sprache des Lehrenden
4. Unterrichtsbeobachtung und -analyse
   (Fremd- und Selbstwahrnehmung als Verhaltenskontrolle)

Erst eine dergestalt bis in die konkrete Verhaltensebene hinein fundierte Lehrbefähigung bietet die Gewähr dafür, daß die vertiefte und weiterentwickelte didaktische Qualifikation im beruflichen Alltag wirksam bleibt und Bestand hat. Die Professionalisierung der Aus- und Fortbilder erweist sich damit einerseits als ein wichtiger Beitrag zur Sicherung und Intensivierung der innersystemischen Weiterbildungsprogramme und bietet andererseits die Gewähr für Berufserfolg und Berufszufriedenheit der in der Praxis stehenden Aus- und Fortbilder.

Literatur

Döring, K.W.: Lehrerverhalten. Forschung, Theorie, Praxis.
   Weinheim/Basel 1980

Einstellungspsychologie und berufliche Situation

Chancen für den individuellen Transfer

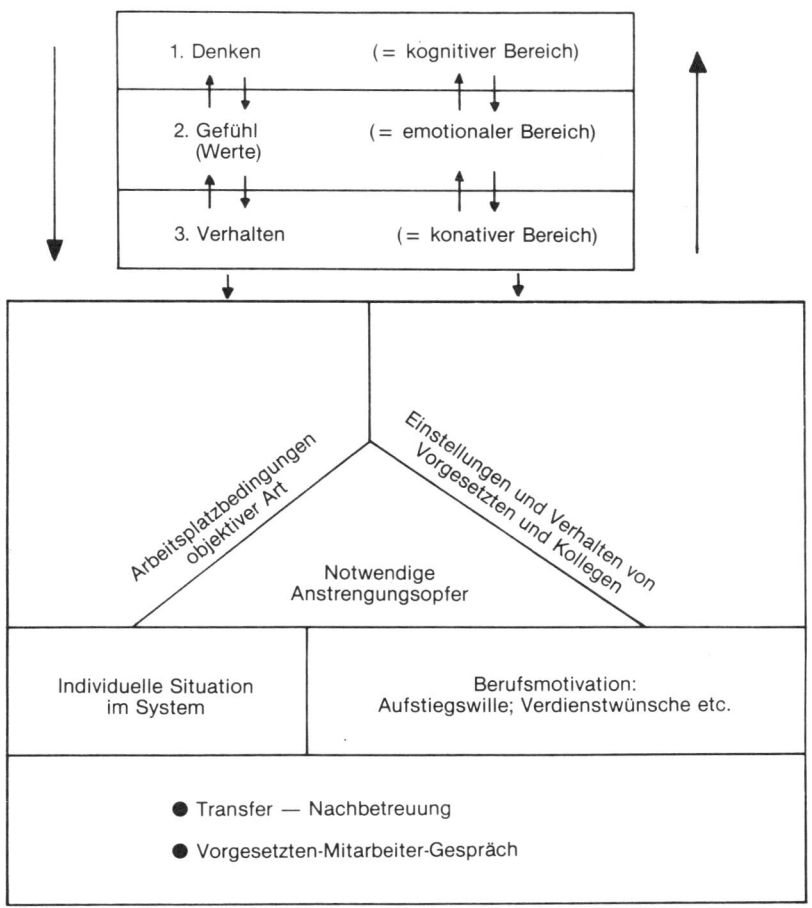

Professionalisierung erzieherischer Berufe
Der Begriff Professionalisierung (P.) wird heute in zwei Bedeutungen verwendet. Er bezeichnet

1. den Prozeß der sozialgeschichtlichen Ausformung eines bestimmten Berufes — also etwa die Entwicklung der Lehrtätigkeit von einer vorübergehenden, nebenberuflichen Beschäftigung (z.b. durch Schuster oder andere Handwerker) zur beamteten Lehrtätigkeit. Auf dieser Ebene läßt sich anhand entsprechender Kriterien der Grad der Professionalisierung eines Berufes bestimmen: Eingangsqualifikationen, Sozialprestige, Besoldung. Während z.Z. der Beruf des Lehrers an allgemeinbildenden Schulen in diesem Sinne als professionalisiert anzusehen ist, gilt dies für den Dozenten in der Fortbildung noch nicht. Unter P. versteht man darüber hinaus

2. die Frage nach den berufsinternen Konditionen, unter denen jeweils gearbeitet wird, vor allem die Frage nach dem Grad der Berufs- und damit der Zweckorientiertheit des Berufs*verhaltens* selbst.
   Zwar steht außer Frage, daß das Maß einer so verstandenen P. in den einzelnen Berufen und Berufsgruppen nicht nur unterschiedlich stark ausgeprägt ist, sondern daß auch prinzipielle Unterschiede zwischen den verschiedenen Berufsgruppen bestehen — etwa zwischen technischen und künstlerischen Berufen; gleichwohl sind sich aber alle Fachleute darin einig, daß durchgängig alle erzieherischen Berufe in dieser Hinsicht einen erheblichen Nachholbedarf aufweisen.

Die wichtigsten Gründe für dieses Defizit sind:
1. Die Verformung des pädagogischen Bewußtseins durch konservative pädagogische Ideologien (Erziehung als Kunstlehre, Theorie vom geborenen Erzieher, Theorie der pädagogischen Autorität, Theorie des pädagogischen Bezuges, Theorie der sogenannten Gemeinschaftserziehung usw.);
2. der diesbezügliche erziehungswissenschaftliche Rückstand in Forschung und Lehre sowie die höchst unzulänglichen Aus- und Fortbildungsverhältnisse;
3. die defizitären beruflichen Verhältnisse, die die Ausprägung und Darstellung eines professionellen Berufs- und Selbstverständnisses erschweren oder verhindern (etwa: unzureichende Hilfsmittelausstattung, Betreuung zu großer Gruppen, Arbeitsüberlastung, Mangel an Hilfspersonal usw.).

Die Folge einer derartig unzureichenden P. der erzieherischen Berufe ist ein höchst unspezifisches, privatistisches und persönlichkeitsorientiertes berufliches Verhalten, dem umfeldgemäße Flexibilität und Dynamik fehlen und das sich daher kaum situativ verändert. So hat die Unterrichtsforschung z.b. im Hinblick auf die Gruppe der Lehrer gezeigt, daß einerseit bestimmte wiederkehrende Verhaltensformen beim einzelnen Lehrer auch dann dominieren, wenn dieser in verschiedenen Klassen oder Altersstufen unterrichtete, daß aber andererseits das Verhalten verschiedener Lehrer in denselben Klassen in bezug auf die untersuchten Merkmale kaum eine Ähnlichkeit aufwies. Ferner konnte aufgewiesen werden, daß Lehrer — entgegen den proklamierten höheren Lernzielen wie etwa Mündigkeit, Kritikfähigkeit, Kreativität usw. — ein Unterrichtsverhalten realisieren, das solche Ziele nicht nur nicht befördert, sondern sie im Gegenteil geradezu verhindert: Lehrer dominieren im Beruf zu stark, d.h.

1. sie sprechen zuviel — der Lehrer spricht 10mal soviel wie der einzelne Schüler, nämlich 80% aller im Unterricht gesprochenen Wörter;
2. Lehrer lenken zu stark — pro Unterrichtsstunde stellt der Lehrer ca. 50 Fragen, gibt zusätzlich ca. 50 Anweisungen und Befehle und beginnt ferner etwa ein Dutzend Sätze, die Schüler zu Ende sprechen müssen; er gewährt infolgedessen zuwenig und zu kurze Ruhepausen, in denen die Schüler unbeeinflußt vom Lehrer arbeiten können und in denen sich eine soziale Kommunikation zwischen den Schülern entfalten könnte (T. Brocher: Schule ohne Sozialerziehung).

Überdies hat sich gezeigt, daß Lehrer zu etwa 85% frontalunterrichtlich vorgehen, d.h. alternierende Gruppierungstechniken und differenzierende Lehrverfahren kaum realisieren. Mit Ausnahme von — den Frontalunterricht zumeist unterstützenden — Schulbüchern werden unterrichtliche Hilfsmittel, die eine zu starke Lehrerzentrierung verhindern könnten, nicht oder nicht in ausreichendem Maße eingesetzt.

Die P. erzieherischer Berufe stellt sich als praktisches Problem in dreifacher Weise dar:

1. als ein Ausstattungs-,
2. als ein Ausbildungs- und
3. als ein Forschungsproblem.

Zu 1.
Versteht man unter Ausstattung hier in umfassender Weise das Insgesamt der beruflichen Umfeldbedingungen, so bedeutet P. im Hinblick auf diesen Aspekt, daß die erzieherischen Berufe in sachlicher und personeller Hinsicht

den beruflichen Aufgaben und Zielsetzungen gemäß hinreichend ausgerüstet werden. Wer z.b. von einer Kindergärtnerin die Anbahnung und Förderung der sozialen Reife der Kinder erwartet, muß eine Gruppengröße von mehr als 15 Kindern unter Hinweis auf Ergebnisse der Sozialisations- und Kleingruppenforschung ablehnen.

Zu 2.

P. als Ausbildungs- und Fortbildungsproblem erschöpft sich nicht in der Vermittlung berufsrelevanten Wissens; die Entwicklung professioneller Verhaltensformen ist vielmehr ebenso stark an die Veränderung des konkreten (Berufs-)Verhaltens selbst gebunden. Wesentlich dabei ist, daß dem Lernenden über ein hinreichendes Feedback (Rückantwort) eine intensive Selbstwahrnehmung ermöglicht wird. Die verschiedenen bisher entwickelten Ausbildungsverfahren für professionelles pädagogisches Verhalten gleichen sich trotz aller Unterschiede in diesem Punkt. Es lassen sich unterscheiden:

1. Gruppendynamische Seminare zur Steigerung der Selbstwahrnehmung in der Personsphäre;
2. pädagogische Situations- und Interaktionsanalysen in Klein- und Großgruppen;
3. Skilltraining (Übung ,,handwerklicher'' pädagogischer Fähigkeiten) durch Microteaching (Verfahren, bei dem mit Hilfe audiovisueller Medien an kleinen Schülergruppen — 6 Schülern — kurze Unterrichtssequenzen von 5- bis 15minütiger Dauer an begrenzten Inhalten und bei begrenzter Zielstellung geübt werden);
4. Modell-Lernen durch Unterrichtsmitschau;
5. Vermittlung theoretischer (wissenschaftlicher) Kenntnisse über entwicklungs-, lern- und verhaltenspsychologische Grundlagen des pädagogischen Verhaltens wie über dessen soziokulturelle Hintergründe.

Zu 3.

P. als Forschungsproblem ist vor allem die Frage nach einer Theorie erzieherischen Berufsverhaltens, von der aus forschungsrelevante Fragestellungen zu entwickeln wären. Eine solche Theorie fehlt bislang. Es scheint, als ob im einstellungs-psychologischen Persönlichkeitskonzept ein Zugang zur Lösung dieses Problems vorliegt. Entsprechend dem Defizit in der Theoriebildung ist auch die empirische Forschung zu dieser Frage — vor allem in der Bundesrepublik — noch wenig entwickelt.

Literatur

D. Allen, K. Ryen: Microteaching, Reading, Mass. 1963. — W. Brezinka: Über Absicht und Erfolg in der Erziehung. In: ZfPäd. 15 (1969), H. 3, S. 245-272. — K.W. Döring: Lehrerverhalten und Lehrerberuf. Weinheim² 1972. — N.A. Flanders: Analyzing teaching behavior Reading, Mass. 1970. — M. Lutz, W. Ronellenfitsch: Gruppendynamisches Training in der Lehrerbildung. Ulm 1971. E. Roth: Einstellung als Determination individuellen Verhaltens. Göttingen 1967. K. Spangenberg: Chancen der Gruppenpädagogik. Weinheim 1969. D. Spanhel: Die Sprache des Lehrers. Düsseldorf 1971. R. Tausch, A.-M. Tausch: Erziehungspsychologie. Göttingen ³1970. W. Zifreund: Konzept für ein Training des Lehrerverhaltens mit Fernsehaufzeichnungen in Kleingruppenseminaren. Berlin 1966.

2. Baustein:
Über Lernen und Lerntheorien

Der folgende Baustein unternimmt in einer Art Einführung den Versuch, das Problem des menschlichen Lernens aus dem Blickwinkel der neueren Lernpsychologie so darzustellen, daß daraus praktische Konsequenzen für das Lehren in der Weiterbildung gezogen werden können. Die Darstellung geht sodann auf die Spezifika des Lernens von Erwachsenen und deren Lernfähigkeit ein, da es sich hier um eine grundlegende Voraussetzung des tertiären Bildungsbereichs (beruflich + nichtberuflich) handelt. Das Konzept des lebenslangen Lernens setzt ja voraus, daß der Erwachsene über eine Lernfähigkeit verfügt, die ihm — wie dem jungen Menschen — ein systematisches Lernen ermöglicht. Die Spezifika des Lernens Erwachsener sind für den didaktisch orientierten Dozenten daher von besonderem Interesse. Vier Fragen werden also nachfolgend behandelt:

— Was ist der derzeitige wissenschaftliche Stand der Lernforschung und Lerntheorie?
— Wie müssen wir heute das Phänomen „Lernen" verstehen?
— Was wissen wir über die Lernfähigkeit Erwachsener?
— Wie lernen Erwachsene?

1. Die klassischen Lerntheorien sind gescheitert

Obgleich es weltweit seit 80 Jahren eine intensive Lernforschung gibt, die zur Etablierung der Lernpsychologie als allgemein anerkannter Sozialwissenschaft geführt hat, ist das Phänomen „Lernen" ein weiterhin äußerst umstrittenes wissenschaftliches Thema. Wir sind heute von einer *einheitlichen Theorie* menschlichen Lernens weit entfernt.

Ist es nun aber so, daß wir über Lernen noch keinerlei oder nur unzureichende Kenntnisse haben? — Keineswegs! Vielmehr liegt eine kaum mehr zu überbietende Fülle von Forschungsansätzen und Einzeldaten vor, die es dem praktizierenden Lehrer/Dozenten äußerst schwer macht, aus dieser Forschung praktische Folgerungen für seine Lehrtätigkeit zu ziehen.

Hinzu kommt die Schwierigkeit, auf dem Gebiet des *Lernens mit Erwachsenen* (Hochschulbereich, Bereich der beruflichen Aus- und Weiterbildung) mit den verschiedenen vorliegenden Erkenntnissen umzugehen. So ist die Frage durchaus noch strittig, ob das Lernen von Kindern und Heranwachsenden mit dem von Erwachsenen ähnlich, vergleichbar oder gar identisch ist, und ob demzufolge an Kindern gewonnene lernpsychologische Erkenntnisse auf das Lernen Erwachsener übertragbar sind.

In dieser Frage wird hier *der* Standpunkt eingenommen, der sich neuerdings immer stärker durchsetzt, nämlich daß sich sehr wohl *sozialisationsbedingte Unterschiede* im Lernen Erwachsener gegenüber dem von Kindern ausmachen lassen, daß aber das Lernen beider Gruppen als *menschliches Lernen* aus *einem* Erklärungszusammenhang heraus verstehbar bleiben muß.
Insofern tut die „*Erwachsenen — Didaktik*" gut daran, die Erkenntnisse der schulischen Lernpsychologie zunächst einmal voll zu berücksichtigen, ehe sie Unterschiede im Lernen von Kindern und Erwachsenen in den Vordergrund schiebt.

Die nachfolgenden Ausführungen

— arbeiten zunächst grundlegende *Ansätze* der klassischen Lernforschung heraus,
— zeigen auf, welche Ansätze und Bemühungen bislang vorliegen, die verschiedenen Theorien zu einem *Gesamtbild* des menschlichen Lernens zu verschmelzen (Integrationsversuche),

— stellen *ein* neues Konzept — nämlich das *Informations-Verarbeitungs-Konzept* — vor, das geeignet erscheint, kognitives menschliches Lernen umfassender zu erklären, als die vorliegenden klassischen Einzeltheorien.
— Der am Schluß angebotene Arbeitshinweis will als Hilfe zu einer praxisbezogenen Anwendung (Transfer) verstanden werden (Vertiefung).

In bezug auf die Erforschung menschlichen Lernens wurden bislang eine Reihe von Ansätzen entwickelt, die man zunächst
a) nach der Auffassung des Verhältnisses von Lernen und Umwelt, sodann
b) nach dem spezifischen Verständnis vom menschlichen Lernen selbst
unterscheiden kann.

Zu a)
Im wesentlichen liegen hier drei Typen von Theorien vor:
— *Reifungstheorien:*
Danach ist der Hauptmotor der menschlichen Entwicklung der Reifungsvorgang. Diese Richtung — auch nativistisch genannt — reduziert oder minimiert den Anteil des Lernens stark, wenn er ihn nicht geradezu ausschließt.
— *Milieutheorien:*
Hier wird der Schwerpunkt auf die Umwelteinflüsse gelegt, das genetische Potential an der Lern- und Entwicklungsfähigkeit des Menschen wird geleugnet bzw. gering eingeschätzt.
— *Interaktionistische Theorien:*
Hier wird davon ausgegangen, daß die menschliche Entwicklung stets ausgehen muß von einer geistigen Aktivität des Menschen, die in einer Interaktion, d.h. Auseinandersetzung mit Sachverhalten, Problemen, Positionen und anderen Menschen ausmündet.

Das hier im Mittelpunkt stehende Informations-Verarbeitungs-Konzept, auf das später genauer eingegangen wird, überwindet die überholten Reifungs- und Milieutheorien und gehört zur modernen Richtung der Interaktionistischen Theorien.

Zu b)
Das Gesamtbild, das die Lernforschung bislang bietet, läßt sich zunächst einmal grob folgendermaßen skizzieren:

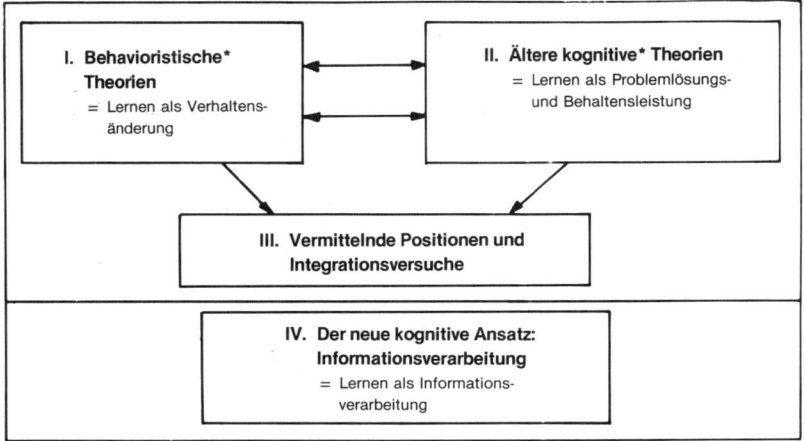

* Behavioristisch: von „behavior", das Verhalten, Lernen wird beschrieben in Kategorien beobachtbaren
Verhaltens
* Kognitiv: die Denkleistung, das Denken betreffend

Das gleiche Schema soll der Übersicht wegen die jeweils entwickelten wichtigsten Theorien und Autoren wiedergeben: (s. S. 105).

2. Skizzierung der wichtigsten Lerntheorien

Es ist im Rahmen der vorliegenden Darstellung weder möglich noch sinnvoll, alle bezeichneten Einzeltheorien hier darzustellen. Wichtiger zum Gesamtverständnis ist es vielmehr, die drei großen traditionellen Richtungen (I, II, III) in ihren Grundzügen zu skizzieren und zu problematisieren, um danach ausgewählte Details aus dem Informationsverarbeitungsansatz (IV) aufzubereiten, die eine direkte Handlungsregulierung ermöglichen.

Zu I — *Behavioristische Theorien:*
Der Behaviorismus versucht, die Lernvorgänge so zu erfassen, daß sie in Kategorien beobachtbaren Verhaltens beschrieben werden können. Er arbeitet deshalb zwangsläufig mit einem sog. „Black-Box-Modell", bei dem alle internen psycho-mentalen Verarbeitungsprozesse ausgeklammert werden, da sie sich einer Beobachtung entziehen: (s. S. 106)
Die Folge dieses gewählten wissenschaftlichen Vorgehens ist eine enorme Verkürzung der Perspektive. Da Lernen und Denken aber gerade spezifisch inter-

I. Behavioristische Theorien	II. Ältere kognitive Theorien
1. *Pawlows* „klassische" Konditionierungslehre 2. *Thorndikes* Lehre von Versuch und Irrtum 3. *Skinners* Lehre von der „operanten" Konditionierung 4. *Guthries* Lehre von der Konditionierung durch das Prinzip der zeitlichen Nähe (Kontiguität) 5. *Hulls* systematische Theorie des Verhaltens	1. Die Gestaltpsychologie *(Köhler, Koffka, Wertheimer)* 2. Die Feldtheorie *Lewins* 3. Gedächtnistheoretische Positionen *(Ebbinghaus)*

III. Vermittelnde Positionen und Integrationsversuche

1. *Tolmans* Theorie des Lernens von Zeichen
2. Der lerntheoretische Funktionalismus *(Angell, Woodworth)*
3. Das Konzept des Beobachtungslernens *(Bandura, Walters)*
4. Integrations- und Hierarchisierungsansätze *(Gagné, Roth)*

IV. Der neue kognitive Ansatz: Informationsverarbeitung

1. Die kybernetisch-informationstheoretische Position *(Frank, v. Cube)*
2. Neuere gedächtnistheoretische Positionen *(Mc Geoch, Bredenkamp)*
3. Die neurophysiologisch-biologische Position *(Morgan, Vester)*
4. Denkpsychologische Positionen *(Piaget, Ausubel, Bruner)*
5. Handlungstheoretische Positionen *(Galperin, Leontjew)*

ne Prozesse darstellen, wird hier genau das aus dem Wissenschafts- und Forschungsprozeß ausgeklammert, was gerade den zentralen Punkt an der Sache ausmacht. Im Ergebnis werden dann verhältnismäßig simple Theorien und Erklärungsmuster entwickelt, die dem Sachverhalt — der Leistungsfähigkeit des menschlichen Gehirns — nicht annähernd gerecht werden können. Be-

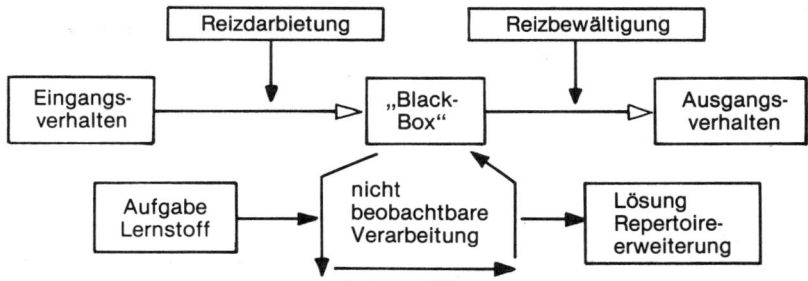

stimmte vom Behaviorismus entdeckte Prinzipien menschlichen Verhaltens dagegen lassen sich — zumindest teilweise — durchaus verwenden (z.B. die Orientierung am Erfolg = „reinforcement").

Zu II

Dem Behaviorismus steht von Anfang an — also seit mehr als 80 Jahren — der *Kognitivismus* gegenüber. Er geht davon aus, daß Lernen ein spezifischer interner psycho-mentaler Prozeß ist. Das vorherrschende wissenschaftliche Vorgehen zur Erfassung und Analyse von Lernprozessen ist daher nicht die Verhaltenskontrolle — wie beim Behaviorismus —, sondern wesentlich die phänomenologisch-ganzheitliche Beobachtung und Beschreibung psychisch relevanter Ereignisse. Dabei suchten die älteren kognitiven Theorien primär Organisationsgesetze und -prinzipien, nach denen das Gehirn Beziehungen wahrnimmt und aufbaut, nach denen es die Beziehungen zwischen Teil und Ganzem, Mittel und Ziel etc. erfaßt. Daher sind die beiden zentralen Begriffe dieser älteren kognitiven Richtung die der *„Gestalt"* und die des *„Feldes"*. Bewältigung von Problemen („Gestalt") und Situationen in einem Lebensraum („Feld") stehen daher hier wesentlich im Vordergrund.

Die Kritik am älteren Kognitivismus macht sich vor allem daran fest, daß auch hier kein umfassenderes Bild vom menschlichen Lernen in den Blick kommt. Die zweifellos bedeutsamen kognitiven Begriffe „Gestalt" und „Feld" sind ihrerseits ebenso ausschnitthaft wie vieles am Behaviorismus. Eine umfassendere Perspektive für menschliches Lernen, die von der Informationsaufnahme (Wahrnehmung) über die Stufen der Verarbeitung bis zur Dauerhaften Speicherung und anschließenden Reaktivierung reicht, liefert erst der neuere Kognitivismus mit dem Informations-Verarbeitungskonzept.

Zu III

Die Einseitigkeiten und Schwächen des Behaviorismus und älteren Kognitivismus versuchen eine Anzahl von Lernpsychologen zu überwinden, indem sie entweder zwischen Behaviorismus und Kognitivismus zu vermitteln suchen (*Tolman, Bandura*), oder indem sie integrative hierarchische Modelle aufstellen, in denen verschiedene Lernarten unterschieden und als aufeinander aufbauend gedacht werden (*Gagne, Roth*). Sie leiten sich her von der Frage, wie der Pädagoge für sein praktisches Handeln Nutzen aus den verschiedenen Theorien ziehen soll; da doch menschliches Lernen sich stets als ein ganzheitlicher Vorgang darstellt.

Das bekannteste Integrationskonzept von Gagné nennt *acht Klassen* von Bedingungen, denen acht Typen oder Arten des Lernens entsprechen.

1. Signallernen
2. Reiz-Reaktions-Lernen
3. Motorische Kettenbildung
4. Sprachliche Kettenbildung (Assoziationslernen)
5. Diskriminationslernen (Unterscheidungslernen)
6. Begriffslernen
7. Regellernen
8. Problemlösen

Nach Gagné sind diese acht Lernarten hierarchisch zu sehen:

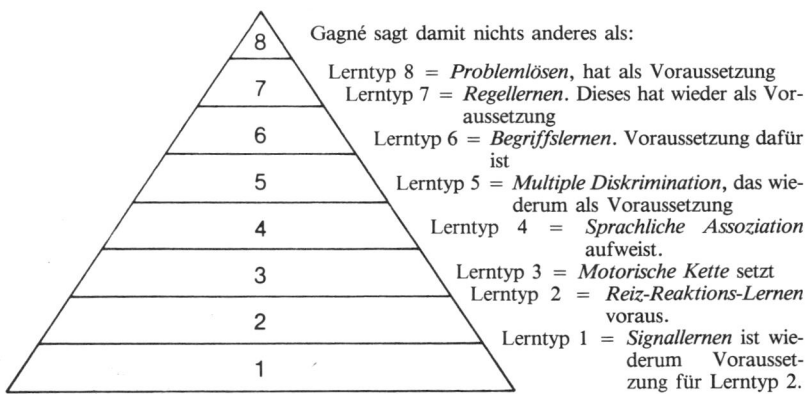

Gagné sagt damit nichts anderes als:

Lerntyp 8 = *Problemlösen*, hat als Voraussetzung
Lerntyp 7 = *Regellernen*. Dieses hat wieder als Voraussetzung
Lerntyp 6 = *Begriffslernen*. Voraussetzung dafür ist
Lerntyp 5 = *Multiple Diskrimination*, das wiederum als Voraussetzung
Lerntyp 4 = *Sprachliche Assoziation* aufweist.
Lerntyp 3 = *Motorische Kette* setzt
Lerntyp 2 = *Reiz-Reaktions-Lernen* voraus.
Lerntyp 1 = *Signallernen* ist wiederum Voraussetzung für Lerntyp 2.

Die Hauptkritik an den vermittelnden Positionen bezieht sich zum einen darauf, daß sie wiederum (wie z.b. *Tolman* und *Bandura*) nur Teilperspektiven über das Lernen vermitteln, zum anderen auf den Umstand, daß sie eine eher additive Vorstellung vom menschlichen Lernen entwickeln (wie die Integrationsversuche).

Zu IV
Seit den sechziger Jahren unseres Jahrhunderts hat begonnen, was man in der Psychologie als die „kognitive Wende" bezeichnet hat. Dieser neuere Kognitivismus rückt die Gesamtheit aller mit der Aufnahme, Verarbeitung, Speicherung und Wiedergabe von Informationen zusammenhängenden Phänomene in den Mittelpunkt der Forschung.

3. Der Informationsverarbeitungs-Ansatz (Thesen)
Der Gedanke, menschliches Lernen im weitesten Sinne als die Aufnahme und Verarbeitung von Informationen zu erklären, hat große Plausibilität, wenn man bedenkt, daß nach allgemeiner Ansicht die geistige Fähigkeit, Informationen jedweder Art aufzunehmen und flexibel, versprachlicht-abstrahierend und sinnbezogen zu verarbeiten, als *das* anthropologische (Anthropologie = Lehre vom Menschen) Merkmal des Menschen angesehen wird, das ihn von den übrigen Lebewesen unseres Kosmos auf spezifische Weise unterscheidet. Es ist nach diesem Ansatz demzufolge so, daß die Cortex, unsere beiden Gehirnlappen also, die menschliche Lern- und geistige Leistungsfähigkeit abstecken. Die zentralen Fragen des Informations-Verarbeitungs-Paradigmas sind demnach:
— das Informationsinteresse (= Motivation),
— die Informationsaufnahme,
— die Informationsverarbeitung,
— die Informationsspeicherung,
— die Reaktivierung gespeicherter Informationen,
— die Informationsanwendung.

Im Hinblick auf den Umstand, daß der neue kognitive Ansatz — mit einigen Einschränkungen — erst ca. 20 Jahre alt ist, kann es kaum überraschen, daß es so etwas wie eine geschlossene Informationsverarbeitungs*theorie* noch nicht gibt. Vielmehr entstanden eine Reihe unterschiedlicher Vorgehensweisen und Forschungsstrategien zu diesem Thema.

Der Informationsverarbeitungs-Ansatz umfaßt daher im wesentlichen die oben genannten fünf theoretischen Positionen oder Einzeltheorien, auf die im folgenden näher einzugehen ist.

Zu 1: *Die kybernetisch-informationstheoretische Position*

Bei diesem Ansatz geht es darum, Computerprogramme zu konstruieren, die es ermöglichen, menschliches Denken und Lernen zu simulieren: ,,Eine Theorie über Verhalten (= Lernen) läßt sich prüfen, indem man zunächst eine im Einklang mit der Theorie entworfene Maschine baut und sodann zusieht, ob diese Maschine das interessierende Verhalten simuliert." (*Hilgard/Bower*, Bd. II, S. 471).

Zu 2: *Neuere gedächtnistheoretische Positionen*

Hier geht es darum, aus einer Aufklärung der menschlichen Vergessensprozesse heraus, zu einem Verständnis menschlichen Lernens (= Informationsaufnahme, -verarbeitung, -speicherung) zu kommen. Da man immer wieder feststellen mußte, daß sprachlich kodierte (= verschlüsselte) Sachverhalte besser behalten werden und leichter reaktivierbar sind als solche Zusammenhänge, die ohne sprachliche Hilfen eingeprägt wurden, war es zwingend, daß gedächtnistheoretische Untersuchungen sich zentral mit *Sprache* beschäftigen mußten. Innerhalb des Ansatzes dominiert eindeutig die sog. *Inferenztheorie*, die von der Vorstellung einer assoziativen Verknüpfung zwischen zwei oder mehreren Elementen ausgeht (z.B. Paarassoziationen).

Zu 3: *Die neurophysiologisch-biologische Position*

Dieser Ansatz beleuchtet die menschliche Informationsaufnahme und -verarbeitung aus der Sicht der diesen Prozessen zugrundeliegenden neurophysiologischen und biologischen Prozesse. Im Mittelpunkt stehen dabei Fragen der Hirnanatomie, des Gedächtnisses, der hormonalen und physiologischen Begleiterscheinungen (z.B. Streß), der sensu-motorischen Aufnahmefähigkeit, der Aufmerksamkeit und der Motivation.

Zu 4: *Denkpsychologische Positionen*

Diese Richtung des Informations-Verarbeitungs-Konzepts beschäftigt sich mit den geistigen Prozessen, die zur Aneignung von Informationen führen. Dabei spielen Fragen der Versprachlichung, der Logik, der Veranschaulichung, der Verknüpfung, der Verwendung von (logischen) Strukturen und Strategien eine entscheidende Rolle.

Zu 5: *Handlungtheoretische Positionen*

Die handlungstheoretische Richtung des Informations-Verarbeitungs-Konzepts kommt her vom dialektischen Materialismus und wird von den beiden am meisten beachteten sowjetischen Lernpsychologen *Galperin* und *Leontjew* vertreten. In diesem Ansatz geht es um die Frage nach dem Zusammenhang sinnbezogener „äußerer" Handlungen des Menschen mit „inneren" psychischen Tätigkeiten. Es wird davon ausgegangen, daß der Mensch in der tätigen Auseinandersetzung mit der Umwelt sein Bewußtsein und sein Denken ausbildet: „Spezifisch menschliches Handeln ist demnach durch *bewußte Handlungsorientierung und -regulierung*, durch denkende Einsicht in gesetzmäßige Beziehungen in Natur und Gesellschaft charakterisiert." (Rosemann, S. 51) Die eigentliche psychische Tätigkeit des Menschen wird demnach als eine nach innen verlegte ursprünglich äußere Handlung interpretiert.

Wenn danach das Informations-Verarbeitungs-Konzept (Paradigma) keine konsistente — also geschlossene — Gestalt aufweist, so lassen sich doch eine Reihe *zentraler Themen* herausstellen, an denen zur Zeit gearbeitet wird. Das Gemeinsame und Verbindende der verschiedenen Informations-Verarbeitungs-Theorien ist die Abkehr von den traditionellen Lerntheorien und deren Hauptschwäche:

 der Vernachlässigung der internen/inneren Verarbeitungsprozesse beim menschlichen Lernen.

Der *Hauptvorzug* dieses Ansatzes ist die Möglichkeit, Aspekte der traditionellen Lerntheorien (z.B. das Lernen am Erfolg, das Lernen durch Einsicht usw.) heranzuziehen und inhaltlich zu integrieren.

Die *Hauptthemen* des Informations-Verarbeitungs-Konzepts sind:
— Das Gehirn und seine Funktionsweise
— Gedächtnis: Formen und Prozesse
— Hormonale und physiologische Grundlagen des Denkens
— Motivations- und Verstärkungsprozesse
— Kreativität und Problemlöseverhalten
— Denkmethoden und Methodeninventar
— Gefühle als nichtkognitive Bestandteile des Denkens
— Informationsaufnahme und Lerntyp

110

Für den in Lehr-/Lernprozessen zum didaktischen Handeln gezwungenen Dozenten empfiehlt sich vor allem eine Integration von

Neurophysiologisch-biologischer Position	NBP
Denkpsychologischer Position	DP
Handlungstheoretischer Position	HP

Im folgenden sollen aus diesen drei Informations-Verarbeitungs-Konzepten je zwei grundlegende thesenartige *Schlußfolgerungen* gezogen werden, die für das didaktische Handeln wichtig und zum Verständnis eines optimalen Lernens in Unterrichtsprozessen unerläßlich sind.

1. These (NBP)

Der angebotene Unterrichtsstoff sollte — wenn möglich — über mehrere, verschiedene Eingangskanäle angeboten werden,
— damit möglichst viele verschiedene *Lerntypen* angesprochen werden,
— damit beim einzelnen Teilnehmer eine gute *Verankerung* im Lang-zeit-Gedächtnis erreicht wird.

Der neurophysiologisch-biologische Ansatz faßt die geistige Verarbeitung und Speicherung im lernenden Organismus in einem *Drei-Stadien-Konzept* zusammen:
— Ultrakurzzeit-Gedächtnis (= sensorischer Speicher; elektrische Grundlage; „18-Sekunden-Gedächtnis")
— Kurzzeit-Gedächtnis wird aktiviert durch besondere Aufmerksamkeitsprozesse (Herstellung einer RNS-Matritze zur Protein-Synthese; „20-Minuten-Gedächtnis")
— langzeit-Gedächtnis (= semantisches Gedächtnis; Protein-Markierung an den Synapsen und legen von Gedächtnisspuren/Diffusspeicherung)

111

Lerntyp: Wie entsteht der je individuelle Lerntyp?

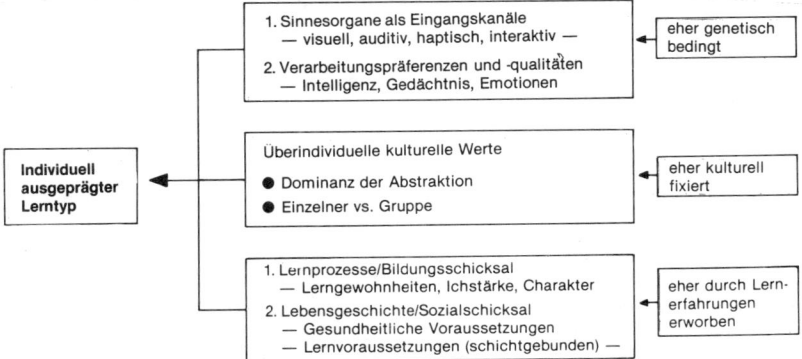

Die Überführung einer zu erlernenden Information vom UKG zum LG stellt dem Dozenten demnach zwei Aufgaben:
— Wahrnehmungshilfen geben (Medieneinsatz)
— Semantische Hilfen geben (Begriffliche und bedeutungshaltige Orientierungen).

Das folgende Modell beschreibt das Drei-Stadien-Konzept der Informationsverarbeitung:

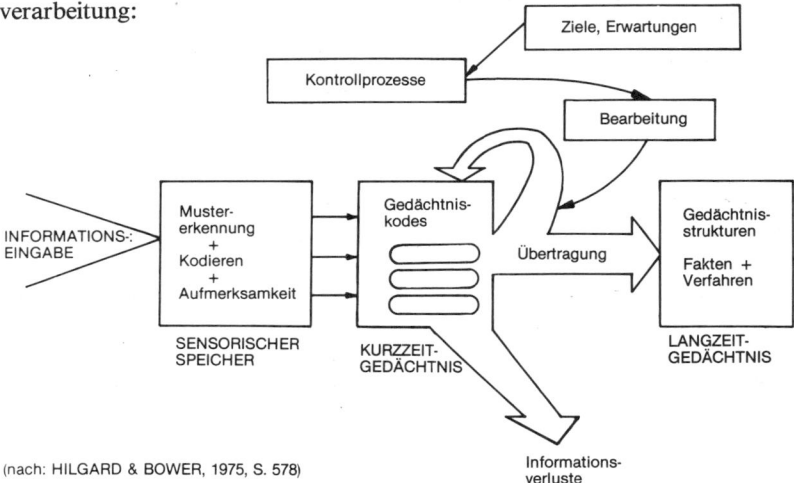

(nach: HILGARD & BOWER, 1975, S. 578)

112

2. These (NBP)

> Unter Berücksichtigung einer guten *hormonellen* Grundlage für die Verarbeitung von Informationen sollte eine gute Balance zwischen
> — Hoffnung auf Erfolg
> — Furcht vor Mißerfolg
> hergestellt werden.

Eine maßvolle — aufgabenorientierte — Spannung im Unterrichtsprozeß mit mäßiger Ausschüttung von *Adrenalin* und *Noradrenalin* (→ Eustreß) verhindert Langeweile und Unterforderung der Teilnehmer. Daher ist eine mittlere Aufgabenschwierigkeit — Anspruchsniveau —, wo sich
— die Hoffnung auf Erfolg und
— die Furcht vor dem Mißerfolg
in etwa die Waage halten, anzustreben. Distreß ist aber auf jeden Fall zu vermeiden (Gefahr der Lernblockade!).

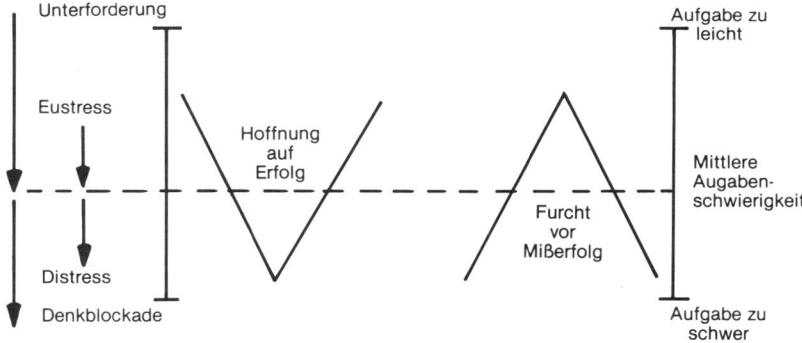

* Motivationsmodell nach Heckhausen aus informationstheoretischer Sicht (Streßtheorie)

3. These (DP)

> Der Unterrichtsprozeß sollte sich um den systematischen Aufbau eines *Denkmethoden-Inventars* besonders intensiv bemühen. Denken ist dabei aufsteigend zu verstehen als:
> 1. Begriffsbildung
> 2. Problem-Analyse

3. Aufbau von Schemata/Strukturen/Ordnungen
4. Prozeß der Umstrukturierung
5. Entwicklung von Lösungswegen
6. Entwicklung von Strategien

Ein solches, das Lernen des *LERNENS* förderndes Unterrichtsvorgehen schafft die Voraussetzung für eine bewußtere Informationsaufnahme. Wie Skowronek (1979, S. 296/97) zu Recht feststellt, liegt demnach die Bedeutung des Informations-Verarbeitungs-Paradigmas ,,vor allem in der Orientierung auf diese *kognitiven Strategien*, die, allgemein gesprochen, der Selbstregulation des Lernenden, bei beschränkter Aufnahme-, Speicherungs- und Wiedergewinnungskapazität des lernenden Systems (= Teilnehmer) dienen".

Demzufolge kommt der fachlichen Durchdringung eines Lehrgebiets durch den Dozenten auf Grundbegriffe, Verfahren und fachspezifische Strategien hin die größte Bedeutung zu. So zeigte z.b. eine Untersuchung von Orleans (1952) an Mathematik-Lehrern hinsichtlich derartiger denkpsychologischer Grundlagen ihres Unterrichts außerordentlich wichtige Resultate: ,,Vielleicht der wichtigste Faktor, der dazu führt, daß die Kinder... die Arithmetik nicht verstehen... ist der, daß die Lehrer die Verfahren und Begriffe, die Sie darstellen, selbst nicht kennen..." (zit. nach Feger/Trotsenburg, 1967, S. 358).

4. These (DP)

Für die Frage des *Vergessens* von gespeicherten Informationen ist wahrscheinlich weniger der allmählich zunehmende Verlust bestimmter Gedächtniselemente (Informationen) verantwortlich. Viel wichtiger scheint die *Zugänglichkeit* der gespeicherten Informationen zu sein, das heißt das Beherrschen spezifischer Such- und Reaktivierungs- oder *Wiedergewinnungsprozesse*.

Skowronek (1979, S. 295) stellt dazu mit Recht fest: ,,Die Wiedergewinnung gespeicherter Kenntnisse und Fertigkeiten wird durch Hinweise oder ,Such- schemata' angeregt und gesteuert, bis die, beispielsweise, für eine Problemlö- sung geeigneten ,wiedererkannt' sind. Solche Suchprozesse implizieren nicht einfach ein Abrufen relevanter Bestände, sondern häufiger eine Rekonstruktion oder Umstrukturierung dieser. Der Wiedergewinnung folgen Reaktions-generierung, Ausführung und, die ‚Schleife' beendend, die Rückmeldung der Wirkungen der ausgeführten Handlung".

Hier nun ist wichtig darauf hinzuweisen, daß ein Unterricht, der den Aufbau eines Denkmethoden-Inventars (These 3) systematisch betreibt, gute Voraussetzungen für die Wiedergewinnung von Informationen schafft. Kognitive Strukturen, Schemata, Begriffssysteme und Strategien wirken dabei nämlich wie *„exekutive" Kontrollmechanismen*, die bei Problemlösungsprozessen die Aufmerksamkeit steuern und kontrollieren.

So lassen sich nach Skowronek (1979, S. 296) „gute von schwachen Problemlösern nach dem Grade unterscheiden, in dem sie über generalisierte heuristische* Methoden der Problemerkennung und Lösungsstammbäumen, Rückwärtsarbeiten vom Ziel her u.a.m., verfügen".

5. These (HP)

> Die Grundlage jedes menschlichen Lern- und Denkprozesses, die zur Aufnahme und Verarbeitung von Informationen führen, ist die *tätige Auseinandersetzung* mit der Umwelt in äußeren und inneren Handlungen. Damit kommt im Lehrgeschehen der Schaffung von Situationen, in denen sich die Teilnehmer aktiv auseinandersetzen können, größte Bedeutung zu.

Die aktive Auseinandersetzung schließt soziale Kommunikation und Interaktion (= teilnehmerzentrierte Verfahren) ebenso ein wie eine aktivierende Sachauseinandersetzung des Einzelnen mit dem Gegenstand des Unterrichts.

6. These (HP)

> Jeder Dozent hat in seinem Unterricht dafür zu sorgen, daß die Teilnehmer über eine solide *Orientierungsgrundlage* (= Lernrahmen) verfügen. Diese hat dafür zu sorgen, daß der Lernende von Anfang an weiß, worauf es ankommt, daß er einen Überblick über das Lernfeld (kognitive Landschaft) erhält und grundlegende Merkmale des Lerngegenstandes bereits vorher markiert bekommt.

* Heuristik: Lehre vom Erkenntnisgewinn

Die handlungstheoretische Position des Informations-Verarbeitungs-Paradigmas versteht unter inneren *geistigen Handlungen* maximal verkürzte und verallgemeinerte äußere Handlungen.

Daher verlangen auch die inneren geistigen Handlungen — wie die äußeren — eine ,,kognitive Analyse der Handlungsziele, konkrete Realisierungshinweise, Handlungsstrategien, Kenntnisse über das Was, Wie und Warum des Handelns und Fähigkeiten zur eigenständigen Erarbeitung von Kenntnissen und Einstellungen. Die *Handlungsorientierung* wird als besonders wichtig angesehen, da sie den Ausgangspunkt und die ständige Bezugsbasis der gesamten Handlungsregulierung bildet'' (Rosemann, 1974, S. 55).

In einer Reihe empirischer Untersuchungen über das Lernverhalten Erwachsener konnte die Wirksamkeit einer sinnbezogenen *Orientierungsgrundlage* und bewußt vollzogenen *Handlungsorientierung* eindrucksvoll bestätigt werden. Teilnehmer, denen solche Hilfen gegeben wurden, lernten wesentlich intensiver, das heißt vor allem, sie waren effektiver im Erlernen und *Wiedererinnern* des Ganzen wie einzelner Details.

Literaturhinweise: s.u. das Gesamtverzeichnis

3. Baustein:
Lernen und Lernfähigkeit der Erwachsenen

1. Lernunterschiede Kind — Erwachsener
Lernen Erwachsene eigentlich anders als Kinder? Gibt es Unterschiede zwischen dem Erwachsenenlernen und dem Kindeslernen? — Über diese Fragen ist bislang noch recht wenig bekannt.

Es ist die These der vorliegenden Ausführungen, daß es hier keine *wesensmäßigen (!)* Unterschiede zu verzeichnen gibt, daß sich *jene* graduellen Differenzen, die dennoch vorliegen, vielmehr aus den unterschiedlichen Lebens- und Entwicklungsstufen von Kindheit und Erwachsenenalter erklären lassen und daß eine Didaktik des Lernens mit Erwachsenen insofern nichts anderes sein kann als eine zwar spezifisch akzentuierte, aber dennoch allgemeine Didaktik des Lernens und Unterrichtens.

In der historischen Dimension lassen sich drei Phasen in der Betrachtungsweise „Kind — Erwachsener" voneinander unterscheiden (vgl. Leòn, 1977):

Phase der Ununterschiedenheit

Bis zum 18. Jahrhundert machte man zwischen Kindern und Erwachsenen keinen wesensmäßigen Unterschied (vgl. Ariès, 1975; de Mause, 1977). Das Kind war ein „Erwachsener en miniature" und wurde nach den Normen der Erwachsenen betrachtet und behandelt. Die Kindheit wurde erst allmählich im 18. und dann gänzlich im 19. Jahrhundert entdeckt.

Phase der Unterscheidung

Die neuere Geschichte der Pädagogik — und zwar sowohl als Theorie (= Wissenschaft) wie als Praxis — läßt sich dagegen als ein einziger Versuch ansehen, die Andersartigkeit und Eigenheit der kindlichen Existenz zu erweisen. Seit Beginn der Bemühungen um Einrichtungen der Erwachsenenbildung im ausgehenden 19. Jahrhundert haben sich diese Tendenzen eher noch verstärkt. Dazu Leòn: „Man zieht tatsächlich in Betracht, daß der Erwachsene sich vom Kind unterscheidet, und man stellt die Haltung in Frage, die darin besteht, die Erwachsenenbildung in den Kategorien wahrzunehmen, die von der Schulpädagogik geliefert werden". (1977, S. 14)

Phase der Neubesinnung

Neuere Erkenntnisse der Gerontologie, insonderheit der Lern-, Entwicklungs- und Intelligenzpsychologie Erwachsener legen heute jedoch die Einsicht nahe, daß zwischen der Kindheit und dem Erwachsenenalter wichtige übergreifende Ähnlichkeiten bestehen, was Lernen, Lernschwierigkeiten und die Lernfähigkeit betrifft.

Wie das Kind lernt der Erwachsene aufgrund eines komplizierten Zusammenspiels von Anlage- und Umweltbedingungen, von Entwicklungs-, Sozialisations- und Lernfaktoren mit denen einer ganz bestimmten Lebens-, Berufs- und Kultursituation. Der verbreitet angenommene prinzipielle Bruch zwischen Kindheit und Erwachsenen existiert nur in der Theorie! In der Wirklichkeit sind die Übergänge fließend. Auch der Erwachsene entwickelt sich ständig fort. Er durchlebt verschiedene Lebens- und Entwicklungsstufen, die gegeneinander gehalten ebenso einschneidend unterscheidend erlebt werden können wie der Übergang von der Kindheit zum Erwachsenenalter. Es gibt demnach ebensowenig *das* Kind wie *den* Erwachsenen.

Als Merkmale erwachsener Lerner führt Hubermann (1979, S. 34/35) auf:
,,— Erwachsene sind insofern verantwortungsbewußter und reifer, als sie ihr Lernen selbst steuern, bestimmte Lernziele und wohlüberlegte Fernziele und im allgemeinen einen Zeitplan haben, der ihre Teilnahme an Weiterbildungskursen zu einer Funktion von Zeit-, Geld- und Kraftaufwand macht.
— Erwachsene sind freiwillige Teilnehmer.
— Als Individuen sind die Erwachsenen viel komplexer und als Gruppe heterogener.
— Im Vergleich zum Kind, für das Lernen die Identifizierung neuer Phänomene und Zusammenhänge bedeutet, verfügt der Erwachsene über ein komplizierteres Gefüge von Erwartungen und eine Menge von Erfahrungen, gegen die er neue Informationen abwägen kann.
— Erwachsene interessieren sich vorwiegend für die kurzfristige Anwendung dessen, was sie gelernt haben.
— Erwachsene sind weniger an einem Leistungsvergleich innerhalb der Gruppe interessiert als daran, ob ein bestimmtes Lehrangebot ihnen dazu verholfen hat, ihre selbst vorher bestimmten Lernziele zu erreichen.

Von diesen Prinzipien kann man wiederum eine Reihe pädagogischer Hypothesen ableiten:
— Erwachsene kommen zu besseren Resultaten, wenn sie die Verantwortung für ihre Instruktion selbst tragen durch die Anwendung von Gruppendynamik oder anderer nichtdirektiver Methoden.
— Der Unterricht sollte auf alltägliche oder signifikante Erfahrungen aufgebaut sein, die in engem Zusammenhang mit der spezifischen sozialen Umgebung, in der der Studierende lebt oder arbeitet, stehen.
— Die Lehrangebote sollten auf Lernziele gerichtet sein, die dem Lernenden persönlich sinnvoll erscheinen, oder bei deren Erarbeitung er mitgewirkt hat.
— Man kann mit besserem Erfolg rechnen, wenn man damit beginnt, den Lernenden zuerst auf seinem Kompetenzniveau zu unterrichten, ehe man zu abstrakterem Material übergeht.''

Hubermann fügt die sehr wichtige Bemerkung an: ,,Die Lehrmethode, die für einen Erwachsenen am günstigsten erscheint, ist es nicht unbedingt für einen anderen. Manche Individuen müssen bei ihrer Arbeit stärker geleitet werden, andere weniger" (ebd. S. 35). Somit stellen sich in der Konsequenz die Dinge im Bereich des Lernens mit Erwachsenen im Vergleich mit dem von Schülern zwar in spezieller Weise, aber letztlich strukturell ganz ähnlich dar. Die verschiedenen Lern- und Sozialisationstypen bringen unterschiedliche kognitive Stile in das Unterrichtsgeschehen ein. Die Fortbildung muß darauf didaktisch mit einem breiten und abwechslungsreichen Repertoire der Lehr- und Sozialformen, der Medien und der Bekräftigungen und Zuwendungen reagieren. Der Vorteil dieser Perspektive liegt auf der Hand: Der Verzicht ,,auf die Unterscheidung oder Trennung zwischen einerseits den Begriffen und Methoden der Erwachsenenpsychologie und andererseits denen der wissenschaftlichen Psychologie des Kindes und des Jugendlichen" (Leon, 1977, S. 146) ermöglicht es der Erwachsenenbildung, von allen Erkenntnissen der wissenschaftlichen Psychologie zu profitieren, ohne die andragogischen Besonderheiten aus den Augen zu verlieren.

2. Defizite der Forschung

Dies ist umso notwendiger, als die Forschung über das Lernen Erwachsener erst in den Anfängen steckt und (noch) große Defizite aufweist. Diese Defizite beziehen sich eigentlich auf alle Bereiche der Erwachsenenpsychologie und kommen erst dann voll in den Blick, wenn man — die oben angedeutete Perspektive einnehmend — die biologischen, sozialen und lebensalters-spezifischen *Unterschiede* ins Auge faßt, die zwischen Erwachsenen und Kindern/Jugendlichen bestehen.

Hier seien nur einige Problemkreise aufgeführt, die einer genaueren Erforschung harren:
— Wie entwickeln sich die geistige Leistungsfähigkeit bzw. einzelne Fähigkeitsbereiche und die Intelligenz im Erwachsenenalter? Welche Bereiche sind stärker biologisch, welche sind eher sozial/kulturell bedingt?
— Wie wirken sich bestimmte Sozialisationsbedingungen in Familie, Schule, Beruf auf die Lernfähigkeit und Leistungsfähigkeit Erwachsener aus?
— Wie verläuft der Entwicklungsprozeß im Erwachsenenalter? Welche Stufen, Phasen und Entwicklungsstränge sind zu unterscheiden.

— Welche unmittelbaren und langfristigen individuellen Effekte haben Bildungs- und Lernanstrengungen im Erwachsenenalter?
— Wie sieht die pädagogische Praxis in Einrichtungen der Erwachsenenbildung tatsächlich aus? Und wie müßte eine Didaktik des Lernens mit Erwachsenen (und der Fortbildung) aussehen?

Zwar liegen für einige dieser Fragen eine ganze Reihe von Untersuchungen vor — besonders zahlreiche z.b. zum Problemkreis der Leistungsfähigkeit Erwachsener —, viele Arbeiten haben jedoch entweder starke methodische Mängel oder liefern nur Bruchstücke — zu zahlreichen Aspekten fehlen dagegen jegliche Forschungsarbeiten.

Am gravierendsten wird dieser Mangel spürbar, wenn es um die zuletzt genannte Frage der pädagogischen Praxis bei Lernangeboten für Erwachsene geht.

3. Defizite der Aus- und Weiterbildungspraxis

Da es so gut wie keine Untersuchungen darüber gibt, wie denn nun tatsächlich in den verschiedenen Bildungseinrichtungen für Erwachsene didaktisch verfahren wird, sei die These aufgestellt, daß sich die Verhältnisse hier in prinzipieller Hinsicht kaum von denen in unseren Schulen unterscheiden dürften.

Ein Hinweis darauf findet sich z.B. bei Zdarzil, Olechowski (1976, S. 208), wenn dort die (verzweifelte) Hoffnung ausgedrückt wird, ,,daß man sich in der Erwachsenenbildung endlich von der Vorstellung des im Klassenzimmer (frontal) unterrichtenden ,Lehrers' löste! Der ,Erwachsenenbilder' dürfte nicht länger die (oft ausschließliche) Informationsquelle seiner ,Schüler' sein (auch wenn er von der überwiegenden Zahl seiner Hörer zumeist in diese Rolle gedrängt wird...)''. Aufgrund des vorliegenden Forschungsdefizits kann daher hier nur eine hypothesenhafte Aufzählung bestimmter, besonders wichtiger Merkmale der derzeitigen Praxis institutionalisierten Lernens mit Erwachsenen gebracht werden:
— Falsche oder unzureichende Kenntnisse über das menschliche Lernen, über sozial- und entwicklungspsychologische Zusammenhänge;
— Dominanz der fachlich-sachlogischen Dimension des Unterrichts (= Ziel- und Inhaltsdimension);
— Dominanz des Aspekts der ,,Fachmannschaft'' im Selbstverständnis des Dozenten gegenüber den übrigen didaktischen Aufgaben;

- Dominanz des Dozenten im Unterricht selbst: Dozenten-zentrierte Didaktik bei Vernachlässigung sozial-emotionaler (Lern-)Bedürfnisse der Teilnehmer;
- Vorherrschen eines theoretisierenden, verbalisierenden Unterrichts mit rezeptiv-passiven Lernbedingungen für die Teilnehmer;
- Vernachlässigung mitarbeitsintensiver Arbeitsformen (gegenüber dem Dozenten-Vortrag) wie z.b. Einzel-, Partner-, Gruppenarbeit, Rollenspiel, Gespräch und Erfahrungsaustausch, Simulation und praxisbezogener Übung;
- Vernachlässigung eines medienintensiven Unterrichts mit mehrkanaliger Präsentation zur Aktivierung verschiedener Lerntypen bei den Teilnehmern und zur inneren Differenzierung des Unterrichts;
- Vernachlässigung der für die Fortbildung zentralen Transferproblematik, d.h. der Frage der Umsetzung des im Lernfeld Erworbenen in das Funktionsfeld des Arbeitsplatzes (vgl. Döring, K.W.; Schulz, W., 1982);
- Vernachlässigung der methodischen Dimension ,,Strukturierung des Unterrichts'' (= zeitlich begrenzte Lernphasen, entsprech. Wechsel der Lehr- und Sozialformen und adäquater Medieneinsatz im Unterricht);
- Unsicherheit bei der Realisation zumindest semiprofessioneller Verhaltensweisen im seminaristischen, lehrgangsmäßigen Unterricht (Teilnehmeransprache, Teilnehmerverstärkung, Teilnehmerberatung) (vgl. Döring, 1980).

Sollten diese genannten Merkmale der aktuellen Aus- und Weiterbildungspraxis zumindest in der Tendenz ein Abbild der Wirklichkeit liefern, so wird die Frage nach einem alternativen Konzept des Lernens mit Erwachsenen dringlich. In gewissem Sinne ist ein solches natürlich implizit in der Beschreibung der befizitären Praxis enthalten. Es wird dennoch weiter unten ansatzweise noch kurz dargelegt werden.

4. Die Lernfähigkeit des Erwachsenen

Grundlage jeder didaktischen Bemühung um das Lernen Erwachsener ist deren Lern- und Leistungsfähigkeit. Diese wiederum ist nicht abstrakt und allgemein als gegeben anzunehmen, sondern ist jeweils im Zusammenhang mit der spezifischen Lebensperiode zu sehen, in der sich der lernende Erwachsene gerade befindet. .

Bromley (1966) hat fünf große Phasen oder Perioden im menschlichen Lebenszyklus unterschieden:
— vorgeburtliche Periode (pränatale Phase) während der Schwangerschaft,
— Kindheit (bis zum 11./13. Lebensjahr),
— Adoleszenz (11/13 bis 21 Jahre),
— Erwachsenenalter (21 bis 65 Jahre),
— Seneszenz (über 65 Jahre).

Innerhalb der hier behandelten Perioden des Erwachsenenalters und der Seneszenz sind nach Bromley zu unterscheiden:
— Beginn des Erwachsenenalters: 21 — 25 Jahre
(Volljährigkeit, wirtschaftliche Verantwortlichkeit, Eintritt in das Berufsleben etc.)
— Mittleres Erwachsenenalter: 25 — 40 Jahre
(Verfestigung der sozialen und beruflichen Rollen, Stabilisierung materieller und sozialer Beziehungen)
— Reifes Alter: 40 — 55 Jahre
(Vertiefung der sozialen und beruflichen Rollen, Kinder verlassen die Familie, Wiederaufnahme der Arbeit bei vielen Frauen),
— Alter vor dem Ruhestand: 55 — 65 Jahre
(Nachlassen der sexuellen Aktivitäten; Abschwächung der öffentlichen und beruflichen Interessen usw.),
— Ruhestandsalter: über 65 Jahre
(Risikozuwachs physischer und geistiger Störungen, Hinwendung zur Familie),
— Hohes Alter: über 70 Jahre,
— Letzte Krankheit und Tod.

Zu beachten ist bei einer derartigen Periodisierung freilich, daß sich die Altersangaben mehrjährig verschieben können je nach Zugehörigkeit zu einer bestimmten Sozialschicht, einem bestimmten Beruf und einer je spezifischen individuellen Konstitution. Wenn trotz dieser Problematik eine Periodisierung — wie die von Bromley — hier aufgeführt wird, so geschieht dies, um zu zeigen, daß es *das* Erwachsenenalter nicht gibt und daß die Unterschiede zwischen verschiedenen Perioden des Erwachsenenalters größer sein können als die zwischen Kindheit und Adoleszenz auf der einen und „der" Periode des Erwachsenenalters auf der anderen Seite.

Eine der entscheidenden — bis heute nachwirkenden — Folgerungen der älteren Forschung über die Lernfähigkeit Erwachsener war die, „daß die meisten menschlichen Fähigkeiten nach dem Alter von 18 bis 25 Jahren progressiv abnehmen" (so Wechsler, 1958, S. 135). Demgegenüber stellt Skowronek (1979, S. 288) mit Nachdruck fest: „Inzwischen ist die Frage des progressiven Abfalls der intellektuellen Leistungsfähigkeit sehr umstritten. Wenn auch kaum die These vertreten wird, daß ein Abfall nicht stattfindet, so wurden doch überzogene Vorstellungen über seine Voraussetzungen und sein Ausmaß korrigiert: Er beginnt erheblich später, betrifft intellektuelle Teilfunktionen unterschiedlich, hat generell geringe Ausprägung und ist vermutlich nur teilweise altersbedingt bzw. ontogenetisch." Und weiter (291): „... ist nach den Befunden zur Intelligenzentwicklung zu vermuten, daß dieser Bestand allgemeiner Fähigkeiten (zur Informationsverarbeitung, A.d.V.) über das Erwachsenenalter beständig erhalten, wenn nicht erweitert und qualitativ verbessert werden kann.

> Entgegen den verschiedenen Annahmen und Theorien über einen sogenannten schleichenden Leistungsverfall, der oft gekoppelt wurde mit der Behauptung einer angeblichen ständigen Abnutzung des Gehirns oder gar einer mit dem Alter zunehmenden Gehirnschrumpfung, konnte die Forschung über den lernenden Erwachsenen demnach eindeutig zeigen, daß wir von einer großen menschlichen Lernfähigkeit bis ins hohe Alter hinein auszugehen haben.

Die eben skizzierte irrige Auffassung über einen angeblichen Leistungsverfall des erwachsenen Menschen findet sich beispielsweise noch im angesehenen Handbuch der Psychologie, Bd. III, dessen letzte Ausgabe erst 1972 erschien. Die angeblich wissenschaftlich gesicherten Altersabbau-Kurven von Gehirn und Intelligenz haben mittlerweile — in einer Art „self-fullfilling-prophecy" — zu einem allgemeinen Selbstverständnis bei Erwachsenen geführt, daß nämlich nach dem 25. Lebensjahr die geistige Leistungskurve — in Analogie zum sportlichen (= körperlichen) Leistungsverfall — einen Knick nach unten macht und der Intellekt allmählich abstirbt.

Derartige bildungsfeindliche Behauptungen haben sich also mittlerweile wissenschaftlich eindeutig als unhaltbar erwiesen. Die fehlerhaften wissenschaftlichen Untersuchungen beruhen vorwiegend

— auf unterschiedlichen Definitionen von Intelligenz,
— auf einseitig ausgewählten Stichproben,
— auf mangelhaften statistischen Analysen,
— auf unbrauchbaren Erhebungsinstrumenten und Testverfahren,
— auf einer problematischen Gesamt-Forschungsmethodik, z.b. Querschnitts- statt Längsschnittuntersuchungen.
— auf fehlerhafter Anwendung der Erhebungsinstrumente,
— auf logischen Fehlschlüssen sowie
— auf unzulässigen Verallgemeinerungen.

Im vorliegenden Zusammenhang sei dazu das folgende Beispiel zur Frage der Hirnschrumpfung herangezogen: So hat der Lübecker Hirnanatom Herbert Haug in den letzten Jahren die Untersuchungsbefunde, die seine Kollegen an über 8.000 Gehirnen anfertigten, ausgewertet. Nach ihnen ergab sich auf den ersten Blick tatsächlich eine meßbare Gehirngewichtsabnahme vom 17. Lebensjahr an. Diese Befunde stützten sich angeblich auf die Forschungen des US-Anatomen Harold Brody, der 1955 festzustellen glaubte, es liege ein kontinuierlicher Schwund der Nervenzellen im Gehirn vor. — Vor allem in den USA wurden diese Ergebnisse rasch zum Politikum und führten dazu, daß über 40-Jährige für höhere Positionen in Wirtschaft und Verwaltung ungeeignet erschienen. Haug konstatierte demgegenüber unter Einbeziehung des Akzelerations-Phänomens einen bemerkenswerten — gleichsam logischen — Fehler aller Hirnreduktions-Untersuchungen und wies in eigenen Untersuchungen inzwischen zweifelsfrei nach, daß das menschliche Gehirn mit zunehmendem Alter weder schrumpft (zumindest nicht vor dem 60. Lebensjahr) noch sich die Zelldichte irgendwie reduziert.
Der Fehler seiner sämtlichen Kollegen bestand darin, daß sie die Hirngewichte Jugendlicher mit denen älterer Menschen verglichen hatten, ohne zu berücksichtigen, daß in den letzten Jahren durch Wachstumsbeschleunigung Jugendliche stets größer waren als die gleichzeitig lebenden Erwachsenen (= Akzeleration). Da die Hirngröße jedoch eng mit der Körpergröße zusammenhängt, weshalb z.B. auch Frauen ein leichteres Gehirn haben als Männer, mußten demnach Jugendliche von vornherein ein schwereres Gehirn haben als die — zumeist kleineren — Erwachsenen.
Nachdem Haug das Hirngewicht jedoch in Relation zur Körpergröße setzte, gelangte er zu einer bereinigten Hirngewichtskurve, die bis zum 60. Lebensjahr nahezu auf gleichem Niveau verläuft und erst danach leicht abfällt. Auch

hinsichtlich der Zelldichte konnte Haug zeigen, daß die Nervenzellen, entgegen der Behauptung Harold Brodys, bis zum 80. Lebensjahr weitgehend erhalten bleiben.

Wenn im vorliegenden Beispiel zwar ein bestimmter biologischer Verfallsaspekt (= Schrumpfung des Gehirns) zumindest für einen langen Zeitraum des Erwachsenenlebens geleugnet werden muß, so bedeutet das jedoch nicht, daß biologische und genetische Faktoren bei der Entwicklung der geistigen Leistungsfähigkeit des Erwachsenen generell nicht beteiligt seien.

Der neuere Stand der Forschung besagt vielmehr ,,nur", daß der Prozeß des Alterns nicht angemessen als ein endogener, gleichsam vorprogrammierter ,,Verfall" verstanden werden kann. Heute wird stattdessen — wie in der Entwicklungspsychologie des Kindes — *Entwicklung* als ein sowohl genetisch-biologisches wie durch Umweltfaktoren — also Lernprozesse — beeinflußtes Geschehen begriffen. Dies bedeutet vor allem, daß der Mensch durch aktives Handeln wie durch Lernaktivitäten seinen Entwicklungs- und Alterungsprozeß selbst beeinflussen kann (vgl. Zdarzil, Olechowski, 1976).

Wie das nachfolgende Modell ausweist, spielen Lernprozesse im Entwicklungsprozeß zwar eine wesentliche Rolle, dennoch soll hier keine unter pädagogisch-andragogischer Begeisterung stehende Euphorie beschworen werden. Eine gewisse altersbedingte — vor allem auch durch soziale und arbeitsspezifische Prozesse — bewirkte psychische Leistungsveränderung kann nicht geleugnet werden. Es gibt zweifelsfrei — auch ungünstige — Veränderungen der geistigen Leistungsfähigkeit, die man als altersbedingte Reduktionen bezeichnen könnte. Es gilt jedoch, diese genau ins Auge zu fassen und eine pauschale Reduktionsthese fallenzulassen. Eher geeignet ist daher ein ,,Veränderungs-" oder ,,Umstrukturierungsmodell" der Lernfähigkeit Erwachsener.

Den heutigen Forschungsstand geben Zdarzil und Olechowski (1976, S. 177) wohl treffend wieder, wenn sie feststellen: ,,Da aber im Laufe der Erwachsenenjahre — von extrem hohen Altersstufen abgesehen — die Leistungen durchaus nicht in allen Bereichen niedriger, sondern in manchen Bereichen sogar höher werden, ist es berechtigt, von einer im Laufe der Erwachsenenjahre vor sich gehenden ,Umstrukturierung' der geistigen Leistungsfähigkeit zu sprechen, ohne daß es sich hierbei um eine euphemistische Formulierung handelte. Diese Umstrukturierung wird durch differenzierte Betrachtung der einzelnen Leistungsbereiche genau zu beschreiben sein." Genau dies soll im nächsten Abschnitt verkürzt geschehen.

5. Die geistige Leistungsfähigkeit des Erwachsenen

Über empirische Forschungen zu Fragen einer differenzierten Betrachtung der einzelnen Leistungsbereiche gibt es inzwischen auch einige deutschsprachige Literatur (vgl. Thomae/Lehr 1968; Schneider 1974; Zdarzil, Olechowski 1976).

Eine besonders ausgewogene, auch die Schwierigkeiten der Forschung berücksichtigende Darstellung liefern Zdarzil/Olechowski (1976). Sie bieten am Schluß eine Art Synopse zum vorliegenden Problem, die in zulässiger Vereinfachung die wesentlichen, zur Zeit vorliegenden wissenschaftlichen Befunde in 10 Punkten wiedergibt:

„1. Es gibt eine Reihe von wissenschaftsmethodischen Problemen, die in manchen Untersuchungen zur Frage der im Laufe der Erwachsenenjahre vor sich gehenden Veränderung der geistigen Leistungsfähigkeit nicht genügend beachtet wurden. In solchen Untersuchungen zeigte sich eine früh beginnende Abnahme der geistigen Leistungsfähigkeit. Zu solchen fehlerhaften Aussagen gelangten besonders jene Untersuchungen, die gegen einen (oder mehrere) der im folgenden genannten Punkte verstoßen:

a) zur Frage der altersbedingten Veränderung der intellektuellen Leistungsfähigkeit sind im allgemeinen *Längsschnittuntersuchungen* heranzuziehen, keine Querschnittsuntersuchungen.

b) Die Prüfung der geistigen Leistungsfähigkeit hat — aus meßtechnischen Gründen, nicht um ungerechterweise die Resultate älterer Personen besser erscheinen zu lassen — *ohne Zeitlimit* stattzufinden.

c) Besonders bei älteren Personen ist darauf zu achten, daß sie *genügend lang Zeit* haben, mit der Testsituation vertraut zu werden.

2. Unter bestimmten Bedingungen — besonders wenn die oben genannten Punkte (a bis c) nicht beachtet werden oder wenn die Testung in einer „Laboratoriumssituation" stattfindet (und ältere Vpn dann vielleicht nicht ausreichend motiviert sind) — ergibt sich schon in relativ frühem Lebensalter (schon um das 20. Lebensjahr) eine Abnahme der Leistungen in Lerntests und in Lernfähigkeitstests.

3. Eine wichtige Determinante für die Entwicklung der geistigen Leistungsfähigkeit im Erwachsenenalter ist die Höhe der *„Ausgangsbegabung"* (Höhe der Begabung zum Zeitpunkt der Adoleszenz). Je höher die Ausgangsbegabung ist, um so günstiger verläuft — im Sinne eines Interdependenzgeschehens zwischen biologischer Erbausstattung und Lernaktivität — die weitere Entwicklung der intellektuellen Leistungsfähigkeit.

4. Je höher die *formale Schulbildung* ist, desto größer ist die Wahrscheinlichkeit für eine mit zunehmendem Lebensalter erreichte Steigerung der intellektuellen Leistungsfähigkeit...

5. Mit zunehmendem Lebensalter wird die Variabilität der intellektuellen Leistungen größer. Die *Streuung der Leistungen innerhalb* einer Altersgruppe wird schließlich größer als die *zwischen* den Durchschnittswerten verschiedener Altersgruppen... (Bedeutung der individuellen Lerngeschichte gegenüber erbmäßiger Ausstattung nimmt zu).

6. Die — z.B. bei geringem geistigen Training oder im hohen Alter oder unter inadäquaten Testbedingungen — verringerte intellektuelle Leistungsfähigkeit kann differenzierter be-

schrieben werden: Eine *Leistungsreduktion* tritt hauptsächlich in Tests ein, bei welchen rechnerisches Denken gefordert wird, Zahlenreihen fortzusetzen und Analogien zu bilden sind sowie bei Tests, die Abstraktionsfähigkeit erfordern. Keine Reduktion, zum Teil sogar eine mit zunehmendem Lebensalter erhöhte Leistung, ergibt sich in Tests über Wortschatz, Sprachverständnis und Allgemeinwissen. Anders formuliert: Eine altersbedingte Leistungsreduktion tritt eher bei solchen Aufgaben ein, für deren Lösung *abstraktes Denken* nötig ist („fluid intelligence"), hingegen kommt es während der mittleren Lebensjahre zu keinem Leistungsabfall, unter günstigen Umständen (z.B. bei fortgesetztem intellektuellen Training) sogar zu einer *Leistungssteigerung* bei Aufgaben, für deren Lösung *Erfahrung* erforderlich ist („cristallized intelligence").

7. Eine *Umstrukturierung*, wie im vorangegangenen Punkt erwähnt, kommt auch noch in anderer Hinsicht während der mittleren Erwachsenenjahre zustande: Es kommt zu einer *Verlangsamung aller psychischen Funktionen*. Die Langsamkeit bei der Bewältigung von Aufgaben wird jedoch durch erhöhte Genauigkeit kompensiert.

8. Durch die allgemeine, zentral bedingte Verlangsamung des Ablaufs der psychischen Funktionen ist beim älteren Menschen auch die *Schnelligkeit der Informationsverarbeitung* beeinträchtigt... .

9. Es ist wesensbestimmend für die Entwicklung des Menschen, daß sie sich aus dem *Ineinanderwirken von biologischen Reifungsprozessen und Lernprozessen* konstituiert. Die Entwicklung des Menschen gelangt im Kindes- und Jugendalter nicht zu einem Abschluß, sondern findet nach Maßgabe des Ablaufens von Lernprozessen auch im Erwachsenenalter statt. Es ist daher folgerichtig, die Entwicklung der intellektuellen Leistungsfähigkeit unter der Bedingung ‚Lernaktivität' (= geistige Aktivität) zu untersuchen... .

10. Mit zunehmendem Lebensalter wird die *Erfahrung* eines Menschen größer. Dies ist in vielen Fällen eine Hilfe für die Bewältigung neuer (Lern-) Aufgaben; es kann dies aber auch eine Erschwernis sein, neue Aufgaben adäquat zu lösen, weil der Betreffende in alten Denk- und Handlungsgewohnheiten festgefahren ist. Hilfen, die einem lernenden Erwachsenen gegeben werden, müssen so beschaffen sein, daß ihm seine Erfahrung zum Nutzen, zur Hilfe wird und daß er nicht durch diese Erfahrung zu sehr festgelegt und zu wenig offen für neue und originelle Lösungen ist". (S. 205 — 207)

Wie sich gezeigt hat, bietet die Forschung ein sehr differenziertes Bild zur Entwicklung der geistigen Leistungsfähigkeit des Menschen. Wie bei der geistigen Entwicklung des Kindes und des Jugendlichen spielt das Tun, d.h. ein ständiges Training und eine entsprechende Lernaktivität, eine wesentliche Rolle. Damit ergibt sich als eine wesentliche Forderung für die Planung von Lernprozessen Erwachsener — genau wie bei solchen für Schüler und Jugendliche — der *Didaktik* eine besondere Aufmerksamkeit zu widmen. Denn: Die Lernleistungen Erwachsener sind offenbar mindestens ebenso sehr von Faktoren der Unterrichtsgestaltung abhängig wie solchen der Begabung, Lernfähigkeit und Intelligenz.

127

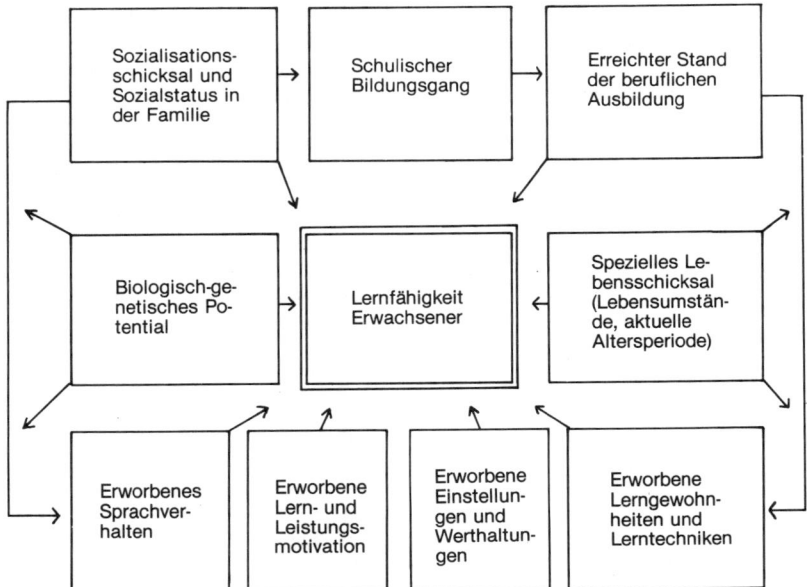

Abb.: Modell der Faktoren, die die Lernfähigkeit des Erwachsenen wesentlich bestimmen.

6. Einige Konsequenzen für das Lehren in der Fortbildung

Wie bereits dargelegt, wirft der Unterricht mit Erwachsenen prinzipiell die gleichen didaktischen Fragen auf wie ein Unterricht für Kinder oder Jugendliche, wenn auch mit deutlich verschobenen Akzenten (z. B. Unbrauchbarkeit von abstraktem Vorratswissen). Diese müssen freilich mit Blick auf die spezifische Situation, die speziellen Bedürfnisse und die besonderen Verarbeitungstendenzen des Erwachsenen beantwortet werden. Als Ausgangspunkt erwachsenenspezifischer didaktischer Überlegungen in der Weiterbildung hätten die folgenden Gesichtspunkte einer Psychologie des Erwachsenen zu gelten:

a) Einstellungen und Ängste

b) Motive

c) Zeitlicher Horizont

d) Erfahrungsbezug

e) Lerntypenbezug

f) Soziale Einbindung

a) Einstellungen und Ängste

Lernangebote für Erwachsene müssen damit rechnen, daß sie aufgrund bestimmter erworbener Einstellungen und Ängste prinzipiell auf Widerstand stoßen:

— Angst vor dem Neuen und vor Mißerfolg und
— Widerstand gegen Veränderung
— Wissen um soziale und institutionelle Widerstände am Arbeitsplatz

sind hier vor allem zu nennen. — Aufgrund seiner Situation drängt es den Erwachsenen, Verhältnisse herzustellen, in denen er Sicherheit finden kann. So bildet jedes Lernangebot eine neue Perspektive und kann Angst vor dem Neuen auslösen. Viele Erwachsene scheuen auch einen möglichen Mißerfolg. Mit zunehmendem Lebensalter werden viele Menschen zudem konservativer und begegnen grundsätzlich jeder Veränderung mit Mißtrauen, auch solchen auf geistigem Gebiet.

b) Motive

Es besteht kein Zweifel, daß die Stärke der Lernmotivation auf das Leistungsniveau einen entscheidenden Einfluß ausübt. Versuche haben z.B. erwiesen, daß Personen, die zum beruflichen Aufstieg motiviert sind, ihre Leistungen von einem psychometrischen Test zum anderen verbessern, während nichtmotivierte Versuchspersonen mit gleichem Alter, gleichem Niveau und gleichem Status dies nicht tun. — Solange bei Erwachsenen daher berufliche Aufstiegswünsche vorliegen, kann man von einer starken Lernmotivation ausgehen. Andererseits aber „erklärt die altersabhängige Entwicklung der Motivationen in einem gewissen Maße den Abbau der intellektuellen Fähigkeiten. Es läßt sich nämlich (mit zunehmenden Alter) eine fortschreitende Abnahme der Sensibilität, der Neugierde, des Aufstiegswunsches beobachten. Nach Pressey wird dieser Wunsch von 90% der amerikanischen Volksschullehrer im Alter von 20 bis 24 Jahren zum Ausdruck gebracht und (nur noch) von 50% derjenigen, die 45 bis 49 Jahre alt sind. Älter als 55 Jahre, werden über 50% von ihnen durch den Ruhestand motiviert" (Léon, 1977, S. 81).

c) Zeitlicher Horizont

Wie die Sozialisationsforschung (vgl. Nave-Herz, R. (Hrsg.), 1981) zeigen konnte, hängt die Fähigkeit eines Menschen, eine unmittelbare Befriedigung aufzuschieben oder gar auf sie zugunsten einer späteren (anderen) Befriedigung zu verzichten, vom Umfang des zeitlichen Horizontes dieser Person ab.

Damit bestimmt der zeitliche Horizont z. B. auch wesentlich, ob ein Mensch bereit ist, sich einer bestimmten Aus- und Weiterbildung zu unterziehen oder nicht. – Lernprozesse sind stets auf eine irgendwie geartete Zukunft hin projiziert, weshalb ein Eingeengtsein auf die jeweilige Gegenwart ein Bildungshindernis darstellt.

Der Umfang des zeitlichen Horizontes hängt nun seinerseits vor allem vom sozialkulturellen Milieu, aus dem ein Mensch stammt, von seinem Bildungsstand und seinem Alter ab.

d) Erfahrungsbezug

Eingebundenheit in einen Beruf, zeitlicher Abstand vom mehr theoretischen Lernen der Schule sowie Lebenserfahrung durch ein gewisses Alter machen, daß das Lernen des Erwachsenen sehr stark auf Erfahrungswerte bezogen ist. Von daher lassen sich Lernangebote, die stark erfahrungsbezogen orientiert sind, für Erwachsene besser bewältigen. Es ist eines der Hauptmerkmale des Lernens der Erwachsenen in der Fortbildung, daß das heute Gelernte schon morgen am Arbeitsplatz umgesetzt werden muß. Von daher ist einsichtig, daß Erwachsene dem *Praxisbezug* des Lernangebots allergrößte Bedeutung beimessen. Andererseits kann das Erfahrungspotential, das der erwachsene Mensch aufgehäuft hat, auch zu einem Lernhemmnis werden, insofern es ihn nämlich in gewissem Sinne festlegt und rigide macht. Mit Berufung auf die sog. eigene Erfahrung können dann evtl. unangenehme neue Lernangebote oder Informationen zurückgewiesen werden.

Praxis-Bezug in der Fortbildung heißt dabei im wesentlichen folgendes:
— Analyse und Planung von Arbeitsprozessen in teilnehmerzentrierten Lehr-/Lernverfahren (Einzel-, Partner-, Gruppenarbeit),
— Einbau von Beispielen und Fällen
— Übungen und Simulationen
— Rollenspiele
— Planspiele

e) Lerntypenbezug

Mit zunehmendem Alter prägt der Mensch einen ganz bestimmten bevorzugten Lerntypus heraus. Lernangebote, die diesem Typus adäquat sind, werden entsprechend leichter rezipiert. Da es als eindeutig erwiesen gelten kann, ,,daß die Diskrepanz zwischen den effektiven Leistungen und dem Leistungspotential mit zunehmendem Lebensalter größer wird" (Zdarzil, Olechowski, 1976,

S. 208), sind für eine Didaktik des Lernens mit Erwachsenen alle Einhilfen wichtig, die diese Diskrepanz verringern. „Besonders hinzuweisen ist in diesem Zusammenhang auf die Beziehung zwischen der Stärke des (optischen oder akustischen) Wahrnehmungsstimulus (die Stärke des Wahrnehmungsstimulus kann durch altersbedingte Verminderung der Seh- oder Hörschärfe subjetkiv reduziert sein) und der Wahrnehmungsgeschwindigkeit. Der Hinweis auf die Notwendigkeit der Beachtung einer bestmöglichen optischen und akustischen Darbietung muß wohl nicht näher ausgeführt werden" (ebd.). Der Einsatz unterrichtlicher Medien — und das Abrücken von einer abstrakten, theoretisch-verbalisierenden „buchschulmäßigen" Vermittlung — ist von daher besonders in der Erwachsenenbildung dringlich. Gute Verständlichkeit und eine mehrkanalige Präsentation, die sich zudem mit einer inneren Differenzierung des Unterrichts (= wechselnde Gruppierung der Teilnehmer) verbinden würde, trüge im übrigen zur Steigerung der Lernmotivation bei, ließe eine bessere Verankerung des Gelernten im Langzeitgedächtnis zu und böte auf jeden Fall die Chance, verschiedenen Lerntypen auf der Teilnehmerseite besser gerecht zu werden.

Als von herausragender Bedeutung bleibt für das Lernen Erwachsener demnach festzuhalten, daß es geradezu angewiesen ist auf eine hohe *Verständlichkeit* der Sprache (→ 5 Verständlichmacher). Neben dem Praxisbezug ist dies der zweite zentrale Punkt jeden Lernangebots in der Fortbildung: Verständlichkeit!

Als Konsequenz aus diesen allgemeinen Gesichtspunkten einer Didaktik der Fortbildung ergibt sich im vorliegenden Zusammenhang eindeutig die Forderung an den verantwortlichen Dozenten, ein *flexibles und didaktisch vielseitiges Unterrichtskonzept* zu realisieren, das durch seine Qualität — gleichsam aus sich heraus — sowohl einen *Lernanreiz* wie einen positiven verstärkenden *Lernhintergrund* schafft.

---

f) Soziale Einbindung

Ein starkes Motiv gegen neue Lernbezüge stellt gerade für den Erwachsenen die Furcht vor sozialer Isolierung dar. Das Streben nach Sicherheit ist hier an einer empfindlichen Stelle berührt. Von daher ist eine Didaktik des Lernens von Erwachsenen vor allem auf zweierlei verwiesen:

131

— einmal darauf, das starre frontale Unterrichtsarrangement als durchgängige Vermittlungsstrategie (!) aufzugeben, weil in ihr die Isolation des einzelnen Teilnehmers eher gefördert als behoben wird;

— zum anderen darauf, über ein „defensives Dozentenverhalten" (vgl. unten Abschn. 4) ein lernförderndes Unterrichts- und Sozialklima herzustellen.

Wesentliche methodische Merkmale eines solchen flexiblen Unterrichtskonzepts sind:

1. Herstellung und Vermittlung eines sinnbezogenen *Lerngerüsts* (Einstieg) zu Beginn jeder Unterrichtseinheit, in den sich der jeweilige aktuelle Unterricht eingliedert. Das schafft für den Erwachsenen sowohl Sinnbezug wie Überschaubarkeit des Lernangebots. Entsprechend sollte der Stundenschluß (Ausstieg) Abrundung, Zusammenfassung, Konsequenzen und Perspektiven bieten.

2. Ausgangspunkt, Grundlage und Zielstellung des Unterrichts mit Erwachsenen sollte — wenn eben möglich — ein solider *Praxisbezug* sein. Dieser schafft sowohl die Basis für eine gute Lernmotivation wie für den Abbau erfahrungsspezifischer Lernhemmnisse: Beispiele, Fälle, Übungen (einzeln, in Partner- und Gruppenarbeit), Simulationen, Rollenspiele, Planspiele sollten viel mehr als bisher eingesetzt werden.

3. Es ist die Verpflichtung jedes Dozenten, in der Fortbildung auf *Verständlichkeit* der Sprache zu achten, und zwar sowohl hinsichtlich der gesprochenen Sprache im Unterricht wie in Bezug auf die Schriftsprache in Manuskripten und Materialien. Fehlende Verständlichkeit (= 5 Verständlichmacher) ist der Tod jeder Lernbereitschaft bei Erwachsenen.

4. Im Hinblick auf die Besonderheiten des Lernens Erwachsener sollte jedes Lernangebot für diesen Personenkreis auf der Grundlage einer guten *Strukturierung des Unterrichts* erfolgen.
Diese Unterrichtsstrukturierung ist verwiesen auf die abwechslungsreiche Realisierung dreier Merkmale:
— die Abfolge zeitlich adäquater Lernphasen,
— den Wechsel der Lehr- und Sozialformen,
— den Einsatz unterrichtlicher Medien.
Eine derartige medienfundierte Unterrichtsgestaltung trägt zugleich auch einer lerntypengerechten Ausgestaltung des Lernangebots Rechnung.

5. Unter Berücksichtigung der sozialen Bedürfnisse der Teilnehmer ist für den Unterrichtserfolg bei Erwachsenen von ausschlaggebender Bedeutung,

ob es gelingt, ein positives *Sozialklima* herzustellen. Dieses bezieht seine Wirkung vor allem aus den folgenden drei Merkmalen:
— innere Differenzierung des Unterrichts,
— mitarbeitsintensive Unterrichtsgestaltung (= Aktiver Einbezug der Teilnehmer: Mitbestimmung)
— Lernverstärkung der Teilnehmer durch gestufte Erfolgserlebnisse wie durch persönliche Zuwendung.
6. Zum Sozialklima trägt auch wesentlich die Realisierung eines *motivieren-den Dozentenverhaltens* bei, das neben der Verständlichkeit (= ,,Verständlichmacher'') vor allem die folgenden Dimensionen berücksichtigt (vgl. oben Abschnitt III!):
— Motivierung (= ,,Muntermacher'')
— Unterrichtsklima (= ,,Aufwärmer'')
— Zuwendung und Umgang.
Vermeidung einer ständig personorientierten dozierenden Vermittlungsstrategie (= Dozenten-zentriertes Verfahren).

Literatur

Aebli, H.: Die geistige Entwicklung als Funktion von Anlage, Reifung, Umwelt- und Erziehungsbedingungen. In: Roth, H. (Hrsg.): Begabung und Lernen. Stuttgart 1968. S. 151 — 192.

Arenberg, D.; E.A. Robertson-Tchabo: Learning and ageing. In: Birren, J.E.; K.W. Schaie (Hrsg.): Handbook of the psychology of ageing. Van Nostrand. New York 1977.

Aries, P.: Geschichte der Kindheit. München/Wien 1975.

Birren, J.E.: Issues in adult development. Paper read at the Biennial Meeting of the Society for Research in Child Development. San Francisco 1979.

Botwinnick, J.: Intellectual abilities. In: Birren, J.E., K.W. Schaie (Hrsg.): Handbook of the psychology of ageing. Van Nostrand. 1977.

Bromley, D.M.: The psychology of human ageing. New York 1966.

Carroll, J.B.; S.E. Maxwell: Individual differences in cognitive abilities. Ann.Rev. Psychol. 30 (1979). 603 — 640.

Cohen, S.J.; C.A. Porac: New analysis of life-span trends in visual illusion. Develop. Psychol. 14 (1978). 193 — 194.

Cropley, A.J.: Lifelong education: A psychological analysis. Pergamon. Oxford 1977a.

Cropley, A.J.: Educational brokering: Access to lifelong education? Int.Rev. Education 23 (1977b), 339 — 343.

Copley A.J.: Some guidelines for the reform of school curricula in the perspective of lifelong education. Int. Rev. Education 24 (1978). 21 — 33.

Cropley, A.J.: Lernfähigkeit im Seniorenalter.... In: Unterrichtswissenschaft 1980 (Nr. 4). S. 214 — 325.

de Mause, L. (Hrsg.): Hört die Kinder weinen. Eine psychogenetische Geschichte der Kindheit. Frankfurt/M. 1977.

Döring, K.W: Lehrerverhalten. Forschung, Theorie, Praxis. Weinheim, Basel 1980.

Döring, K.W.; Schulz, W.: Das Follow-up-Seminar als Instrument der Transfersicherung in der Fortbildung. In: Verw. u. Fortb. 10. Jg. 1982. H. 2. S. 51 — 70.

Fischbach, D.; Notz, G.: Lernprozesse in der beruflichen Bildung. Weinheim/Basel 1981.

Greif, S.: Diskussionstraining. Salzburg 1976.

Gudjohns, H.: Praxis der Interaktionserziehung. Bad Heilbrunn 1978

Hiernstra, R.: The older adult and learning. Lincoln, Nebraska: Department of Adult and Continuing Education; University of Nebraska. 1975. (Available as ERIC Document ED 117 371.)

Horn, J.L.: Concepts of intellect in relation to learning and adult development. Paper read at the Annual Meeting of the American Educational Research Association, San Francisco, April 8 — 12, 1979.

Horn, J.L.; G. Donaldson: On the myth of intellectual decline in adulthood. Amer. Psychol. 31 (1976). 701 — 719.

Hughston, G.: Conservation in elderly males. Develop. Psychol. 14 (1978), 114.

Labouvie-Vief. G.; M.J. Chandler: Cognitive development and life-span developmental theory: Idealistic and contextual perspectives. In: Baltes, P.B. (Hrsg.): Life-span development and behaviour. Academic Press, New York 1978.

Lachman, J.L.; R. Lachman, C. Thronesbery: Metamemory through the adult life-span. Develop. Psychol. 15 (1979), S. 543 — 551.

Lange, O.; Raapke, H.-D.: Weiterbildung der Erwachsenen. Bad Heilbrunn/OBB 1976.

Langer, J. u.a.: Sich verständlich ausdrücken. München 1981/2.

Lehr, U.: Psychologie des Alterns. Heidelberg 1977.

Lovell, R.B.: Adult learning. Croom Helm, London 1980.

Mason, S.E.: Effects of orienting tasks on the recall and recognition performance of subjects differing in age. Develop. Psychol. 15 (1979), 467 — 469.

Meueler, E.: Erwachsene lernen. Stuttgart 1982.

Montada, L., S.H. Filipp: Implications of life-span developmental psychology for childhood education. Advanc. Child Develop. and Behav. 11 (1976), 253 — 265.

Nave-Herz, R. (Hrsg.): Erwachsenensozialisation. Weinheim/Basel 1981.

Prokop, E.: Lernen mit Erwachsenen. München 1983.

Rabbitt, P.: Changes in problem solving ability in old age. In: Birren, J.E., K.W. Schaie (Hrsg.): Handbook of the psychology of ageing. Van Nostrand. New York 1977.

Rabenstein, R.: Lernen kann auch Spaß machen. Darmstadt 1979.

Roth, H.: Begabung und Lernen. Stuttgart 1968.

Rudinger, G.: Intelligenz im Alter. Phil. Diss. Bonn 1971.

Schaie, K.W.: Translations in gerontology — form lab to life. Amer. Psychol. 29 (1974), 802 — 807.

Schaie, K.W., P.B. Baltes: Some faith helps to see the forest: A final comment on the Horn and Donaldson myth of the Baltes-Schaie position on adult intelligence. Amer. Psychol. 32 (1977), 1118 — 1120.

Schaie, K.W., I.A. Parham: Cohort-dash sequential analyses of adult intellectual development. Develop. Psychol. 13 (1977), 649 — 653.

Schneider, H.-D.: Aspekte des Alterns. Ergebnisse sozialpsychologischer Forschung. Frankfurt 1974.

Skowronek, H.: Lernen und Lernfähigkeit. München 1969.

Skowronek, H.: Lernpsychologische Forschung zum Erwachsenenalter. In: Siebert, H. (Hrsg.): Taschenbuch der Weiterbildungsforschung. Baltmannsweiler 1979, S. 286 — 307.

Thiele, H.: Trainingsprogramm Gesprächsführung im Unterricht. Bad Heilbrunn/OBB 1983.

Thomae, H.; Lehr, U.: Altern. Probleme und Tatsachen. Frankfurt/M. 1968.

Thomas, H. (Hrsg.): Lernen im Erwachsenenalter. Frankfurt 1980.

Tough, A.: The adult's learning projects OISE, Toronto 1971.

Tough, A.: Major learning efforts: Recent research and future directions. Adult Educ. 28, (1978).

Zdarzil, H.; Olechowski, R.: Anthropologie und Psychologie des Erwachsenen. Stuttgart 1976.

II. Zur Unterrichtsplanung

1. Materialien:
Motivierender Unterricht — ein Konzept

1. Die Rückständigkeit der Motivationsforschung

Stellt sich ein Dozent die Frage, wie er seinen Unterricht interessanter, abwechslungsreicher und aktivierender, kurz: motivierender gestalten kann, so wird er in der einschlägigen wissenschaftlichen Literatur über ,,Motivation'' — wenn überhaupt — so gut wie keine praktisch verwertbaren Hinweise finden, z.B.:

— Thomae, H. (Hrsg.): Die Motivation menschlichen Handelns. Köln/Berlin 1969/5.
— Oerter, R.: Psychologie des Denkens. Donauwörth 1971/2.
— Wasna, M.: Motivation, Intelligenz und Lernerfolg. München 1976.
— Heckhausen, H.: Förderung der Lernmotivierung und der intellektuellen Tüchtigkeiten. In: Roth, H. (Hrsg.): Begabung und Lernen. Stuttgart 1968, S. 193 — 228.

Die Umsetzung der wissenschaftlichen Untersuchungen und Ansätze in praktikable Konzepte scheitert offensichtlich aus den folgenden Gründen:
— Rückständigkeit der Motivationsforschung und Fehlen eines einheitlichen Forschungsrahmens,
— weitgehendes Fehlen eines didaktischen Interesses bei den Motivationsforschern und demzufolge:
— Rückständigkeit bzw. Fehlen einer praxisorientierten, angewandten Motivationsforschung.

2. Die drei Ebenen eines motivierenden Unterrichtskonzeptes

Stellt sich also ein Dozent in der Weiterbildung die Frage, wie ein motivierender Unterricht am besten zu verwirklichen ist, so wird er weder in der didaktischen Literatur noch von einem erfahrenen Kollegen eine eindeutige Antwort erhalten. Entsprechende Hinweise werden sich jedoch auf den folgenden drei Ebenen bewegen:

a) Inhaltliche Ebene

Motiviere dadurch, daß Du wichtige, interessante Themen anbietest, bzw. daß Du die Themen des Unterrichts als wichtig und interessant ausweist!

b) Didaktische Ebene

Motiviere dadurch, daß Du das Unterrichtsgeschehen abwechslungsreich gestaltest: z.B. durch Wechsel der Lehr- und Sozialformen, durch vielseitigen Medieneinsatz usw.

c) Verhaltensmäßige Ebene

Motiviere dadurch, daß Du ein motivierendes Dozentenverhalten zeigst und die Teilnehmer über Deine Person (Modell, Vorbild) mitreißt.

Diese dreifache Perspektive zur Motivierung im Unterricht läßt sich grafisch auf z.B. folgende Weise darstellen:

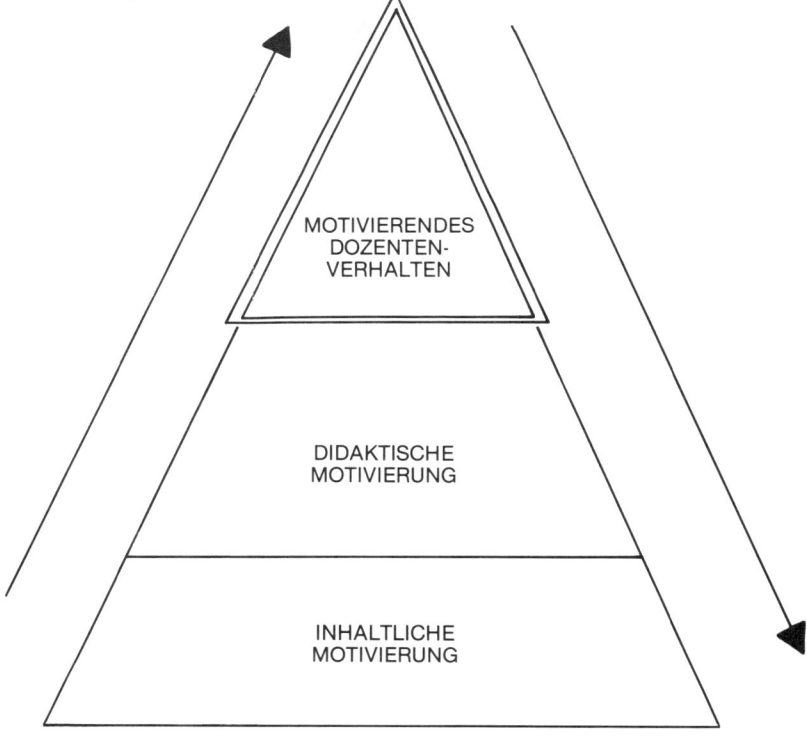

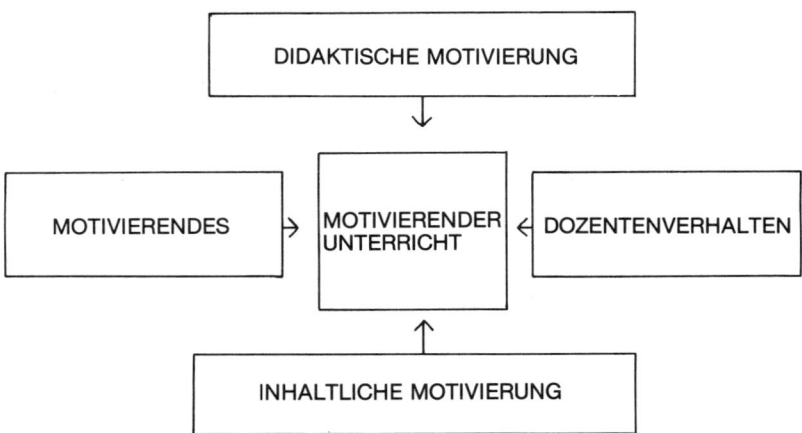

3. Die zentralen Faktoren für einen motivierenden Unterricht

Zwar wird jeder Dozent seine eigene Akzentsetzung hinsichtlich der Motivierung der Teilnehmer haben — der eine vielleicht mehr über die *Person*, der andere eher über den *Unterricht*, der dritte eher über den *Inhalt* zu motivieren suchen —, es sollten aber Einseitigkeiten unbedingt vermieden werden.

Begründung
Die verschiedenen Lerntypen bei den Teilnehmern machen ein vielschichtiges Motivationskonzept erfolgreicher.

Jeder Dozent sollte sich demnach die Vielfalt der Möglichkeiten, seine Teilnehmer für den Unterricht, die Mitarbeit und das Lernen zu gewinnen, vor Augen stellen:

I. *Inhaltliche Motivierung*
1. Sinnbezug: Gesellschaftliche, institutionelle, fachlich-sachliche und individuelle Bedeutung
2. Sachlogischer Aufbau
3. Praxisbezug/Berufsbezug/Verwendungssituationen
4. Anwendbarkeit und Anwendung (Transfer)

138

II. Didaktische Motivierung
1. Thematische und lernzielbezogene Akzentsetzung
2. Wechsel der Lehr- und Sozialformen
3. Veranschaulichung und Medieneinsatz
4. Vielfältige Tätigkeiten der Teilnehmer (,,Ein-/Ausatmen")
5. Stundeneröffnung/Stundenschluß (Einbettung, Sinnbezug, Konsequenzen)

III. Motivierendes Dozentenverhalten und Umgang mit der Teilnehmern
1. Die 5 ,,Verständlichmacher"
2. Die 4 ,,Muntermacher"
3. Die 4 ,,Aufwärmer"
4. Zuwendung und Umgang

Um dieses Bild noch eindrucksvoller zu gestalten, soll nachfolgend eine detaillierte Gliederung der genannten Faktoren folgen:

I.   Inhaltliche Motivierung
1. Sinnbezug: Gesellschaftliche, institutionelle, fachlich-sachliche und individuelle Bedeutung
   — Aufhänger: Bedeutsame Ereignisse, Dozenten-/Teilnehmervorerfahrungen
   — Gliederung, sachlogischer Aufbau, Eigengesetzlichkeit, historischer Hintergrund
   — Kognitive Landkarte, Flußdiagramm
   — Übergreifendes Praxisbeispiel, Problemfall
2. Sachlogischer Aufbau
   — Aufbau und Grundstruktur
   — Kennzeichnung von Sinnschwerpunkten
   — Gliederung und Aufweis von Zusammenhängen innerhalb des Themas
   — Verbindung/Verknüpfung zu anderen Themen bzw. Themenfeldern
   — Exemplarische, vertiefende Klärung und Anbahnung von praktischen Voraussetzungen, Bedingungen und Konsequenzen (Anwendung)

3. Praxisbezug/Berufsbezug/Verwendungssituationen
   — Aktuelle Vorfälle, Ereignisse und Problemfälle
   — Einsatz und Analyse von Beispielen, Betriebs- bzw. Behördenabläufen, Verwendungssituationen
   — Orientierung an der Berufswirklichkeit zur Klärung von Spezifika/Einzelheiten
   — Übungen, Simulationen, Rollenspiele zur Berufswirklichkeit
4. Anwendbarkeit und Anwendung (Transfer)
   — Übertragung auf/Erarbeitung von praktische(n) Fälle(n)
   — Vertiefende Wiederholungen durch Transferaufgaben
   — Teilnehmerzentriertes Finden/Konstruieren von geeigneten Fällen, Vorgehensweisen, Verwendungssituationen
   — Praxisbezogene Rollen- und Planspiele

II. Didaktische Motivierung
   1. Thematische und lernzielbezogene Akzentsetzung und Gliederung (Einbettung, Sinnbezug, Konsequenzen)
      — Thematische Reduktion und Zentrierung auf das Wesentliche
      — Konstruktion, Ausarbeitung und Vermittlung (!) der zentralen Lernziele nebst Begründung
      — Phasenbildung entsprechend dem Wechsel der Lernaktivitäten, den Teilnehmerfähigkeiten sowie den Präsentationsmöglichkeiten
   2. Wechsel der Lehr- und Sozialformen
      — Lehr- und Sozialformen in der undifferenzierten Großgruppe
      — Lehr- und Sozialformen zur inneren Differenzierung des Unterrichts
      — Lehr- und Sozialformen unter dem Aspekt besonderer Verarbeitungsformen (Diskussion, Debatte, Plan-, Rollenspiel)
   3. Veranschaulichung und Medieneinsatz
      — Bücher und Zeitungen
      — Reale Gegenstände
      — Lehr- und Lernmaterial
      — Audiovisuelle Medien
   4. Vielfältige Tätigkeiten der Teilnehmer („Ein-/Ausatmen")
      — Wechsel der Tätigkeiten entsprechend den Fähigkeiten, Erfahrungen und Vorkenntnissen der Teilnehmer

— Wechsel entsprechend den thematischen und fachlichen Erfordernissen
— Wechsel entsprechend der zeitlichen Gliederung und den Notwendigkeiten eines didaktisch akzeptablen Lernverlaufs

5. Stundeneröffnung/Stundenschluß
(Einbettung, Sinnbezug, Konsequenzen)
Typen von Stundeneröffnungen (Lerngerüst, Einstieg)
— Der ,,Aufhänger'' als punktueller Einstieg (,,Ein Nagel wird in die Wand geschlagen'': z.B. Presse-, Funk-, Fernsehmeldungen)
— Die Wiederholung (Anknüpfung an vorher Gelerntes, zugleich Sicherung/Lernkontrolle)
— Die zeitliche und sachliche Gliederung des Unterrichts (,,Das Vorgehen in dieser Stunde'')
— Die Darstellung eines Fallbeispiels
(Problemfall oder humorvolle Schilderung oder übergreifendes Praxisbeispiel etc.)
— Das Aufgreifen von Teilnehmererfahrungen, -wissen in gesprächsmäßiger Form oder in Form kleiner Rollenspiele
— Das Schema oder Modell (als kurze und vereinfachende Abstraktion des Themas/Sachverhaltes)
— Die ,,kognitive Landkarte'' (als ausführlicheres Suchschema zur Darstellung komplexer Zusammenhänge) (Graphiken, Zeichnungen, Tabellen, Flußdiagramme etc.)
Typen von Stundenschlüssen (Ausstieg)
— Der Stundenschluß als *Lernkontrolle*
— mündlich/schriftlich
— offen/geschlossen
(z.B. als Abfrage, Lerntest/Lernkontrolle in schriftl. Form, Arbeitsblatt-Bearbeitung neuer Aufgaben etc.)
— Der Stundenschluß als systematische *Zusammenfassung*
(z.B. durch den Dozenten oder einen Teilnehmer) Häufig: Lehrvortrag mit Medienunterstützung
— Der Stundenschluß als (praktische) *Anwendung*
— Fall-orientiert
— Aufgaben-orientiert
Ziel ist hier vorrangig der Transfer, die sichernde und abrundende Übertragung des Gelernten auf Neues

— Der Stundenschluß als mediale *Illustration*
  — Neueinführung eines das Thema abrundenden bzw. abschlie-
  ßenden Mediums (dieses darf nicht zu komplex sein!)
  — Wiederverwendung eines bereits eingeführten Mediums
  (Dieser Typ will das Gelernte abschließend nochmals veranschau-
  lichen und zugleich konkretisieren)

III. Motivierendes Dozentenverhalten und Umgang mit den Teilnehmern
  1. Die 5 ,,Verständlichmacher''
  — Realisierung von Sprechdenken
  — Einfachheit
  — Ordnung und gedankliche Gliederung
  — Prägnanz (= Treffsicherheit)
  — Stimulans (= Anregung)
  2. Die 4 ,,Muntermacher''
  — Das freigebend-kontrollierende Verhalten
  — Das energievolle Verhalten
  — Das streitbare Verhalten
  — Das geistreiche Verhalten
  3. Die 4 ,,Aufwärmer''
  — Das partnerschaftliche Verhalten
  — Das wertschätzende Verhalten
  — Das bekräftigende Verhalten
  — Das humorvolle Verhalten
  4. Dozentenverhalten und Teilnehmerumgang
  — Körpersprache (Sitzen, Stehen, Gehen, Mimik, Gestik, Sprach-
  modulation, Blickkontakt)
  — Umgang (Einwandbehandlung, Konfliktbewältigung, Sitzord-
  nung und Anrede, unterrichtsbezogenes Vorbereiten, Fragen,
  außerunterrichtlicher Umgang)

2. Baustein
Zur Strukturierung des Lehr-/Lernprozesses

Das Thema ,,Strukturierung des Unterrichts'' — auch genannt ,,Artikula-
tion'', ,,Phaseneinteilung'', ,,Stufung des Unterrichts'' — ist schon alt. Es

wird in der Pädagogik seit Herbarts Formalstufen-Theorie diskutiert. Herbart gliederte den Unterrichtsstoff in eine Folge methodischer Einheiten, deren jede nach einer starren Folge von Formalstufen durchzunehmen war:
— Analyse (Vorbereitung)
— Synthese (Darbietung)
— Assoziation (Verküpfung)
— System (Zusammenfassung)
— Methode (Anwendung)

Die neuere Didaktik hat dieses starre Schema inzwischen längst aufgegeben. Sie geht flexibler vor, versteht unter Strukturierung eher eine *Dramaturgie* des Unterrichts, die den Lehr-/Lernprozeß zeitlich überschaubar und teilnehmergerecht zu gliedern hat. Diese Gliederung erfolgt auf mehreren Ebenen, und je mehr von ihnen beim Wechsel von einer Phase zur nächsten einbezogen sind, desto deutlicher wird der Einschnitt von den Schülern erlebt. Die wichtigsten Ebenen einer Strukturierung des Unterrichts sind:
1. Lernziel und Lerninhalt
2. Lehr- und Sozialformen
3. Unterrichtliche Maßnahmen (Hilfsmittel)
4. Vermutete Lernphasen
5. Einstieg und Ausstieg
6. Zeitplanung

1. Das Lernziel und der Lerninhalt

Im traditionellen Dozenten-zentrierten Unterricht wird die Strukturierung des Unterrichts oft ausschließlich über die Ziel- und Inhaltsebene hergestellt. Der Dozent stellt Lernziele auf und gliedert den Inhalt fach- und sachlogisch in bestimmte Teilthemen, denen jeweils spezifische Feinlernziele zugeordnet werden. Damit schreibt er die fachlogische als verbindliche didaktisch-methodische Struktur fest. Es ist dies zweifellos ein Ausdruck für das stärkere fachliche Selbstverständnis von Lehrern/Dozenten gegenüber dem didaktischen. Da somit im traditionellen Unterricht ohnehin von einer Dominanz der Ziel- und Inhaltsdimension bei Fragen der Strukturierung auszugehen ist, soll dieser Gesichtspunkt hier nicht weiter behandelt werden. Wir konzentrieren uns stattdessen mehr auf die didaktischen und methodischen Aspekte der Strukturierung.

2. Der Einsatz der Lehr- und Sozialformen
(Das Lehrmethoden-Instrumentarium)

Jeder Versuch, Unterricht mit Hilfe von Lehr- und Sozialformen (LS) zu strukturieren, setzt voraus, daß der Dozent das didaktische Repertoire verfügbar hat und beherrscht, das diesbezüglich zur Verfügung steht. Hier sind zunächst drei Arten von Lehr- und Sozialformen zu unterscheiden:

— LS für den undifferenzierten Gruppenunterricht
  (= Klasse als Großgruppe)
— LS zur inneren Differenzierung des Unterrichts
— Mischformen

Im einzelnen unterscheidet man:

a) *LS in der undifferenzierten Großgruppe (Klasse):*
  — Lehrvortrag
  — Demonstration und Präsentation
    (Film, Versuch, Experiment usw.)
  — Lehrgespräch
    = darstellend-entwickelnde Form
    = fragend-entwickelnde Form
  — Gesprächs- und Diskussionformen
    = unstrukturierte Problemerörterung
    = strukturierte Diskussion
    = Erfahrungsaustausch

b) *LS zur inneren Differenzierung*
  — Einzelarbeit
  — Partnerarbeit
  — Gruppenarbeit (aufgaben- oder problembezogen)
    = arbeitsgleiche Form
    = arbeitsteilige Form

c) *Mischformen (besondere Verarbeitungsaspekte)*
  — Rollenspiele
  — Simulationen
  — Entscheidungs- und Planspiele
  — Projektunterricht
  — Diskussion, Debatte

Auf Einzelheiten dieses vielfältigen didaktischen Repertoires kann im vorliegenden Rahmen nicht näher eingegangen werden (vgl. dazu einzelne Bausteine im Zweiten Teil).

Soviel dürfte aber allein schon aus der vorgelegten Zusammenstellung deutlich sein: Der Wechsel der Lehr- und Sozialformen — als *ein* Aspekt von Unterrichtsstrukturierung — drängt sich didaktisch geradezu auf, weil die Vielfalt des Angebots auch vielfältige Zielstellungen und ein abwechslungsreiches Arbeiten möglich macht. Hier interessiert vor allem die Chance, eine vielseitige Unterrichtsgestaltung auch durch einen Wechsel im sozialen Miteinander zu unterstützen, das jeweils Spezifische einer Sozialform (z.B. das Aufsichgestelltsein bei der Einzelarbeit) durch das Spezifische einer anderen Form (z.B. das konstruktive Miteinander in einer Arbeitsgruppe) sinnvoll zu ergänzen. Damit werden zweifellos auch die unterschiedlichen Bedürfnisse von Teilnehmern in Fortbildungsveranstaltungen besser berücksichtigt.

3. Der Einsatz der unterrichtlichen Medien (Hilfsmittel)

So wie es zu den Wesensmerkmalen des Unterrichts gehört, daß er als Kommunikations- und Interaktionsprozeß auf Medien angewiesen ist, die als Träger und/oder Vermittler von Informationen dienen, so ist eine Strukturierung des Unterrichts ohne eine Berücksichtigung der medialen Komponente nicht möglich. Unter Medien verstehen wir dabei alle nichtpersonalen materiellen Träger und/oder Vermittler von Informationen, also alle materiellen Hilfsmittel des Lehrens.

Innerhalb der Mediendidaktik, einer inzwischen etablierten Teildisziplin der Allgemeinen Didaktik, spielt die Frage der Medienklassifikation eine gewisse Rolle. Für den Praktiker ist die Frage, ,,welche Medien gibt es, und wie lassen sich sich einteilen, ordnen und gliedern?'' wichtiger als die nach einer stimmigen Systematik (= Medientaxonomie). Ein verbreitetes Schema, nach welchem die nichtpersonalen Medien systematisch geordnet werden könnten, ist z.B. das auf S. 146 oben abgedruckte.

Eine einfachere Übersicht über die derzeit verfügbaren unterrichtlichen Medien bietet die folgende:

1. Gruppe: Bücher und Zeitungen
2. Gruppe: Lehr- und Lernmaterialien
3. Gruppe: Reale Gegenstände
4. Gruppe: Audio-visuelle Medien

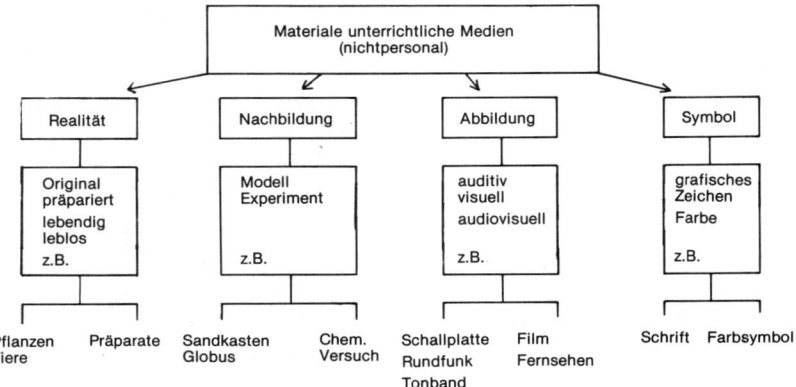

Innerhalb dieses breiten Angebots der vier Gruppen spielen in der beruflichen Aus- und Weiterbildung vor allem die folgenden sechzehn eine herausragende Rolle:

Bücher und Zeitungen
1. Fach-, Sach-, Lehrbücher
2. Gesetzestexte und Kommentare
3. Unterrichtsprogramme in Heft- oder Buchform
4. Tageszeitungen, Fachzeitschriften usw.

Lehr- und Lernmaterialien
5. Plakate, Tafelbilder, Pin-Karten, Wandbilder
6. Overhead-Folien (Arbeitsfolien)
7. Arbeitsblätter, -anweisungen, -hilfen
8. Arbeitunterlagen, Manuskripte

Reale Gegenstände
9. Formulare, Erlasse
10. Akten, Aktenstücke
11. Arbeitsgeräte, -materialien
12. Arbeitsvorgänge, Fälle, Arbeitsprozesse

Audio-visuelle Medien

13. Overhead-Projektion (Arbeitsprojektor, OH-P.)
14. Film-Projektion
15. Video-Tapes (Fernseh-Aufzeichnungen, Mitschnitte)
16. Dia-Projektion

Es ist im vorliegenden Rahmen nicht möglich auf Einzelaspekte dieses breiten Repertoires näher einzugehen. Stattdessen soll hier ein zentraler Grundgedanke zusammenfassend artikuliert werden:

Didaktisch optimaler Unterricht verlangt vom Dozenten eine Art „Dramaturgie des Unterrichts" (Hausmann), bei der die *Strukturierung des Unterrichts* eine zentrale Rolle spielt. Als didaktische Strukturierung ist diese verwiesen auf eine überlegte Verwendung der verfügbaren unterrichtlichen Medien, die entweder als
a) Instruktionshilfen oder als
b) Arbeitshilfen
eingesetzt werden können.

In der Funktion als Instruktionshilfen dienen unterrichtliche Hilfsmittel *vor allem* dem Lernprozess im engeren Sinne. Sie steigern das Verständnis und das Behalten.

In der Funktion als Arbeitshilfen dienen unterrichtliche Hilfsmittel *vor allem* dem sozialen Aspekt des Lernens. Sie helfen den Teilnehmern, allein, ohne direkten Zugriff des Dozenten, zu arbeiten.

Frage/Aufgabe:
Welche der genannten sechzehn unterrichtlichen Hilfsmittel läßt sich von vornherein eher als
— Instruktionshilfe, welche als
— Arbeitshilfe
erkennen?
Fertigen Sie eine entsprechende Liste!

4. Die Konstruktion der vermuteten Lernphasen

Vermutete Lernphasen — auch Artikulationsstufen genannt — bilden den didaktischen Kerngedanken des Problems Unterrichtsstrukturierung. Wie bereits angedeutet, wurde diese Frage auch historisch zum Ausgangspunkt der Herbartschen Formalstufen-Theorie, die im gesamten 19. Jahrhundert die deutsche Unterrichtslehre bestimmte, dabei aber zu einem Formalismus erstarrte. Seit der Reformpädagogik am Beginn und im ersten Drittel unseres Jahrhunderts sind die Dinge jedoch wieder in Bewegung geraten; man bemüht sich heute um eine flexible, abwechslungsreiche Ausgestaltung des Unterrichts, bei dem jeder Formalismus vermieden wird.

Entsprechend breit ist dementsprechend die Terminologie zum vorliegenden Sachverhalt geworden: Man spricht heute von
— Unterrichtsstufen, Lehrstufen
— Lernstufen, Lernschritten
— Aneignungsstufen, -schritten
— Stufen, Phasen, Etappen, Situationen, Momenten, Ereignissen im Unterricht.

Analog zum natürlichen Lernen in realen Lebenssituationen, geht auch das „künstliche", geplante, institutionell gestützte Lernen in Unterrichtsprozessen nach gewissen Schritten, d.h. in einem bestimmten Aneignungsprozeß vor sich.

Beispiel:
Zuerst wird ein spezielles Interesse geweckt (= Phase der Motivation), *sodann* werden Informationen dargeboten (= Phase der Darbietung), *drittens* wird ein Problem aufgeworfen (= Phase der Problemanalyse), *viertens* wird eine Lösung erarbeitet (= Phase der Erarbeitung) und schließlich *fünftens* werden die gewonnenen Erkenntnisse auf einen anderen Bereich übertragen und dort angewendet (Stufe des Transfer).

Damit ist klar, daß die Strukturierung des Unterrichts nach einem derartigen Artikulationsschema den Unterrichtsprozeß nach den vermuteten Lernphasen der Schüler gliedert. Für einen qualifizierten Unterricht ist wichtig, daß den Teilnehmern dieser Prozeß in seinen einzelnen Phasen ständig verdeutlicht wird. Der Vorteil für die Teilnehmer ist:

Sie gewinnen damit nicht nur einen Einblick in den Lernverlauf, sondern erarbeiten sich ansatzweise die Kompetenz zu eigenverantwortlicher Lernplanung (→ Lerntechniken im Selbststudium).

Heute gebräuchliche Bezeichnungen für die wichtigsten Lernphasen sind:

a
— Motivation (Entfaltung von Neugier, Interesse)
— Darbietung (rezeptive Informationsaufnahme)
— Beobachtung, Anschauung, Versuch

b
— Erarbeitung (aktive, relativ eigenständige geistige Arbeit)
— Problemanalyse, Besinnung (Dozenten- oder Teilnehmerzentriert)

c
— Wiederholung, Übung, Ergebnissicherung
— Transfer (= Übertragung/geistige Anwendung)

Diese mit a — c gekennzeichneten vermuteten Lernphasen lassen sich um *drei Grundakte* des Unterrichts herum gruppieren:

a) Akte der Erschließung des Neuen — Anfangssituation —
b) Akte der geistigen Er- und Verarbeitung — Mittelsituation —
c) Akte der Sicherung und Anwendung — Schlußsituation —

Wichtig bei der Unterrichtskonstruktion ist, daß der Dozent zwei grundlegende Arten von Tätigkeiten sich ständig abwechseln läßt:

A — tendentiell eher rezeptive, nachvollziehend-aufnehmende Tätigkeiten
      (= ,,Einatmen'') und

B — tendentiell eher expressive, eigenständig-gestalterische Tätigkeiten
      (= ,,Ausatmen'').

Beispiele für A: Lesen, Zuhören, Zuschauen

Beispiele für B: Sprechen, Selbermachen/Ausprobieren, Spielen

Diese beiden grundlegenden Tätigkeiten des ,,Ein-'' und ,,Ausatmens'' — beide können übrigens aktiv (!) bewältigt werden, wenn auch das ,,Einatmen'' immer in Gefahr ist, den Teilnehmer zu lähmen! — können in allen drei genannten Grundakten des Unterrichts vorkommen: Bei der Erschließung, bei der Verarbeitung, bei der Sicherung.

5. Das Lerngerüst und der Stundenschluß (= Ein-/Ausstieg)

Es gibt eindeutige Hinweise aus der Lernforschung dafür, daß Teilnehmer dann leichter lernen, wenn am Beginn eines Unterrichts der Rahmen vorgestellt, erläutert und erklärt wird, in den das jeweilige Lernvorhaben hineingestellt ist. In diesem Zusammenhang lassen sich *Sinnfragen* behandeln, *Bezüge* entfalten und eine Art *Übersicht* schaffen, so daß der nachfolgende Unterricht eine Basis hat, auf die er aufbauen kann.

Die Entwicklung eines Lerngerüstes oder -rahmens sollte möglichst nicht bloß verbal geschehen, sondern ihren Niederschlag in einer visuellen Repräsentation finden, die *während des ganzen Unterrichts* (!!) optisch angeboten wird, damit eine jederzeitige Orientierung möglich ist. Jedes Lerngerüst sollte daher zwei Komponenten umfassen:

a) — Zeichnung, Schema, Modell, Diagramm etc.
   (für Orientierung, Beziehungen, Sinnerhellung etc.)

b) — Gliederung des unterrichtlichen Vorgehens
   (Aufweis der Lernschritte)

Steht die Entwicklung, Präsentation und Erörterung des *Lerngerüstes* am Beginn eines Unterrichts oder einer Unterrichtseinheit bzw. Lehrgangs (bestehend aus mehreren Unterrichtsstunden), so bildet der Stundenschluß meist als Ergebnissicherung, als *Lernertragssicherung*, als Wiederholung, den Schlußpunkt des Unterrichtsgeschehens.

Man sollte *geschlossene* von *offenen* Lernergebnissen unterscheiden. Endet z.B. die eine Unterrichtsstunde mit einer umfassenden Lösung für ein zuvor gestelltes Problem (= geschlossenes Ergebnis), so kann ein anderer Unterricht gerade mit der Formulierung eines Problems, einer unentscheidbaren Frage oder einer Auflistung zu machender Einwände enden (= offenes Lernergebnis). In der Regel dürften geschlossene Lernergebnisse öfter in naturwissenschaftlich-technischen und juristischen, offene Lernergebnisse dagegen eher in geistes- und sozialwissenschaftlichen Lernfeldern vorkommen.

Für den vorliegenden Zusammenhang ist nun wichtig, daß
— Lerngerüst (Einstieg) als *Vorphase* und
— Stundenschluß (Ausstieg) als *Nachphase*
substantielle Bestandteile einer lerngerechten Strukturierung des Unterrichtsgeschehens sind. Damit ist deutlich, daß *didaktische Strukturierung* — unter bewußter Zurückdrängung der „übermächtigen" Ziel- und Inhaltsdimension folgende Komponenten zu beachten hat:

Vorphase: Lerngerüst (Einstieg)	
Hauptphase:	
1. Ziele und Inhalte	4. Vermutete Lernphasen
2. Lehr- und Sozialformen	(Artikulationsstufen)
3. Unterrichtliche Hilfsmittel	5. Zeitgestaltung
Nachphase: Stundenschluß (Ausstieg)	

In diesem Sinne wäre eine Unterrichtseinheit (= Stunde, Doppelstunde) als aus mehreren Sequenzen/Phasen zusammengesetzt zu denken, in denen jeweils ein spezifisches Medium als Träger einer bestimmten Lehr- und Sozialform fungiert mit dem Ziel, eine bestimmte, zeitlich begrenzte Artikulationsstufe (= vermutete Lernphase) mit abwechselnd rezeptivem (= Einatmen) und expressivem (= Ausatmen) Tätigsein der Teilnehmer zu realisieren.

6. Die Zeitgestaltung (= Zeitplanung)

Viele Unterrichtsverläufe — das zeigt die didaktische Forschung sehr deutlich — leiden regelrecht unter einer unzulänglichen zeitlichen Planung. Eine zeitlich ausgewogene Unterrichtskonstruktion kann z.B. ebenso verhindert werden, wenn der Lehrer Hektik und Zeitdruck spüren läßt, wie wenn einzelne Unterrichtsphasen zu lang werden, und das Lerngeschehen als langatmig und langweilig empfunden wird. Für den Bereich des allgemeinbildenden Schulwesens konnte z.B. gezeigt werden, daß in einem Drittel aller Unterrichtsstunden die Ruhepausen, in denen die Schüler einmal unbeeinflußt vom Lehrer arbeiten können, nicht länger als 30 Sekunden dauern.

Es gibt Hinweise aus der Lernforschung dafür, daß es bei vorwiegend rezeptiven Lernformen zeitliche Belastungsgrenzen gibt, die nicht überschritten werden dürfen, wenn die Leistungsfähigkeit der Teilnehmer im wesentlichen erhalten bleiben soll. Diesbezüglich sollte gleichsam als eine Faustregel die ,,20-Min.-Grenze" eingehalten werden, was für eine 45-Min.-Unterrichtsstunde mindestens *drei* (max. 20-Min.) unterschiedliche Lernphasen erforderlich macht. Bei mitarbeitsintensiven Arbeitsformen — z.B. im Gruppenunterricht — sehen die Dinge natürlich anders aus: Hier ist die 20-Min.-Grenze in der Regel eher ein Minimum. Dabei spielt vor allem das Ausmaß der Beherrschung von Techniken der Partner- und Gruppenarbeit bei den Schülern eine große Rolle dafür, welche zeitlichen Vorgaben vom Lehrer zu machen sind. Je nach Arbeitsauftrag können aber 15-20-Min.-Phasen durchaus auch vorkommen.

Eine gute Faustregel
Dozenten-zentrierte, rezeptive Unterrichsphasen (= Einatmen)
→ höchstens 20-Min.-Dauer
Teilnehmer-zentrierte, expressive Unterrichtsphasen (= Ausatmen)
→ mindestens 20-Min.-Dauer

---

7. Drei Gründe für das Strukturierungskonzept

Die *Begründung* für ein solches didaktisches Konzept kann auf mehreren Ebenen erfolgen:

● *Lernpsychologisch* steht außer Frage, daß ein gut strukturierter Unterricht mit mehreren kürzeren Lernphasen, einem Wechsel der Lehr- und Sozialformen sowie einem intensiven unterrichtlichen Medieneinsatz die *Lernintensität* erheblich zu steigern vermag:
— Erhöhung der Lernmotivation
— Steigerung der Eigenaktivität
— Verbesserung des Lernverständnisses
— Steigerung der Behaltensleistungen.

● *Sozialpsychologisch* sind ebenfalls positive Wirkungen zu verzeichnen:
— Verbesserung des allgemeinen Unterrichtsklimas
— Intensivierung der Kommunikation und Interaktion zwischen Lehrern und Schülern sowie zwischen Schülern und Schülern
— Vermehrung der sozialen Verstärkungen und Erhöhung der Eigenständigkeit der Teilnehmer.

● *Arbeitspsychologisch* wäre mit Blick auf die Berufsausübung des Dozenten von einer Verschiebung der Belastung zu sprechen:
— Erhöhung der außerunterrichtlichen Vorbereitungs- und Planungsarbeiten zugunsten einer Reduzierung der Streß-Belastungen *im* Unterricht.

Eine weitere positive Konsequenz besteht in der
— Steigerung der beruflichen Kompetenz und damit der Berufszufriedenheit des Lehrenden, was wiederum eine
— Verbesserung seiner psycho-physischen Gesamtverfassung zur Folge hat.

8. Die Verlaufsgestalt einer strukturierten Unterrichtseinheit

Der zuletzt formulierte Sachverhalt läßt sich graphisch folgendermaßen zusammenfassen:

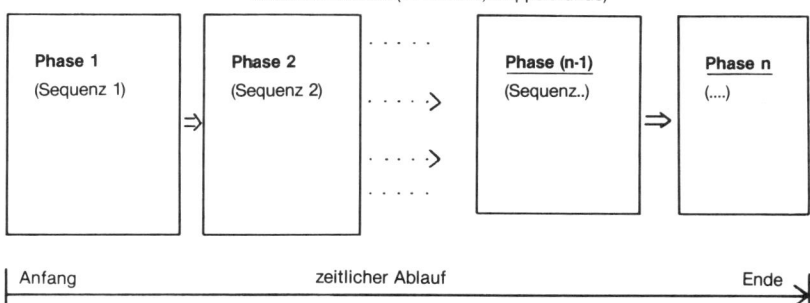

Hierbei sind bei jeder *Phase* mindestens die folgenden Ebenen bzw. Komponenten zu unterscheiden:

Das Medium trägt: ...	A: M	= Medium
	B: LS	= Lehr- und Sozialform
Die LS realisiert: ...	C: vLph	= vermutete Lernphase oder Artikulationsstufe
Jede Phase hat eine bestimmte Dauer: ...	D: t	= Zeitplanung
Zu berücksichtigen sind die hier bewußt zurückgedrängten Komponenten:	LZ	= Lernziel
	I	= Inhalt

Zu bedenken ist ferner, daß am Beginn einer Unterrichtseinheit der Lernrahmen stehen sollte und am Ende die Ergebnissicherung, das Lernergebnis: Im folgenden allgemeinen Schema einer strukturierten Unterrichtseinheit ist dieser Umstand dadurch dargestellt, daß die erste Phase, in der der Lernrahmen vorgestellt wird, als Vor-Phase bezeichnet wird und die letzte Phase, in der das Lernergebnis abgesichert wird, als Nach-Phase bezeichnet wird.

Allgemeines Schema einer Unterrichtseinheit

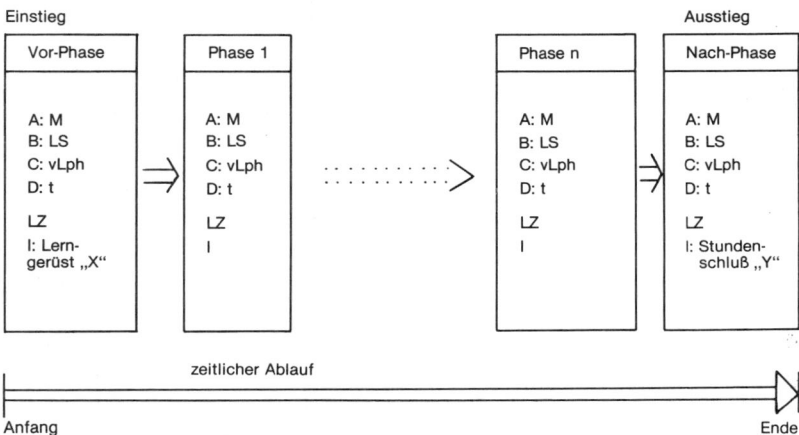

Für eine lernpsychologisch günstige Wirkung sorgt überdies ein entsprechend abwechslungsreiches Tätigsein der Schüler *im* Rahmen der vermuteten Lernphasen. Es lassen sich grundsätzlich unterscheiden:
— mehr *produktive* Tätigkeiten: sprechen, schöpferisches malen und zeichnen, werken, eigenständiges schreiben etc.
— mehr *rezeptive* Tätigkeiten: zuhören, lesen, zuschauen, abmalen und abzeichnen, abschreiben, nachmachen etc.

Wie die Atmung des Menschen aus dem Ein- und Ausatmen besteht, so sollte auch ein Unterrichtsverlauf für einen richtigen Wechsel von „Einatmen" (= rezeptives Tun) und „Ausatmen" (produktives Tun) in den Lernphasen sorgen.

Beispiel:

1. Etwas anschauen: z.B. einen Film („einatmen")
2. Darüber in der Gruppe diskutieren („ausatmen")
3. Darüber etwas lesen („einatmen")
4. etc.

Entsprechend könnte ein Beispiel für eine konkrete Unterrichtseinheit folgendermaßen aussehen:

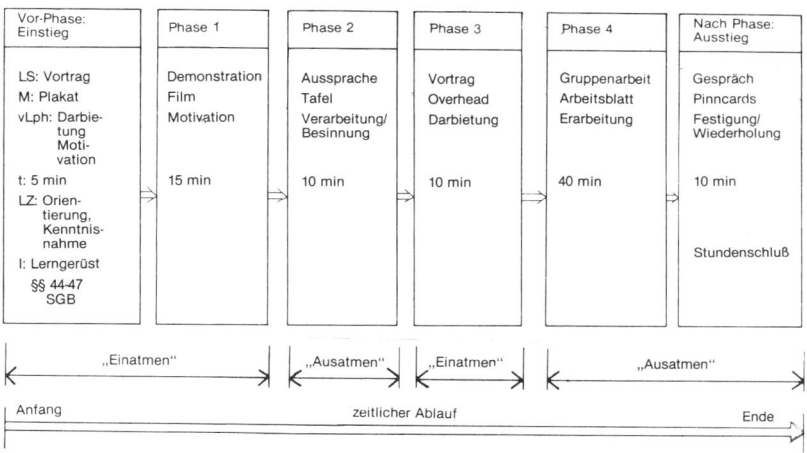

Vor-Phase: Einstieg	Phase 1	Phase 2	Phase 3	Phase 4	Nach Phase: Ausstieg
LS: Vortrag	Demonstration	Aussprache	Vortrag	Gruppenarbeit	Gespräch
M: Plakat	Film	Tafel	Overhead	Arbeitsblatt	Pinncards
vLph: Darbietung Motivation	Motivation	Verarbeitung/ Besinnung	Darbietung	Erarbeitung	Festigung/ Wiederholung
t: 5 min	15 min	10 min	10 min	40 min	10 min
LZ: Orientierung, Kenntnisnahme					
I: Lerngerüst §§ 44-47 SGB					Stundenschluß

„Einatmen" ⟶ „Ausatmen" „Einatmen" „Ausatmen"

Anfang — zeitlicher Ablauf — Ende

Schluß: Der Werkcharakter der Unterrichtskonstruktion

Über Unterricht und seinen Prozeßcharakter ist in der didaktischen Literatur viel nachgedacht und geschrieben worden. Dabei wurde der Kommunikations- und Interaktionscharakter, die Konfliktsproblematik, die Frage des Unvorhersehbaren, der „unsteten" Formen usw. stark in den Vordergrund gerückt. Zwar wird mit diesen Aspekten unbestreitbar Richtiges in den Blick genommen — wer wollte z.B. bestreiten, daß im Unterricht kommuniziert und interagiert (= gemeinsam gehandelt) wird, daß dabei Konflikte zu bewältigen sind usw. —, die bezeichnete Optik steht aber ständig in Gefahr, die reale Verlaufsgestalt des Unterrichts aus den Augen zu verlieren, auf der als Basis erst kommuniziert, gehandelt, gelernt, gedacht und Konflikte bewältigt werden können.

155

Diese reale Verlaufsgestalt ist herstellbar, wird vom Dozenten konstruiert, realisiert, überprüft und verbessert. Man sollte darauf achten, daß das oft modische Gerede über die Kommunikations- und Interaktionsaspekte von Unterricht sich nicht wie ein Nebel oder Grauschleier vor diesen Tatbestand einer gewissermaßen handwerklich herzustellenden Strukturierung des Unterrichts legt. Unterricht als herzustellendes Gebilde, in dem Menschen sich austauschen, lernen, miteinander umgehen usw., bestimmt wesentlich mit, auf welche Weise sich diese innere Eigendynamik entfaltet.

Daher ist es genau dieser Rahmen, der zunächst einmal die Aufmerksamkeit jedes Didaktikers auf sich ziehen sollte:

Unterrichten kann in diesem Sinne zweifellos ganz handfest erlernt werden. Wer hier nicht eine solide Basis legt, dem hilft ein bloßes Kommunikations- und Interaktionsgerede auch nicht weiter.

Gerade der angehende Dozent wird in einer soliden Unterrichtsstruktur jene Stütze finden, die es ihm ermöglicht, mit den Teilnehmern befriedigende Sozialbeziehungen zu entwickeln. Eine auch für die Teilnehmer überschaubare Verlaufsgestalt erleichtert nicht nur das unterrichtliche Lernen, sie schafft — besonders für den Anfänger-Dozenten — Sicherheit und legt die Basis für die spätere Zufriedenheit im Beruf.

Literatur

1. Vogel, A.: Artikulation des Unterrichts, Ravensburg 1975/4.
2. Schmidt, W. (Hrsg.): Unterrichtsgestaltung, Münschen, Wien, Baltimore 1978.
3. Grell, J. und M.: Unterrichtsrezepte, München, Wien, Baltimore 1981.

3. Materialien:
Die Konstruktion von Lernzielen

1. Lernziele — warum?

Die Konstruktion von Lernzielen fügt sich — grob gesprochen planerisch ein zwischen

— die Abgrenzung von Inhalten und die thematischen Festlegungen

$\longrightarrow$ | Konstruktion von Lernzielen | $\longleftarrow$

— und den didaktisch-methodischen Entscheidungen (= primär der Strukturierung des Unterrichts)

Die Frage ist: Wozu brauchen wir zwischen dem Thema und der Unterrichtssequenz das Lernziel? Wozu brauchen wir überhaupt Lernziele?

U' folge

Wir wollen uns das mit folgender Überlegung klarmachen: Jeder zu lehrende Sachverhalt hat eine vom Lehr-/Lernzusammenhang unabhängige fachlich-logische Struktur. Soll sie in vollem Umfang gelehrt werden? Wohl schwerlich, denn oft zeigt ein Blick auf den Sachverhalt, daß es gänzlich unmöglich ist, ihn mit Anspruch auf Vollständigkeit zu lehren. Denken wir daher „andersherum": Berufliche Weiterbildung bezieht sich auf ein von einem Verwendungszusammenhang, einer *Verwendungssituation*, sich herleitenden Lernbedürfnis/Lernerfordernis. Es soll ja gar nicht alles über die Sache gelernt werden, sondern das, was für die Bewältigung der Verwendungssituation (= Arbeitsplatzsituation) im *Funktionsfeld* wirklich erforderlich ist.

Diese Bezogenheit des Lernfeldes auf ein Funktionsfeld macht die Konstruktion von Lernzielen erforderlich. Denn diese sagen uns, was konkret die Teilnehmer unter Bezug auf ihre beruflichen Aufgaben am Ende des Unterrichts wissen, können und beherrschen sollen. Die wesentlichen Kriterien dafür gewinnt der Dozent aus der Analyse von Verwendungssituationen des Funktionsfeldes, nicht jedoch aus einer wie immer gearteten wissenschaftlichen oder fachlichen Systematik.

2. Lernziele — behavioristischer Hintergrund

Die Einführung des Lernzielgedankens in die Didaktik erfolgte auf der Basis des amerikanischen Behaviorismus etwa seit 1965, dem Erscheinungsdatum des Buches von R.F. Mager: Lernziele und Programmierter Unterricht. Weinheim 1965. Damit war eine einseitige Entscheidung in dem Sinne gefallen, daß als Lernziele nur solche Zielangaben akzeptiert wurden, die in Kategorien *beobachtbaren Verhaltens* beschrieben werden konnten.

Dagegen warnt Scholz (1981, S. 421): „Macht man Lernzieloperationalisierung zum didaktischen Fetisch, dann besteht die Gefahr, daß nur noch das gelehrt wird, was operationalisiert werden kann." Trotz dieser Schwierigkeit hat die bisherige Lernzieldiskussion etwas Positives bewirkt: Die allgemein akzeptierte Übereinkunft, daß alle Bildungsbereiche — einschließlich Aus- und Weiterbildung — für geplante Unterrichtsprozesse genauere Lernzielangaben benötigen. Ferner ist positiv zu bewerten, daß allgemein eine größere Klarheit herrscht hinsichtlich

a) der Notwendigkeit, verschiedene psychische Lernbereiche zu unterscheiden,
b) der Erkenntnis der Möglichkeit, verschiedene Ebenen (Grade der Allgemeinheit) bei der Lernzielformulierung wählen zu können,
c) der Erkenntnis der Möglichkeit, verschiedene Intensitätsstufen bei der Lernzielformulierung zu berücksichtigen.

Zusammenfassend lassen sich die folgenden vier Schlußfolgerungen ziehen:

1. Lernziele sind für alle Unterrichtsplanungen erforderlich.
2. Diese sind präzise unterscheidbar für verschiedene psychische Lernbereiche zu formulieren.
3. Lernziele sind in verschiedenen Graden der Allgemeinheit zu formulieren.
4. Lernziele sind gemäß verschiedener möglicher Intensitätsstufen zu präzisieren.

Die weiter oben genannte behavioristische Basis der Lernzielfrage ist bis heute umstritten, weshalb zur Zeit, von dieser kritischen Seite (z.B. Klafki), mit Nachdruck an einer Reformulierung der Lernzielfrage gearbeitet wird.

3. Lernziele — Bereiche, Stufung, Intensität

Im folgenden zu diesen Feststellungen einige Hinweise und Materialien:

Zu 1.
Daß sich diese Feststellung unbestritten auch auf den Bereich der Weiterbildung bezieht, wurde angemerkt.

Zu 2.
Eingebürgert hat sich in bezug auf die Unterscheidung verschiedener psychischer Lernbereiche die folgende Dreiteilung:

---

1. Erkenntnis-Dimension: „Kognitive Lernziele"
2. Gefühls-/Werte-Dimension:
   „sozial-emotionale (= affektive) Lernziele"
3. Handlungs-/Verhaltens-Dimension:
   „psychomotorische Lernziele"

Von verschiedenen Autoren wird vorgeschlagen, eine vierte Dimension hinzu-
zufügen, die freilich noch nicht ausgearbeitet ist:

4. Antriebs-/Willens-Dimension:
   „pragmatisch-dynamische Lernziele"

Zu 3.
Lernziele verschiedener Abstraktions-/Allgemeinheitsgrade zu unterschei-
den, hat sich unter den folgenden Begriffen eingebürgert. Bezogen auf
Weiterbildung besagen sie:

— *Richtziele:* Lernziele für bildungspolitische Intentionen
  allgemeiner Art,
— *Groblernziele:* Lernziele zur Planung spezifischer Fortbildungs-
  maßnahmen,
— *Feinlernziele:* Lernziele für einzelne unterrichtliche Abschnitte
  (Lehr-/Lernsequenzen).

Anzumerken ist also, daß die *Feinlernziele* die *Groblernziele* spezifizieren,
präzisieren und operationalisieren, während die letzteren ihrerseits die *Richt-*
ziele inhaltlich konkretisieren.

Zu 4.
Hinsichtlich der verschiedenen Intesitätsstufen von Lernzielen — Problem
der Taxonomisierung von Lernzielen — gibt es für den Bereich der Weiterbildung spezielle Erfordernisse. Zunächst: Das bei weitem bekannteste Schema
für die Dimension *kognitiver Lernziele,* das von Bloom u. a. entwickelt
wurde, bezieht sich vor allem auf den schulischen Bereich. Es lautet:
1.00 Wissen
   1.10 Wissen von konkreten Einzelheiten
   1.20 Wissen der Wege und Mittel, mit konkreten Einzelheiten zu arbei-
        ten
   1.30 Wissen von Verallgemeinerungen und Abstraktionen eines Fachge-
        bietes

Überprüfung des Wissens und Beispiele
1.10 Wissen von konkreten Einzelheiten
1.20 Wissen der Wege und Mittel, mit konkreten Einzelheiten zu arbeiten
1.30 Wissen von Verallgemeinerungen und Abstraktionen eines Fachgebietes

2.00 Verstehen
2.10 Übersetzen
2.20 Interpretieren
2.30 Extrapolieren

Überprüfung des Verstehens und Beispiele
2.10 Übersetzen
2.20 Interpretieren
2.30 Extrapolieren

3.00 Anwendung
Die erzieherischen Implikationen von Lernzielen der Kategorie Anwendung

Überprüfung der Anwendung und Beispiele

4.00 Analyse
4.10 Analyse von Elementen
4.20 Analyse von Beziehungen
4.30 Analyse von ordnenden Prinzipien

Überprüfung der Analyse und Beispiele
4.10 Analyse von Elementen
4.20 Analyse von Beziehungen
4.30 Analyse von ordnenden Prinzipien

5.00 Synthese
5.10 Herstellen einer einzigartigen Nachricht
5.20 Entwerfen eines Plans für bestimmte Handlungen
5.30 Ableiten einer Folge abstrakter Beziehungen

Überprüfung der Synthese und Beispiele
5.10 Herstellen einer einzigartigen Nachricht
5.20 Entwerfen eines Plans für bestimmte Handlungen
5.30 Ableiten einer Folge abstrakter Beziehungen

6.00 Evaluation
    6.10 Urteilen aufgrund innerer Evidenz
    6.20 Urteilen aufgrund äußerer Kriterien

    Überprüfung der Evaluation und Beispiele
    6.10 Urteilen aufgrund innerer Evidenz
    6.20 Urteilen aufgrund äußerer Kriterien

Zu diesem Schema stellt Voelkner (1980, S. 40) zu Recht folgendes fest: „Den andragogischen (das Lernen Erwachsener betreffend. A.d.V.) und systembedarfsorientierten Anforderungen des quartären Bildungsbereiches (der Fort- und Weiterbildung. A.d.V) genügen die von Bloom ausgewiesenen 6 Stufen der Lernintensität... nur mit Einschränkungen...''

Der Autor schlägt deshalb eine reduzierte *dreischrittige Lernzielstufung* für den Bereich der Fortbildung vor:
1. Stufe: Kennen und Verstehen
2. Stufe: Anwenden und Umsetzen
3. Stufe: Analysieren und Beurteilen

Die entsprechende Tafel sieht denn im einzelnen folgendermaßen aus:

Beispiel:

„1. Die Phasenstruktur des Führungsprozesses:
Kennen und Verstehen
1.1 Die einzelnen Phasen des Führungsprozesses kennen, sie gegeneinander abgrenzen und erläutern können.
1.2 Den Prozeßverlauf kennen und einschließlich der Phänomene der Vor- und Rückkoppelung eindeutig und anschaulich erläutern können.

Beispiele für Lernzielkontrolle
1. Der Teilnehmer kann in ein Blanko-Schema der Phasenstruktur ohne Hilfsmittel in 2 Minuten aus einer Liste von alphabetisch geordneten Phasenbezeichnungen sämtliche Begriffe fehlerfrei eintragen.

2. Der Teilnehmer kann anhand des Schaubildes den Mitgliedern seiner Lerngruppe die Phasenstruktur für die Führungsfunktionen in einem zehnminütigen Vortrag anschaulich und fehlerfrei erläutern. Er kann auf zusätzliche Verständnisfragen eindeutige und richtige Antworten geben.

3. Der Teilnehmer kann das Schaubild der Phasenstruktur ohne Hilfsmittel in 10 Minuten fehlerfrei zeichnen.

2. Die Phasenstruktur des Führungsprozesses:
Anwenden und Umsetzen können

2.1 Das Modell der Phasenstruktur bei der Lösung einiger beispielhafter (simulierter) Führungsaufgaben anwenden können.

2.2 Das Modell der Phasenstruktur vom Anwendungsbereich beispielhafter (simulierter) Führungsaufgaben auf Anwendungsbereiche am eigenen Arbeitsplatz umsetzen können.

Beispiel für Lernzielkontrolle

1. Der Teilnehmer kann anhand eines selbst entwickelten Beispiels die Anwendung des Strukturmodells in einem Vortrag von 15 Minuten unter schrittweiser Visualisierung des Schaubildes fehlerfrei vor den Mitgliedern seiner Lerngruppe erläutern.

2. Der Teilnehmer kann nach Rückkehr an seinen Arbeitsplatz Vorgesetzten, Kollegen oder Mitarbeitern unter gelegentlicher Zuhilfenahme seiner Seminarunterlagen konkrete und realisierbare Vorschläge für die Anwendung des Strukturmodells bei der Lösung akuter oder künftiger Führungsaufgaben machen.

3. Die Phasenstruktur des Führungsprozesses:
Analysieren und Beurteilen können

3.1 Das Modell der Phasenstruktur im Hinblick auf seine Ablauflogik und auf die Relevanz seiner Phasenelemente sachverständig analysieren und kritisch diskutieren können.

3.2 Die Vor- und Nachteile dieses Modells der Phasenstruktur im Vergleich zu anderen bekannten oder denkbaren Modellen sachverständig entwickeln können. Die Anwendbarkeit dieses Modells zur Sichtbarmachung von Prozeßverläufen in anderen Bereichen kritisch prüfen können.

Beispiele für Lernzielkontrolle

1. Der Teilnehmer kann vor einem Kreis von Fachleuten (im Seminar oder an seinem Arbeitsplatz) ohne Hilfsmittel in flüssigem Vortrag in 20 Minuten die 5 wichtigsten Thesen der Modellanalyse kritisch und ausführlich erläutern. Er kann zu kritischen Fragen sachverständig Stellung nehmen.

2. Der Teilnehmer kann in einer schriftlichen Klausurarbeit von 2 Stunden Dauer unter Benutzung vorgegebener Schaubilder zweier anderer Strukturmodelle Unterschiede und Gemeinsamkeiten sowie Vor- und Nachteile des gelernten Phasenstrukturmodells im Vergleich zu den beiden anderen schlüssig und verständlich erläutern.

3. Der Teilnehmer kann in 20 Minuten fehlerfrei vor einem sachverständigen Gremium unter Benutzung eines vorgegebenen Schaubildes Phase für Phase die Anwendungsmöglichkeiten des Modells auf je einen Prozeßverlauf aus dem Bereich des Planens und des Lernens an einem Beispiel schlüssig und fehlerfrei erläutern.''

Einfacher zu handhaben, jedoch sehr viel undifferenzierter ist schließlich das sog. ,,ÜGV-Schema'':

1. Stufe: Überblickswissen (Ü)
Unter Verwendung von Hilfsmitteln allgemeine Kenntnisse wiedergeben und erläutern können.

2. Stufe: Grundkenntnisse (G)
Strukturzusammenhänge (einschließlich relevanter Einzelfakten und Beispiele) erkennen, vergleichen und begründen können.

3. Stufe: Vertiefte Kenntnisse (V)
Fähigkeit zur Anwendung und Transferleistung

Daß die Dimension ,,Erkenntnis'', also die kognitiven Lernziele in der Fortbildung im Vordergrund stehen, dürfte unmittelbar einleuchten. Gleichwohl sollen abschließend die beiden noch fehlenden Taxonomien aufgeführt werden (vgl. Bloom u.a., 1975):

a) — sozial-emotionale (= affektive) Lernziele
b) — psychomotorische Lernziele

Zu a)
1.0 Aufnehmen
1.1 Gewahrwerden
1.2 Aufnahmebereitschaft
1.3 Gesteuerte oder selegierende Aufmerksamkeit
2.0 Reagieren
2.1 Reagieren auf Grund einer Aufforderung
2.2 Bereitwilligkeit zum Reagieren
2.3 Befriedigung beim Reagieren
3.0 Werten
3.1 Akzeptieren eines Wertes
3.2 Bevorzugen eines Wertes
3.3 Gewißheit über einen Wert
4.0 Organisation
4.1 Konzeptualisierung eines Wertes
4.2 Organisation eines Wertsystems
5.0 Charakterisierung durch einen Wert oder Wertkomplex
5.1 Allgemeine Einstellung
5.2 Charakterisierung

Zu b)
(vgl. Dave, 1968, S. 231,,32)
1.0 Imitation
1.1 Imitationsimpulse
1.2 Beobachtbare Wiederholung
2.0 Manipulation
2.1 Befolgen einer Anweisung
2.2 Selektion
2.3 Festigung eines Handlungsablaufes
3.0 Präzision
3.1 Reproduzieren
3.2 Steuerung
4.0 Handlungsgliederung
4.1 Sequenz
4.2 Harmonie
5.0 Naturalisierung
5.1 Automatisierung
5.2 Interiorisierung

Literatur

Bloom, B.S. u.a.: Taxonomie von Lehrzielen im kognitiven Bereich, Weinheim/Basel 1972/4.

Dave, R.H.: Eine Taxonomie pädagogischer Ziele und ihre Beziehung zur Leistungsmessung. In: Ingenkamp, K.; Marsolek, T. (Hrsg.): Möglichkeiten und Grenzen der Testanwendung in der Schule. Weinheim/Berlin/Basel 1968. S. 225 — 237.

Krathwohl, D.R.; Bloom, B.S.; Masia, B.B.: Taxonomie von Lernzielen im affektiven Bereich. Weinheim/Basel 1975.

Scholz, G.: Lernzielorientierung — Didaktische Wende oder modischer Trend? In: Die Deutsche Schule. 73. Jg. 1981, H. 7/8, S. 415 — 422.

Stiefel, R.T.: Bestimmung der Lehrziele in der Management-Schulung. RKW-Schriftenreihe: Lernen und Leistung. Frankfurt/M. 1973.

Voelkner, J.: Lernzieltaxonomien im Vergleich. In: Jäckering, W.; Schwebbach, W.; Voelkner, J.: Lernorganisation in der dienstlichen Fortbildung. Sonderheft 6. Verwaltung u. Fortbildung. Köln/Bonn 1980. S. 33 — 48.

III. Zu den Lehr- und Sozialformen

1. Baustein:
Der Lehrvortrag

1. Die Lehr- und Sozialformen und der Lehrvortrag

Innerhalb des Gesamt der Lehr- und Sozialformen nimmt der Lehrvortrag in einem doppelten Sinne eine herausragende Stellung ein:

a) zum einen wird von vielen Didaktikern vermutet, daß der in der Unterrichtsforschung nachgewiesene hohe Sprechanteil von Lehrpersonen in Bildungsinstitutionen darauf zurückzuführen ist, daß im Unterricht *zu viele* Lehrvorträge gehalten werden,

b) zum anderen koppelt sich mit dieser Annahme eine überwiegende Ablehnung und Kritik des Lehrvortrages in der wissenschaftlichen Didaktik. Von daher hat der Lehrvortrag in der Literatur (!) keinen besonders guten Ruf.

Dem steht die interessante Gegenthese gegenüber, derzufolge der Lehrvortrag als ausgegrenzte Lehr- und Sozialform mit einer Dauer von 15 — 20 Min. und einer gut vorbereiteten medialen Unterstützung so gut wie gar nicht (!!!) in Unterrichtsprozessen zum Zuge kommt. Die These ist vielmehr — auch für die Weiterbildung — daß der hohe Sprechanteil des Lehrpersonals

— zu ~ 80% aus darstellend-entwickelnden lehrgesprächsähnlichen Vorgehensweisen und

— zu ~ 20% aus überlangem, monologisierendem ,,Dauerreden'' resultiert.

Fazit:

Dozenten reden in der Regel zwar viel — und meistens zu viel — halten aber eigentlich kaum Lehrvorträge im Sinne einer bestimmten Lehr- und Sozialform.

Das gesamte Repertoire der verfügbaren Lehr- und Sozialformen — das Lehrmethoden-Instrumentarium (Voelkner, 1979) — ist vielen Dozenten im doppelten Sinne nicht verfügbar:

a) im Sinne von ,,unbekannt'',

b) im Sinne von ,,nicht beherrscht''.

Dieses Repertoire läßt sich auf folgende Weise übersichtlich darstellen:

A. Lehr- und Sozialformen zur inneren Differenzierung/Gruppierung	
1. Einzelarbeit	2. Partnerarbeit
3. Gruppenarbeit	

B. Lehr- und Sozialformen in der undifferenzierten Großgruppe (Klasse, Seminar)	
1. Lehrvortrag	3. Lehrgespräch a) fragend-entwickelnd
2. Demonstration/Präsentation	b) darstellend-entwickelnd
4. Unterrichts-, Seminar-Gespräch (z. B. Erfahrungsaustausch)	

C. Spiel- und Übungsformen als Mischtypen	
1. Rollenspiel	2. Planspiel
3. Übungen / Simulationen	4. Diskussion / Debatte

Man erkennt aus dieser Übersicht, daß der Lehrvortrag *eine* Lehr- und Sozialform von insgesamt elf verschiedenen darstellt. Realisiert also ein Dozent das verfügbare Gesamtrepertoire, so wird sogleich einsichtig, daß der Lehrvortrag innerhalb dieses Gesamtrahmens einen legitimen Platz einnimmt, so lange er nicht die einzige oder die vorherrschende Form darstellt. Das wird auch ersichtlich, wenn man sich die Merkmale des Lehrvortrags vor Augen führt.

2. Merkmale des Lehrvortrages

Zu den verbreitetsten Lehrformen des Unterrichts gehört der Lehrvortrag. Er ist zugleich die älteste Form, die in der Lehre verwendet wird, und läßt sich bis weit in die Geschichte hinein zurückverfolgen. Vergegenwärtigt man sich das hohe Alter und die weite Verbreitung dieser Lehrform, so überrascht, wie wenig entwickelt sie in der Praxis noch ist.

So stellt denn der Lehrvortrag eine Lehr- und Sozialform dar, in welcher
a) größere Themenbereiche,
b) in geschlossener, zusammenhängender Form,
c) unter relativer psychologischer Abstimmung auf die Teilnehmer und
d) bei Verwendung didaktischer Hilfsmittel (= Medien)
behandelt werden können.

Eine pauschale Kritik am Lehrvortrag, wie sie sich in der didaktischen Literatur häufig findet, ist — wie bereits dargelegt — solange unberechtigt, als der Vortrag *nicht die einzige* oder *einseitig dominierende* Lehrform im didaktischen Repertoire (Programm) eines Dozenten darstellt.

Der Umstand, daß der Lehrvortrag eine spezifische Form der *Einbahnkommunikation* ist, in der überwiegend rezeptives Lernen die Gefahr der Passivität bei den Lernenden heraufbeschwört, muß beim Dozenten im Bewußtsein bleiben. Durch alternierenden und gleichgewichtigen Gebrauch der drei verfügbaren Arten von Lehr- und Sozialformen (= LS).
LS zur inneren Differenzierung
LS in der undifferenzierten Großgruppe
Spiel- und Übungsformen
können Schwächen und Gefahren der einen Lehrform durch Stärken und Möglichkeiten der anderen aufgefangen und ausgeglichen werden.

Im übrigen muß sich jeder Dozent beim Einsatz des Lehrvortrags selbst um eine aktivierende, interessante Präsentation bemühen. Dabei sind insgesamt die folgenden Punkte zu berücksichtigen:

— Interesse weckende Aufbereitung des Themas und der Ziele: Sinnfrage, Einbettung, Praxisbezug, Lerngerüst.
— Zeitliche Begrenzung des Lehrvortrages auf maximal 20 Minuten.
— Motivierendes Dozentenverhalten: ,,Verständlichmacher'', ,,Muntermacher'', ,,Aufwärmer'', Zuwendung und Umgang.
— Einsatz unterrichtlicher Medien zur Veranschaulichung des Themas.

Der Versuch, den Einsatz des Lehrvortrags didaktisch zu verbessern, muß sich demnach auf zwei Aspekte der Anwendung dieser Lehrform besonders konzentrieren:

1. auf den didaktischen Gebrauch der Medien (vgl. dazu den Baustein: ,,Die Verwendung von Medien im Unterricht!),
2. auf die Sprache des Dozenten (= ,,Verständlichmacher'').

3. Die Sprache des Dozenten: Die 5 ,,Verständlichmacher''

Wie in wissenschaftlichen Untersuchungen geklärt wurde, hängt die Güte schriftlicher oder mündlicher Darstellungen von Lehr- und Informationsinhalten im wesentlichen von fünf Faktoren oder Merkmalen ab, die man wissenschaftlich auch *Dimensionen* nennt:

1. Realisation des Merkmals ,,Sprechdenken'' (= freies Sprechen);
2. Dimension Einfachheit: Einfache Sätze, leicht verständliche Wörter, konkrete Darstellung;
3. Dimension Ordnung — Gliederung: Gut gegliederter, übersichtlicher Textinhalt, Folgerichtigkeit, Unterscheidung von Wesentlichem und weniger Wesentlichem, überblickende Vorausschau am Beginn des Textes, deutlich gekennzeichnete Unterabschnitte, Zusammenfassungen;
4. Dimension Kürze — Prägnanz: Beschränkung auf das Wesentliche, kurze, nicht langatmige Darstellung;
5. Dimension Anregung — Stimulans: Abwechslungsreiche und flüssige Darstellung, Verwendung von Beispielen, Bildern, Vergleichen und (auch humorvollen) Zwischenbemerkungen.

Untersuchungsbefunde über Dimensionen (nach Tausch, 1971):

,,Die nachfolgenden Befunde wurden überwiegend durch folgende Untersuchungsmethoden gewonnen:

— Neutrale Beurteilungsgruppen schätzten die meist schriftlichen Informationstexte nach verschiedenen Merkmalen ein.
— In einer Faktorenanalyse dieser Merkmale wurden die wesentlichen Dimensionen (Merkmalszusammenfassungen) ermittelt.
— Bei Schülern — Studierenden wurde das Ausmaß des Verstehens und Behaltens der Texte festgestellt.
— Die Zusammenhänge zwischen dem Ausmaß der verschiedenen Dimensionen in den Informationstexten und den Verstehens- und Behaltensleistungen der Schüler — Studierenden wurden errechnet.

Die Dimensionen Einfachheit, Ordnungs-Gliederung, Kürze-Prägnanz sowie zusätzliche Stimulierung ergaben sich in einer Untersuchung über Informations- und Lehrtexte. Lehrer und Studienreferendare der verschiedenen Schularten verfaßten für Schüler des 5./6. Schuljahres Texte von ca. einer DIN A 4-Seite über das Ausfüllen einer Zahlkarte sowie über fünf verschiedene Delikte (Raub, Diebstahl u.a. gemäß StGB). Eine Zufallsauswahl dieser schriftlichen Texte wurde Schülern der 5./6. Schuljahre vorgelegt, ferner besonders optimierende Texte von trainierten Pädagogischen Psychologen.

Ergebnis:

— Die meisten Texte der Lehrer wiesen ein geringes Ausmaß in den Dimensionen Einfachheit, Ordnung-Gliederung und Kürze-Prägnanz auf, bei entsprechend geringem Ausmaß der Verstehens- und Behaltensleistungen der Schüler, im Vergleich zu einem bedeutsam größeren Ausmaß in den Dimensionen und den Behaltensleistungen bei den optimierten Texten der Pädagogischen Psychologen.

— Sogenannte leistungsschwächere Schüler (gemäß Test und Lehrerurteil) zeigten erwartungsgemäß bei den unterschiedlichen Texten jeweils geringere Verstehens- und Behaltensleistungen als sogenannte leistungsstarke Schüler. Sie erreichten jedoch bei den optimierten Informationstexten (hohes Ausmaß in den Dimensionen) den nahezu gleichen Leistungsstand (!!) wie leistungsstarke Schüler bei Texten von mittlerer Qualität.

— Die Dimension zusätzliche Stimulierung wirkte sich bei den Texten überwiegend erst dann positiv aus, wenn ein hinreichendes Ausmaß der Dimension Ordnung-Gliederung gegeben war.

— Die Verstehens- und Behaltenswerte derjenigen Schüler, die im Anschluß an das Durchlesen des Textes eine kurzzeitige Kleingruppendiskussion geführt hatten, lagen insgesamt nur geringfügig über denen der Schüler ohne derartige Kleingruppendiskussion. Gemäß einer Detailanalyse profitierten von der Kleingruppendiskussion insbesondere die sogenannten leistungsschwächeren Schüler.

— Die Dimension Klarheit — Gliederung vs. Unklarheit — Verschwommenheit von Informationstexten (zielsichere, klare, auf das Wesentliche beschränkte Darstellung vs. Gegenteil der Merkmale) sowie die Dimension partnerzentrierte Anschaulichkeit (anregende, lebhafte, anschauliche Darstellung) hingen deutlich mit dem Ausmaß und der Qualität der Wiedergabe der Informationsinhalte durch Schüler zusammen (!). Lehrer und Studierende hatten in ca. 10 Minuten einfache Begriffe wie Inflation oder Universität sowie zeichnerische Abbildungen mündlich und zum Teil schriftlich so zu erläutern, daß Schüler der 5./6. Volksschulklassen sie möglichst optimal behalten bzw. zeichnerisch wiedergeben konnten. Die Dimension Klarheit — Gliederung erwies sich von größerer Bedeutung als die Dimension partnerzentrierte Anschaulichkeit.''

Das unter 1. genannte Merkmal *,,Sprechdenken''* (oder freies Sprechen) ist ein für den Lehrvortrag in der Fortbildung besonders wichtiges Merkmal, weil es

a) die Grundlage für eine gute *Verständlichkeit* legt: Frei gesprochene Sätze sind z.B. erheblich leichter aufzunehmen als abgelesene Sätze. Gerade Erwachsene messen aber der Verständlichkeit eine erhebliche Bedeutung bei.

b) die *Akzeptanz* des Dozenten bei den Teilnehmern erheblich verbessert: Ein freies Sprechen weist den Dozenten eher als kompetenten und qualifizierten Fachmann aus. Seine Autorität erhöht sich.

4. Folgerungen für Aus- und Fortbildung

In dem Maße, wie die Forschung detaillierte Informationen über Merkmalsausprägungen mündlicher und schriftlicher Lehr- und Informationsleistungen bereitstellt, werden die genannten Verhaltensweisen für die berufl. Weiterbildung zugänglich gemacht. Jeder Lehrende kann seine didaktischen Fähigkeiten vervollkommnen und entwickeln. Es hat den Anschein, daß dieses noch nicht mit hinlänglichem Nachdruck in allen pädagogischen Berufen und Ausbildungsgängen geschieht. Dabei bieten sich zusätzliche Hilfsmittel in den audio-visuellen Medien an. Fernsehkameras und Videorecorder halten das gezeigte Lehrverhalten fest und machen es in einem Feedback (Rückkopplung) reproduzierbar. Jeder Lehrende kann sich auf diese Weise selbst beobachten und korrigieren.

Um dies in einem ersten Zugriff zu erleichtern, erscheint es hilfreich, die folgenden Skalen bei Unterrichtsversuchen als Beobachtungsraster anzuwenden:

Schema zur Einschätzung des Ausmaßes von wesentlichen Dimensionen des Lehr- und Informationsverhaltens

Dimension Einfachheit:

2	1	0	1	2

einfach   kompliziert

Dimension Ordnung — Gliederung:

2	1	0	1	2

geordnet/gegliedert   ungeordnet/ungegliedert

Dimension Kürze — Prägnanz:

2	1	0	1	2

kurz/prägnant   langatmig/unpräzise

Dimension Anregung — Stimulans:

2	1	0	1	2

anregend/abwechslungsreich   eintönig/langweilig

Setzt man voraus, daß das Merkmal „Sprechdenken", also freies Sprechen, vom Dozenten im Unterricht realisiert wird, so kann mit Hilfe dieser Skalen nicht nur das mündliche Lehr- und Informationsverhalten von Dozenten durch verschiedene Beobachter eingeschätzt werden, es lassen sich auch schriftliche Informationsmaterialien damit beurteilen, z.B. Lehrbuchtexte. Im Anschluß an eine solche Einschätzung durch mehrere Beobachter empfiehlt sich direkt anschließend eine gemeinsame Diskussion über abweichende Einschätzungen und Möglichkeiten der Verbesserung des Lehrverhaltens in einzelnen Dimensionen. *Wichtig:* Bei solchen Diskussionen hat stets (!) der beobachtete Dozent *zuerst* das Wort zu einer *Eigenbeurteilung*, bevor die Beobachter das Wort nehmen. Es wird dadurch vermieden, daß der Übende in eine falsche Verteidigungshaltung hineingedrängt wird, die den Übungseffekt zunichte macht.

5. Übungsaufgaben

> **1. Bitte schätzen Sie den nachfolgenden Text entsprechend dem obigen Schema nach der Dimension Einfachheit ein!**

§ 57 StVZO (Alte Fassung)

„Die Anzeige der Geschwindigkeitsmesser darf vom Sollwert abweichen in den letzten beiden Dritteln des Anzeigebereiches — jedoch mindestens von der 50 km/st-Anzeige ab, wenn die letzten beiden Drittel des Anzeigebereiches oberhalb der 50 km/st-Grenze liegen — 0 bis + 7 vom Hundert des Skalenendwertes; bei Geschwindigkeiten von 20 km/st und darüber darf die Anzeige den Sollwert nicht unterschreiten."

2	1	0	1	2

Einfachheit

einfache Darstellung
kurze, einfache Sätze
geläufige Wörter
Fachwörter erklärt
konkret
anschaulich

Kompliziertheit

komplizierte Darstell.
lange, verschachtelte Sätze
ungeläufige Wörter
Fachwörter nicht erklärt
abstrakt
unanschaulich

---

2. Bitte schätzen Sie den nachfolgenden Text entsprechend dem obigen Schema nach der Dimension Kürze — Prägnanz ein! Jeder numerierte Textteil erhält eine eigene Wertung!

„Drei Verbrechen

2.1 Wenn jemand eine fremde Sache unerlaubterweise und heimlich an sich nimmt, um sie für sich zu behalten, so begeht er einen Diebstahl. Das ist rechtswidrig und strafbar.

2.2 Eine zweite Art der Aneignung fremden Eigentums ist der Raub: Hier wendet der Verbrecher Gewalt an, um in den Besitz der fremden Sache zu kommen, oder er bedroht einen anderen Menschen so, daß dieser Gefahr für Leib und Leben befürchten muß, und eignet sich dann, wenn der Überfallene oder Bedrohte sich nicht wehrt, dessen Eigentum an.

2.3 Wenn jemand weiß, daß bestimmte Sachen gestohlen oder geraubt sind, oder wenn man den starken Verdacht hat, daß es so ist, muß man dieses der Polizei melden. Wenn man aber als Person, die an Diebstahl oder Raub nicht beteiligt war, Gegenstände, die widerrechtlich entwendet wurden, versteckt, kauft, an sich nimmt, oder mithilft, sie an andere zu verkaufen, wird man als „Hehler" wegen Hehlerei bestraft."

2	1	0	1	2

Kürze
Prägnanz

knappe Darstellung
aufs Wesentliche beschränkt
zielorientiert
gedrängt: jedes Wort ist notwendig

Langatmigkeit
Fehlende Präzision

weitschweifige Darstellung
viel Unwesentliches
abschweifend
breit: vieles hätte wegfallen können

3. Bitte schätzen Sie den nachfolgenden Text entsprechend dem obigen Schema nach der Dimension Ordnung — Gliederung ein!

§ 57 StVZO (Neue Fassung)

„Um wieviel Prozent darf eine Tachometeranzeige von der tatsächlichen gefahrenen Geschwindigkeit abweichen?

1. Für den Bereich von 0 bis 20 km/st bestehen keine Vorschriften.
2. Ab 20 km/st darf der Tachometer nicht weniger anzeigen.
3. Für Tachometer, deren Skala bis 150 km/st reicht, gilt: Sie dürfen in den beiden letzten Dritteln des Anzeigebereiches höchstens 7% ihres Skalenendwertes mehr anzeigen.

Beispiel:

Ein Tachometer reicht bis 120 km/st. Von 40 bis 120 km/st darf er höchstens 7% von 120 km/st (= 8,4 km/st) zuviel anzeigen.

4. Wenn der Tachometer über 150 km/st reicht, beginnt die 7% — Regelung schon ab 50 km/st."

2	1	0	1	2

Ordnung	*Ungegliedertheit*
Gliederung	*Zusammenhanglosigkeit*
gegliedert	ungegliedert
folgerichtig	zusammenhanglos, wirr
übersichtlich	unübersichtlich
gute Unterscheidung von Wesentlichem und Unwesentlichem	schlechte Unterscheidung von Wesentlichem und Unwesentlichem
der rote Faden bleibt sichtbar	man verliert oft den roten Faden
alles kommt schön der Reihe nach	alles geht durcheinander

4. Bitte schätzen Sie den nachfolgenden Text entsprechend dem oben gegebenen Schema nach der Dimension Anregung — Stimulans ein!

„Abtauen

— Aus einer Bedienungsanleitung für einen Kühlschrank —

Gestatten Sie bitte, daß ich bei diesem Abschnitt wieder meine Frau hinzuziehe. Wir begeben uns also vor den eigenen Kühlschrank und sehen die Bescherung: Die Frostbox ist mit einer dicken Eiskruste umgeben.

Ich (streng): „Habe ich dir nicht schon oft gesagt, daß du *regelmäßig* einmal in der Woche abtauen sollst?"

Sie: „Erstens *habe* ich vor wenigen Tagen abgetaut, obwohl z.b. für den Schrank unserer Nachbarin diese wöchentliche Arbeit auch nicht vorgesehen ist, zweitens solltet ihr gescheiten Männer den Schrank eben so konstruieren, daß kein Eis auftritt, und dritten sehe ich überhaupt nicht ein, warum das Eis schaden soll. Es ist doch *auch* kalt."

„Erstens", entgegne ich, „hat unsere Nachbarin einen Schrank mit Großraumfroster, für den besondere Bedienungsvorschriften gelten, wir aber haben eine normale Frosterbox und können z.b. jetzt wegen der dicken Eisschicht die Flasche Wein nicht schnell kühlen, die wir nachher zusammen trinken wollen; zweitens können auch die Kühlschrank-Konstrukteure die Naturgesetze nicht aufheben, und drittens kann es nicht schaden, wenn du jetzt einmal zuhörst, *warum* das Eis entsteht und *weshalb* es schadet: Die Luft im Kühlschrank enthält immer Feuchtigkeit, die aus den darin abgestellten Kühlgütern, und zwar nicht nur aus Flüssigkeiten, z.b. Milch, sondern auch aus dem Gemüse, Obst, sogar aus verhältnismäßig trockenen Speisen wie Fleisch, Käse usw. stammt. Diese Feuchtigkeit schlägt sich am kältesten Teil des Schrankes, also an der Frosterbox, in Form einer Eis- oder Reifschicht nieder. Eis ist aber ein schlechter Wärmeleiter. Eine Eisschicht erschwert es also, daß die im Kühlraum vorhandene Wärme von der Frosterbox aufgenommen werden kann. (Das ist aber nötig, wenn gekühlt werden soll.) Die Folge ist verminderte Kühlleistung. Wir verhindern diese, indem wir das Eis... ."

2	1	0	1	2

Anregung	*Neutralität*
Stimulans	*Keine zusätzliche Stimulans*
Beispiele, Bilder Vergleiche, geläufige Redewendungen	Nüchterne, trockene, sachliche, definitorische Spache
interessant	farblos
abwechslungsreiche Redeweise	neutrale Redeweise
persönliche Bezüge	Unpersönlichkeit

5. Diskutieren Sie das Verhältnis von Gliederung — Ordnung sowie Kürze — Prägnanz einerseits zu Anregung — Stimulans, andererseits am Beispiel des Textes Nr. 4: „Abtauen"!

6. Zuordnungsübung

Im folgenden können Sie überprüfen, ob Ihnen die Bedeutung von 4 der 5 Dimensionen auch ganz klar geworden ist. Jede der Dimensionen ist durch verschiedene Merkmale gekennzeichnet. Die wichtigsten davon haben Sie inzwischen kennengelernt. Auf der folgenden Seite finden Sie nun eine Reihe von Merkmalen. Sie sollen feststellen, für welche Dimensionen diese Merkmale charakteristisch sind.

Jedes Merkmal kann entweder eine positive oder negative Ausprägung der betreffenden Dimension ausdrücken. Kennzeichnen Sie dies bitte mit einem + oder einem — .

Merkmal	Einfachheit (E)	Gliederung Ordnung (G — O)	Kürze Prägnanz (K — P)	Anregung Stimulans (A — St)
viele Fremdwörter				

Das Merkmal „Viele Fremdwörter" charakterisiert die Dimension Einfachheit negativ. Denn: Fremdwörter sind ungeläufige Wörter. Einfachheit aber ist gerade durch viele geläufige Wörter gekennzeichnet.

Ordnen Sie bitte die folgenden Merkmale jeweils nur einer der vier Dimensionen zu!

Merkmale	E	G-O	K-P	A-St
1. Wichtige Sachen sind gut hervorgehoben				
2. Im Text sind kurze, anregende Vergleiche				
3. In dem Text geht alles durcheinander				
4. Sehr abstrakt!				
5. Nichts ist überflüssig!				
6. Der rote Faden ist immer sichtbar				

7. Man langweilt sich beim Lesen				
8. Das hätte man kürzer sagen können				
9. Im Text sind kurze Beispiele				
10. Der Autor weicht nie vom Thema ab				
11. Der Leser kann jeden Satz gut verstehen				
12. Man weiß nicht, was man sich merken soll				
13. Der Text enthält viel direkte Rede				
14. Viele Nebensätze!				
15. Alles kommt schön der Reihe nach				
16. Manches hätte man weglassen können				
17. Viele Fachausdrücke!				
18. Wo bleibt der Zusammenhang?				

> 7. **Die folgende Aufgabe ist partnerschaftlich oder in Kleingruppen, mit und ohne Video-Aufzeichnung, ebenso schriftlich oder mündlich durchzuführen: Wir überlegen uns Sachverhalte (Themen) und tragen sie in freier Rede vor: Realisation von „Sprechdenken":**

Thema 1: Was ist ein Horoskop?
Thema 2: Wie funktioniert ein Verbrennungsmotor?
Thema 3: Erklären Sie die Spielregeln zum Fußballspiel?
Thema 4: Warum ist es besser, nicht zu rauchen?

Weitere Themen können sich die Teilnehmer aus verschiedenen Bereichen selbst stellen, wobei eine Spezifikation nach Adressaten, Lernzielen usw. möglich ist.

Wichtig ist Lit.-Nr. 6 (!!) zum Selberüben (s. u. !)!

Literatur

1. Fittkau, B. u.a.: Kommunikations- und Verhaltenstraining für Erziehung, Unterricht und Ausbildung: UTB 350. Pullach b. München 1974.
2. Goeppert, H.C. (Hrsg.): Sprachverhalten im Unterricht. UTB. Nr. 642. München 1977.
3. Kösel, E.: Sozialformen des Unterrichts. Ravensburg 1976/5.
4. Reinert, G.-B.; Thiele, J. (Hrsg.): Nonverbale pädagogische Kommunikation. München 1977.
5. Rückriem. N.: Lehrerverhaltenstraining. Wege zur Selbstausbildung. Ravensburg 1977.
6. Langer, I.; Schulz von Thun, F.; Tausch, R.: Sich verständlich ausdrücken. München 1981/2.
7. Voelkner, J.: Das Lehrmethoden-Instrumentarium. In: Verwaltung und Fortbildung. Jg. 1979. H. 1, S. 17—28

2. Baustein:
Das Lehrgespräch

1. Kennzeichen des Lehrgesprächs

Eine spezifische Form des Lehrvortrags im weitesten Sinne stellt das Lehrgespräch dar. Es ist nicht zu verwechseln mit dem Unterrichts- oder Seminargespräch, das als Lehrform eine größere Teilnehmerzentriertheit aufweist. Demgegenüber wird das Lehrgespräch in bezug auf Ziele, Inhalte und Medien wesentlich vom Lehrenden geplant und gesteuert. Diese Steuerung vollzieht der Dozent in der verbalen Interaktion vor allem mit Hilfe des planmäßigen Einsatzes
— didaktischer Fragen und
— Impulse.

Die neuere Unterrichtsforschung hat für den Sektor des Schulwesens gezeigt, daß die Lehrer diese Steuerung auf zweifache Weise in hochkonzentrierter Form vollziehen:
a) dadurch, daß sie statt eines breiteren Repertoires ständig nur eine LS, nämlich eine Art Lehrgespräch, anwenden,
b) daß sie sehr hohe Einwirkungsquoten in drei Bereichen realisieren:
— Fragen/Impulse/Hinweise: ungefähr 55 pro 45-Min-Stunde
— Aufforderungen/Befehle: ungefähr 50 pro 45-Min-Stunde
— Angefangene Sätze, welche die Schüler zu Ende zu sprechen haben: 12 pro 45-Min-Stunde

Für den Sektor des allgemeinbildenden Schulwesens ergibt sich somit als Summe der Lehrereinwirkungen in diesen drei Bereichen allein die Gesamtzahl von 117 pro 45-Min-Unterrichtsstunde im Durchschnitt, das heißt, alle 25 Sekunden (!!) erfolgt im Durchschnitt eine auf die Schüler gerichtete Lehrereinwirkung.

Zwar lassen sich diese Befunde nicht ohne weiteres auf den Sektor des Lernens mit Erwachsenen übertragen, es ist jedoch sehr zu vermuten, daß Dozenten hier bewußt oder eher unbewußt diese langjährig selbst erfahrenen Muster des Lehrverhaltens übernehmen und entsprechend einsetzen: ,,Der Dozent sagt mal etwas. Der Dozent fragt mal etwas. Der Dozent sagt mal etwas usw. usw.".

Es dürfte auf der Hand liegen, daß gerade beim Lernen mit Erwachsenen eine hohe Steuerung des Lehr-/Lerngeschehens nur zeitlich befristet (!) für die Dauer dieser LS ,,Lehrgespräch", also ca. 20 Min. lang, akzeptabel sein kann. Danach muß unbedingt ein Wechsel erfolgen, z.B. hin zu einer teilnehmerzentrierten LS — wie etwa Partnerarbeit —, wo die Teilnehmer eher selbstbestimmt lernen können.

Ebenso wie der Lehrvortrag hat auch das Lehrgespräch eine lange Geschichte. Von Sokrates abgeleitet, hat die sog. Sokratische Methode (= Mäeutik = geistige Hebammenkunst) durch die gesamte abendländische Bildungs- und Schulgeschichte hindurch eine bedeutende Rolle gespielt, ehe sie im 18. Jahrhundert einen Höhepunkt erreichte. Grundlegend für dieses Lehrverfahren ist die Vorstellung, daß der Lernende das zu erwerbende Wissen eigentlich immer schon in sich trägt, die Aufgabe des Lehrenden daher ,,nur" darin bestehe, durch geschickte Fragen und Impulse dieses latente Wissen des Lernenden hervorzulocken.

Es ist wichtig, sich klarzumachen, daß das Lehrgespräch, wie der Lehrvortrag, prinzipiell für alle Grundformen der sprachlichen Darstellung didaktisch relevanter Inhalte geeignet ist. Solche Formen der sprachlichen Darstellung sind:

a) Die Darstellung von Ereignissen in ihrer zeitlichen Abfolge:
— Erzählung
— Bericht

b) Die Darstellung von Erscheinungen in ihrem räumlichen Nebeneinander:
— Schilderung
— Beschreibung

c) Die Darstellung primär theoretischer Sachverhalte in ihrem sachlogischen Zusammenhang:
— Erörterung, Darbietung
— Erklärung

d) Knappere Darlegungen:
   — Klären, Präzisieren
   — Verdeutlichen, Ergänzen
   — Berichtigen
   — Schilderung
   — Beschreibung

Das Lehrgespräch als eine gleichsam ständig unterbrochene Form des Lehrvortrages eignet sich zur Behandlung
a) größerer Themenbereiche, die in
b) sequentiell geschlossenen Formen der Darbietung,
c) bei psychologisch gegenüber dem Lehrvortrag verbesserter Abstimmung
   auf die Teilnehmer,
d) mit größerer Aktivität und Beteiligung durch die Lernenden und
e) unter Verwendung didaktischer Hilfsmittel (= Medien) behandelt werden
   können.

2. Formen des Lehrgesprächs

Das Lehrgespräch existiert in zwei verschiedenen Spielarten:
a) als *darstellend-entwickelnde* Lehrform
b) als *fragend-entwickelnde* Lehrform.

Zu a)
Bei der darstellend-entwickelnden Form des Lehrgesprächs überwiegt mehr
der Vortrag des Dozenten, der jeweils einzelne Partien oder Sequenzen des
Lehrinhalts in geschlossener Form vorträgt, um dann jeweils durch Fragen
und Impulse sicherzustellen, daß an Bekanntes angeknüpft wurde, daß Begriffe und Zusammenhänge verstanden, daß aufgekommene Teilnehmer-
Fragen beantwortet wurden, usw.

Zu b)
Bei der fragend-entwickelnden Form des Lehrgesprächs dominiert demgegenüber stärker die Impulsgebung und das Fragen durch den Dozenten. Die jeweiligen Teilnehmerbeiträge werden vom Lehrenden kurz ausgewertet, evtl.
ergänzt, erläutert, korrigiert und kommentiert und bilden die Grundlage für
den nächsten Denk- und Lernschritt, der wiederum durch Impuls und Frage
des Dozenten ausgelöst wird. Ein graphischer Vergleich beider Formen des
Lehrgesprächs ergibt folgende Flußdiagramme:

Lehrgespräch

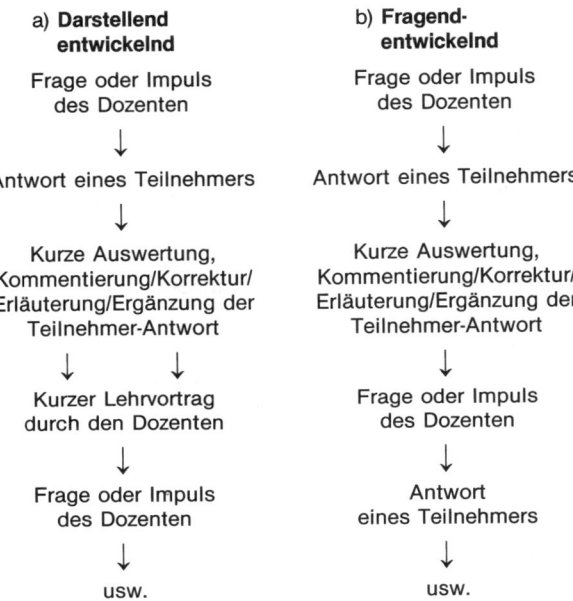

Der Versuch, die Verwendung des Lehrgesprächs didaktisch zu verbessern, muß sich auf drei Aspekte der Anwendung dieser Lehrform konzentrieren:
1. auf den didaktischen Gebrauch der Medien (vgl. dazu den Baustein: „Die Verwendung von Medien im Unterricht"!)
2. auf das Problem der *Frage* im Unterricht.
3. auf das Problem des *Impulses* im Unterricht.

Für den vorliegenden Zusammenhang ist die Unterscheidung nicht unwichtig, derzufolge der hier zu behandelnde
— didaktische Gebrauch der Frage
klar zu unterscheiden ist von dem primär auf das soziale Miteinander gerichteten
— taktischen Einsatz der Frage (vgl. dazu: 1. Teil, III. D)

Sodann findet man häufig die folgenden beiden Unterscheidungen verschiedener Frageformen:

— offene / geschlossene Fragen,
— weite / enge Fragen.

Teilweise meint man mit diesen Bezeichnungen denselben Sachverhalt — die Begriffe werden dann synonym gebraucht — teilweise werden aber auch unterscheidende Akzente gesetzt. Daher hier eine kurze Klärung:

a) Synonyme Bedeutung:

Hier bedeuten dann weite oder offene Fragen, daß der Antwortende einen größeren Antwortspielraum besitzt. Alle Problemfragen (warum, weshalb, wieso, inwiefern, usw.) sind so betrachtet weite oder offene Fragen. Unter geschlossenen oder engen Fragen versteht man dann analog, wenn der Antwortende so gut wie keinen Spielraum hat, weil die Frage in enger Weise die Antwort festlegt, so daß im Extremfall nur ein Wort als Antwort erfolgen kann: z.B. ja, nein oder: ein Name, ein Begriff. Solche Fragen sind z.B. wer, wann, wo, womit, etc.

b) Unterschiedliche Bedeutung:

Der hier gemeinte Unterschied der Bedeutung bezieht sich zum einen auf den Unterschied von Problemfragen (offen) zu Informationsfragen (geschlossen):

Während es bei den Problemfragen durchaus mehrere Antworten geben kann, lassen Informationsfragen im Prinzip nur eine Antwort zu. Zum anderen kann man derartige Fragen unterscheiden hinsichtlich des Umfangs der Antwortmöglichkeiten: Enge Fragen lassen in diesem Verständnis nur begrenzte, weite dagegen breitere Antwortmöglichkeiten:

	enge Fragen	weite Fragen
offene Fragen (Problemfragen)	enge Problemfragen	weite Problemfragen
geschlossene Fragen (Informationsfragen)	enge Informationsfragen	weite Informationsfragen

Diesen genannten Bemühungen, verschiedene Formen von Fragen voneinander zu unterscheiden, ist der Nachteil gemeinsam, zu wenig auf den didaktisch-methodischen und lernpsychologischen Hintergrund der Dozentenfrage einzugehen. Daher soll im folgenden genau dieser Aspekt im Vordergrund stehen.

3. Die Frage im unterrichtlichen Zusammenhang

Über Berechtigung und Bedeutung der Frage im Unterricht ist in der Didaktik lange und heiß gestritten worden. So fragte z.b. Hugo Gaudig schon 1909 in seinen „Didaktischen Präludien":

„Was gibt es Unsinnigeres als jene Schulsituation, in der der Lehrer, der die Sache kennt, fragt, und der Schüler, der sie nicht kennt, antwortet. Gerade umgekehrt sollte es sein: Der Schüler soll fragen und der Lehrer soll antworten."

So bestechend dieser Einwand klingt, die neuere Didaktik konnte inzwischen zeigen, daß dem Argument eine Reihe von Mißverständnissen und logisch-psychologischen Unklarheiten zugrunde liegen.

So stellt demgegenüber Aebli (1970) zurecht fest:

„Der Lehrer, der eine Frage stellt, täuscht nicht vor, etwas nicht zu wissen, was er ganz genau weiß, und er fordert den Schüler nicht auf, über etwas Auskunft zu geben, das ihm unbekannt ist. Er fordert ihn ganz einfach auf, einen vorliegenden Gegenstand unter einem bestimmten Gesichtspunkt zu betrachten."

Damit ist deutlich, daß die Frage im didaktischen Zusammenhang eine andere Funktion, bzw. andere Funktionen, übernimmt als im umgangssprachlichen/zwischenmenschlichen Bereich. Man muß demnach zunächst einmal die folgenden Funktionen der Lehrerfrage voneinander unterscheiden:

1. die (den Unterricht) lenkende/führende Funktion
2. die (die Teilnehmer) aktivierende Funktion
3. die (die Auffassung) organisierende Funktion
4. die (die Teilnehmer) informierende Funktion
5. die (den Lernprozeß) kontrollierende Funktion.

Entsprechend gibt es dann auch *fünf* verschiedene *Typen* von Fragen, je nach dem Aspekt, der bei ihnen im Vordergrund steht:

1. Lenkungsfragen
2. Aktivierungsfragen
3. Organisationsfragen
4. Informationsfragen
5. Kontrollfragen

Die Lösung der gestellten Aufgabe muß auf der Grundlage einer Analyse des didaktischen Sachverhalts erfolgen. Es zeigt sich dann, daß mehrere Funktionen bei der Präsentation einer Frage beteiligt sein können. Im vorliegenden Fall z.B. drei, nämlich
— die lenkende/führende Funktion
— die aktivierende Funktion
— die (die Auffassung) organisierende Funktion.

Dabei ist im vorliegenden Zusammenhang unübersehbar, daß die die Auffassungstätigkeit organisierende Funktion eindeutig überwiegt: Der Lernende soll den Gegenstand unter einem „bestimmten Gesichtspunkt" betrachten.

Beispiel: Wie viele Blütenblätter hat die Kirschblüte?

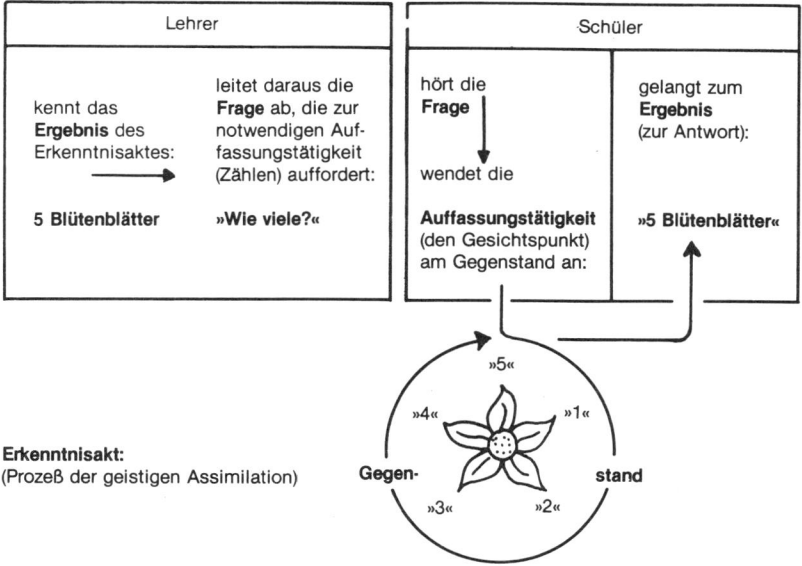

183

Zwar ist deutlich, daß der Lehrende mit seiner Frage auch den Unterrichtsablauf lenkt (= Lenkungsfrage), und daß er den oder die Lernenden auch aktiviert (= Aktivierungsfrage), die Funktion der Organisation der Auffassungstätigkeit (u.a. die Ausrichtung der Aufmerksamkeit) dominiert aber zweifellos.

Wir haben damit jene Hauptfunktion der Frage herausgestellt, die bei ihrer Anwendung im didaktischen Zusammenhang im Vordergrund stehen kann. Es lohnt sich daher, diesen Fragetyp noch etwas genauer herauszuarbeiten. Eine Detail-Analyse in Form einer Skizze (s. S. 183) zeigt, was bei dieser Funktion der Frage vor sich geht (s. u.!).

Die hier an einem Einzelbeispiel durchgeführte Verdeutlichung zeigt, wie die Auffassungstätigkeit des Lernenden durch entsprechende Fragen organisiert

Fragewort Frageausdruck	Gegenstand des Erkenntnisaktes Gegenstand der Auffassungstätigkeit	Gesichtspunkt	Auffassungstätigkeit, zu der die Frage auffordert	Ergebnis (Antwort)
Wie viele	Blütenblätter hat die Kirschblüte?	Anzahl	Zählen	5
Wie lang	ist die Strecke von Rom nach Syrakus?	Distanz	Messen	600 km
Welches ist das Verhältnis	von d zu U im Kreis?	Verhältnis	d auf U abtragen, U durch d dividieren	3,14
Welches Gefälle hat	der Rhein zwischen Köln und der Nordsee?	Gefälle	Höhendifferenz durch Distanz dividieren	1/4 ‰
Wo	liegt Troja?	Lage	Räuml. Beziehungen zu Bezugspunkten festsetzen	Südlich der Dardanellen usw.
Welche Form	haben die Zellen der Bienenwaben (Querschnitt)?	Form	Formauffassung	sechseckig
Warum	hat Luzern mehr Niederschläge als Stuttgart?	Grund	Grund (begleitende Erscheinung) suchen	Steigungsregen
Was folgte	aus der Erfindung des Schießpulvers?	Folge	Folgern, Schließen	Änderung der Kampfweise

werden kann. Die obige Übersicht (Abb.) soll ohne Anspruch auf Vollständigkeit zeigen, welche verschiedenen Aktivitäten (Auffassungstätigkeiten) bei den Lernenden durch organisierende Fragen angeregt werden können.

4. Der Impuls im Lehrgespräch

Als Konsequenz aus dem oben von Gaudig zitierten Einwand gegen die Lehrerfrage wurde von der Arbeitsschulbewegung versucht, die Frage durch „*Denkanstöße*" bzw. „*Unterrichtsimpulse*" zu ersetzen. Entsprechend wurde der Impuls als Alternative zur Frage gesehen und sehr hoch bewertet.

Aus dem bereits zur Frage und ihren verschiedenen Funktionen Gesagten ergibt sich, daß der Versuch, einen Gegensatz zwischen Frage und Impuls zu konstruieren, problematisch und künstlich ist. Die Alternative — Frage *oder* Impuls — ist deshalb künstlich, weil jede Frage einen Impulscharakter aufweist. Die Übergänge sind auch hier fließend. Vergegenwärtigt man sich die *aktivierende* Funktion der Frage, so ist unschwer zu konstatieren, daß der Impuls recht gut als eine spezielle Form unter die Gruppe der Fragen zu subsumieren (unter- bzw. zuzuordnen) ist. Entsprechend der Frage, weist daher auch der Impuls fünf verschiedene didaktische Funktionen auf:
1. die (den Unterricht) lenkende/führende Funktion
2. die (die Teilnehmer) aktivierende Funktion
3. die (die Auffassung) organisierende Funktion
4. die (die Teilnehmer) informierende Funktion
5. die (den Lernprozeß) kontrollierende Funktion

Aufgabe
Diskutieren Sie das Problem der Lenkung und Führung (= Steuerung) des Unterrichts mittels Frage einerseits und mittels Impuls andererseits! Wie steht es um die Exaktheit der Steuerung?

Entsprechend den genannten fünf Funktionen sind wiederum fünf verschiedene Typen von Impulsen zu unterscheiden:
1. Lenkungsimpulse
2. Aktivierungsimpulse
3. Organisationsimpulse
4. Informationsimpulse
5. Kontrollimpulse

Der wichtigste Unterschied zwischen Frage und Impuls ist didaktisch der, daß es dem Dozenten beim Impuls leichter fällt, dem Lernenden einen größeren Freiraum für seine Aktivitäten einzuräumen. Der Impuls stimuliert eher zu zusammenhängenden Denken und Sprechen und kann das „Denk-" und „Operationsfeld" des Teilnehmers vielleicht eher erweitern. Insofern mutet der Impuls dem Lernenden evtl. mehr zu. Ob der Impuls diese Möglichkeiten bieten kann, hängt freilich entscheidend davon ab, wie er selbst beschaffen ist. So wie es *enge* und *weite* Fragen gibt, so lassen sich enge und weite Impulse unterscheiden. In der Literatur wird diesbezüglich auch von *direkten* und *indirekten* Impulsen gesprochen.

Beispiel:

— direkter Impuls: „Man sollte sich den Text nochmals ansehen."
— indirekter Impuls: „Als ich das zum ersten Mal beobachtete, habe ich mir so meine Gedanken gemacht." — Pause —

In der Didaktik unterscheidet man folgende *Arten von Impulsen:*
1. Hinweise
2. Aufträge, Arbeitsanweisungen
3. Weiterleitende Äußerungen (Weiter!, Genauer!, usw.)
4. Gestik und Mimik (Aktive nichtverbale Impulse)
5. Schweigen, Warten (Passive nichtverbale Impulse)
6. Feststellungen (mit Aufforderungscharakter), Sachimpulse (z.B. Medieneinsatz als Impulsgebung)

Aufgabe
Überlegen Sie, bei welcher der eben genannten 6 Impuls-Arten der Spielraum für die Denkbewegungen der Teilnehmer eher größer als kleiner ist. Welche Impuls-Arten verleiten eher zur engen und direkten Impulsgebung?

Übungsaufgaben
1. Wir haben festgestellt, daß sowohl Frage wie Impuls im didaktischen Zusammenhang fünf verschiedene Funktionen haben können. Ordnen Sie die

folgenden Sprachäußerungen einmal den beiden Hauptkategorien (Frage = F; Impuls = I) zum anderen den fünf genannten Funktionen zu. Mehrfachnennungen in bezug auf Hauptfunktionen sind möglich!

Beispiel:

Merkmale	1. Lenkungsfunktion	2. Aktivierungsfunktion	3. Organisierende Funktion	4. Informierende Funktion	5. Kontrollfunktion
Wieviele Blütenblätter hat die Kirschblüte?	F 1		F 3		F 5

Lösung:

Es handelt sich hier um eine Frage (F), die einmal das Unterrichtsgeschehen in eine bestimmte Richtung lenkt (F 1), die zum anderen aber auch die Auffassungstätigkeit in Richtung auf Zählen organisiert (F 3). Schließlich ist diese Frage in einem anderen didaktischen Zusammenhang auch als Kontrollfrage möglich (F 5).

Lösen Sie jetzt die Aufgaben auf S. 188!

2. Bitte formulieren Sie zu jeder der genannten fünf Funktionen je eine Frage und einen Impuls!
   Ihre Ergebnisse sollten in einer Kleingruppe von den übrigen Teilnehmern mündlich oder schriftlich zugeordnet und eingeschätzt werden.

3. Bitte bereiten Sie eines der unten genannten drei Themen für eine Behandlung in der Form eines 10-Min.-Lehrgesprächs (entweder darbietend-entwickelnd oder fragend-entwickelnd) so vor, daß Sie
   a) sich vorher über Ziele und Medien Klarheit verschaffen und
   b) einige mögliche Fragen und Impulse schriftlich fixieren!

4. In einem didaktischen Beitrag über verbale Interaktionsstrategien führt Gertrud Ritz-Fröhlich (1973, S. 18—19) die nachfolgende Gegenüberstellung von Thesen über Frage und Impuls im Unterricht auf. Bitte lesen Sie diese Thesen und arbeiten Sie in einer Kleingruppendiskussion heraus, wo Sie zustimmen können und was Sie als problematisch empfinden!

Lösen Sie die Aufgabe durch Lesen der S. 189!

Merkmale	1. Lenkungsfunktion	2. Aktivierungsfunktion	3. Organisierende Funktion	4. Informierende Funktion	5. Kontrollfunktion
1. Da muß man schon mal genauer hinschauen					
2. Wer kann uns denn das wohl erklären					
3. Im bürgerlichen Gesetzbuch steht das aber anders					
4. Wie verdichtet der Wankelmotor das Treibstoffgemisch					
5. War das nun ein Limerick oder nicht					
6. Und niemand wundert sich					
7. Wie würde denn das im dualen Zahlensystem aussehen					
8. Und da meldet sich niemand					
9. Hat uns denn da der alte Pythagoras nicht eine Hilfe gegeben					
10. Wer war Alfred Nobel					
11. Würde da nicht jeder sagen: Dem stehen aber die Betriebsvorschriften entgegen					
12. Worum ging es noch im Betriebsverfassungsgesetz					
13. Der Duden sagt dazu nichts					
14. Stimmt. Weiter so					
15. Warum sollte das denn nicht psychologisch erklärbar sein					
16. Sehen Sie sich doch diesen Film einmal an					

Frage	Impuls

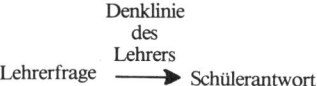

1. Die Lehrerfrage legt für den Schüler jeden einzelnen Denkschritt fest.	1. Der Impuls oder Denkanstoß bietet dem Schüler eine „minimale Anleitung".
2. Denken vollzieht sich für den Schüler nur in engen, vom Lehrer vorgeschriebenen Bahnen.	2. Dem Schüler wird nur die allgemeine Richtung für ein selbständiges Denken angezeigt.
3. Die Schüler haben damit keinen Spielraum für eigene Denkleistungen und keine Möglichkeit, das Unterrichtsgeschehen mitzuplanen.	3. Innerhalb dieser Denkrichtung eröffnet sich dem Schüler ein weites Denkfeld, so daß er eigene Denkschritte in das Unterrichtsgeschehen einbringen kann.
4. Die Lehrerfrage erlaubt nur eine oder wenige gleichartige Antworten, jedoch so gut wie keine Kommunikation der Schüler untereinander.	4. Impulse ermöglichen daher ein breites Spektrum an Schüleräußerungen und ein hohes Maß an schülerzentrierter Kommunikation.
5. Die einzelne Denkbewegung ist kurz, vorwiegend auf den Lehrer konzentriert und bricht nach jeder erfolgreichen Antwort ab. Dadurch reiht sich Frage an Frage.	5. Impulse regen die Schüler zu unterschiedlichen und weittragenden Denkbewegungen an, die sich am Unterrichtsgegenstand selbst orientieren.
6. Die Fragenkette zwingt den Schüler in eine vom Lehrer gewünschte Richtung und damit zu reaktivem unselbständigem Verhalten.	6. Denkanstöße und Impulse ermöglichen selbständige Arbeitsleistungen.
7. Die Lehrerfrage schränkt sachgerichtete Motivation, Eigeninitiative und originelles Problemlösen ein, ja kann sie (als Instrument autoritärer Lenkung) gänzlich verhindern.	7. Denkanstoß und Impuls fördern sachgerichtete Motivation, Eigeninitiative und originelles Problemlösen.

I Didaktisch problematische Fragen

— Pistolenfrage
— Kettenfrage
— Suggestivfrage
— Fangfrage
— Provokative Frage

II Didaktisch verwendbare Fragen

— Lenkungsfrage
— Aktivierungsfrage
— Organisationsfrage
— Kontrollfrage
— Informationsfrage

III Antwortspielräume von Fragen

— offene Frage
— weite Frage
— geschlossene Frage
— enge Frage

1. Das Lehrgespräch ist eine dozentenorientierte Lehr- und Sozialform. In ihr wird vor allem durch Fragen geführt. Infolgedessen ist das *Frageverhalten* des Dozenten von zentraler Bedeutung.

Merke
— Offene Fragen und Impulse häufiger verwenden!
— Wichtige Fragen vorher überlegen und formulieren (möglichst sogar schriftlich!!!).
— Nach der Fragestellung *Denkpausen* machen! „Hängepausen" vermeiden!
— Dozent sollte nicht zu früh selber antworten.
— Mögliche Reaktionen auf Fragen vorweg bedenken!
— Hartnäckigkeit des Fragens: Aber Dozent sollte bei Ausbleiben von Antworten *rechtzeitig* selber die Antwort geben! (Problem der Begrenzung von Hilfen, Umwegfragen, etc.)
— Fragen von Teilnehmern möglichst erst einmal in die Gruppe *zurückgeben*.

---

2. Als dozentenorientierte Lehr- und Sozialform bedarf das Lehrgespräch — genau wie der Lehrvortrag — einer guten Unterstützung durch *Medien*.

> **Merke**
> — Medien geben dem Lehrgespräch Richtung und (Teilnehmer-) Unterstützung und dem Dozenten (Frage-) Sicherheit.
>   Beispiel: Halboffene Medienkonstruktion!
> — Vorbereitete Ansteckkarten, Flip-charts oder Tafelanschriften machen den Dozenten frei von umständlicher Schreibarbeit neben der Gesprächsführung.
> — Vorsicht vor Stoffüberlastung der Medien!
> — Zentrale Fragen für Teilnehmer *lesbar* medial anbieten.

3. Das Lehrgespräch als dozentenorientierte Lehr- und Sozialform wirft die Frage der *Teilnehmerzuwendung und des -umgangs* auf.

> **Merke**
> — Der Dozent sollte *tendenziell* beim darstellend-entwickelnden Lehrgespräch *eher* stehen, beim fragend-entwickelnden *eher* sitzen.
> — Veränderungen des Stand- (Geh-) und Sitzverhaltens möglichst mit dem Phasenwechsel verknüpfen!
> — Guter Blickkontakt ist wichtig! Kein Blindflug, keine einseitige Fixierung (rechts/links) auf einzelne, vielleicht besonders aktive Teilnehmer (Blickwinkel möglichst 180°).
> — Keine überfallartigen Pistolenfragen!
> — Sitzen schafft Ruhe und Sicherheit für den (innerlich noch unsicheren) Dozenten.

4. Als dozentenorientierte Lehr- und Sozialform bedarf das Lehrgespräch — wie der Lehrvortrag — ganz besonders einer guten Zugmotivation sowie eines *verstärkenden wertschätzenden Unterrichtsklimas.*

> **Merke**
> — Namentliche Anrede bevorzugen!
> — Teilnehmer durch bekräftigende Hinweise verstärken („Streicheleinheiten" verabfolgen)!

> *Aber:* Plumpes Loben vermeiden. Die Verstärkung *an die Sache koppeln* („Das hilft uns weiter..."; „Wie Herr Y. vorhin schon sagte...") = Aufgreifen von Teilnehmerbeiträgen.
> — Humor / Lächeln etc. begünstigt das Klima und den Lernprozeß!

Literatur

Ebeling, P.: Das große Buch der Rhetorik. Wiesbaden 1988.

Ritz-Fröhlich, G.: Verbale Interaktionsstrategien im Unterricht. Impuls-Denkanstoß-Frage. Ravensburg 1975/4.

Roth, H.: Pädagogische Psychologie des Lehrens und Lernens. Hannover 1957/4.

Sauer, K.: Zur didaktischen Bedeutung der Frage im Unterricht. In: Die Dtsch. Schule. 58. Jg. 1966, H. 7/8. S. 430—444.

Spanhel, D.: Die Sprache des Lehrers. Düsseldorf 1971.

Sommer, H.: Grundkurs Lehrerfrage. Weinheim/Basel 1981.

Salzmann, C.: Impuls, Denkanstoß, Lehrerfrage. Essen 1969.

3. Baustein:
Die Gruppenarbeit

1. Lehr- und Sozialform Gruppenarbeit

Unter den Lehr- und Sozialformen nimmt die Gruppenarbeit (GA) einen besonderen Platz ein. Gemeinhin gilt sie als *die* teilnehmerzentrierte Sozialform schlechthin. Ihre große Wertschätzung, die sie allenthalben in der didaktischen Literatur findet, steht in einem merkwürdigen Gegensatz zur Lern-/Lehrpraxis — auch in der Weiterbildung —, in der GA im allgemeinen nur selten zum Einsatz kommt.

Dafür dürften vor allem die folgenden vier Gründe verantwortlich sein:

1. GA ist für den Dozenten *didaktisch schwierig zu handhaben.*
2. GA verlangt von den Teilnehmern gewisse *Fähigkeiten und Fertigkeiten* und macht ein mindestens mittelfristiges didaktisches Konzept erforderlich.
3. GA gilt als ein didaktisch nur *wenig effizientes* Verfahren, bei dem mit viel Zeitaufwand quantitativ nur relativ wenig geleistet werden könne.
4. Die *räumlichen und medialen* Voraussetzungen sind oft nicht gegeben, bzw. nur schwer herstellbar.

192

2. Ziele der Gruppenarbeit

Historisch gesehen, ist die GA eine Entwicklung der *Reformpädagogik* (1900 — 1925). Ihren gesellschaftlichen Hintergrund bilden die Bemühungen und Erfolge beim Aufbau eines demokratisch-parlamentarischen Regierungssystems in Deutschland, nämlich der Weimarer Republik. Der ,,Entdeckung" und Aufwertung des Staatsbürgers im politischen entspricht die ,,Entdeckung" des Lernenden im pädagogischen Bereich.

Die Bildung von Arbeitsgemeinschaften, Arbeitsgruppen, Kleingruppen, die in jener Zeit gefordert und propagiert wird, erfolgt mit vier wesentlichen *pädagogischen Zielsetzungen:*
— Selbständigkeit und Mündigkeit der Lernenden;
— Erhöhung des Lerninteresses, der Motivation;
— Verbesserung der Lerntechniken und der Lernmethodik der Lernenden;
— Verbesserung der sozialen Kompetenzen der Lernenden: Kooperation und Kommunikation.

Schaut man sich diese pädagogischen Ziele genauer an, so wird deutlich, daß sie besonders auch im Rahmen der beruflichen Aus-, Fort- und Weiterbildung — beim Lernen mit Erwachsenen also — interessant und wichtig sind. Insofern ist unmittelbar verständlich, warum neuere Konzepte der beruflichen Aus- und Fortbildung den mitarbeitsintensiven Lehr- und Sozialformen — insbesondere aber der GA — so große Beachtung schenken.

Es ist sehr sinnvoll, im Vollzug der praktischen Fortbildung zwei Grundtypen der Gruppenarbeit voneinander zu unterscheiden:
a) Die aufgabenbezogene, geschlossene Form der GA: Es soll eine vorgegebene Aufgabenstellung zielorientiert, konvergierend gelöst werden. Die Arbeits- oder Lehrschritte sind weitgehend vorgegeben.
b) Die problemorientierte, offene Form der GA: Es wird nur eine Frage, ein Problem, ein Fall vorgegeben. Die Gruppe sucht kreativ einen eigenen Lösungsweg.

3. Zum Begriff ,,Gruppe"

So muß es geradezu verwundern, daß der Begriff ,,Gruppe" bis heute weder in der Soziologie noch in der Sozialpsychologie eine einheitliche Definition erfahren hat. Die Diskussion dazu ist in Deutschland überdies besonders belastet durch die unselige Gegenüberstellung der Begriffe ,,Gesellschaft" und ,,Gemeinschaft" durch F. Tönnies (1916).

Seit den dreißiger Jahren beschäftigt man sich besonders mit Fragen der Sozialpsychologie kleiner Gruppen, was inzwischen auch zu einer eigenen Forschungsrichtung, der Kleingruppenforschung, geführt hat. Diese Forschung wird teils mit soziologischen, teils mit psychologischen Theorien bestritten. Dabei hat eine Annäherung der Standpunkte mittlerweile zur Herausbildung von *acht Kriterien* geführt, mit denen sich der Begriff „Gruppe" (= Kleingruppe) präziser bestimmen läßt:

1. Der *Interaktionscharakter* der Gruppe: Die Mitglieder einer Gruppe müssen in einer *Wechselbeziehung* zueinander stehen (können).
2. Die relative Größe der Gruppe: Jedes Gruppenmitglied muß mit einem anderen in eine „face-to-face"-Interaktion eintreten können. Im allgemeinen wird im Lernfeld zahlenmäßig als kleinste Einheit von *drei* und maximal von *sechs* Personen ausgegangen. Als optimal gelten Gruppen mit vier bis fünf Mitgliedern.
3. Die relative Dauer der Gruppenbeziehung: Eine Gruppe kann sich nur herausbilden und konstituieren, wenn sie länger als einen flüchtigen Augenblick lang zusammenwirken kann. Es muß also zu einer *gewissen Anzahl sozialer Interaktionen* kommen, damit sich ein Gruppenprozeß entwickeln kann.
4. Die *Zielorientierung* der Gruppe: „Die Gruppe ist Gruppe vor allem durch ihren Charakter einer ganzheitlichen *Lebens-, Arbeits- oder Erlebnisgemeinschaft* mit gemeinsamen und übergreifenden Interessen und Zielsetzungen" (Scharmann, 1959).
5. Die die Gruppe steuernden *Gruppennormen:* Jede Gruppe orientiert sich an gewissen Standards, Maßstäben oder Normen, die sich mehr oder weniger bewußt durchsetzen und zur Gruppennorm werden (können).
6. Die *Zusammengehörigkeit* der Mitglieder: Der Gruppenprozeß führt zu einer gewissen Zusammengehörigkeit, einem Gefühl der Verbundenheit seiner Mitglieder, die man auch *„Kohäsion der Gruppe"* nennt.
7. Die *Rollenaufteilung* in der Gruppe: In jeder Gruppe bilden sich im Verlauf der ablaufenden Interaktion *soziale Rollen* aus, die zu einer Differenzierung der Gruppe führen (Tüchtigkeitsrollen, Beliebtheitsrollen, Stimmungsrollen, etc.).
8. Die *Organisation* der Tätigkeiten: In jeder Gruppe bildet sich — mehr oder weniger bewußt — ein gewisses Maß an Organisation der Tätigkeiten heraus, mit denen sie ihre Ziele und Interessen zu erreichen sucht. Die Organisation schließt die Mittel und Techniken ein, die dafür erforderlich sind.

Somit läßt sich die Kleingruppe — gleichsam additiv — durch ihre acht *konstitutiven Merkmale* definieren:

1. *Interaktion*
2. *Größe/Kleinheit*
3. *Relative Dauer*
4. *Zielorientierung*
5. *Gruppennormen*
6. *Zusammengehörigkeit*
7. *Rollenaufteilung*
8. *Organisation*

4. Verhalten des einzelnen in der Gruppe

Die GA als didaktisch gemeinte Lehr- und Sozialform unterstellt, daß das Verhalten des einzelnen durch die Kleingruppe beeinflußt und verändert wird. Man spricht diesbezüglich *positiv* von der *„formenden Wirkung"* der Gruppe und bezieht diese auf folgende *vier Felder:*

1. Das Feld der Persönlichkeitsentwicklung
2. Das Feld der Entwicklung des Sozialverhaltens
3. Das Feld der Steigerung der Leistungsbereitschaft
4. Das Feld der Entwicklung von Lern- und Arbeitstechniken.

Es gibt eine Reihe von Hinweisen aus der empirischen Unterrichtsforschung, daß derartige Erwartungen an eine pädagogisch günstige Wirkung der Kleingruppe zu recht bestehen (vgl. Dietrich, 1969). Nicht übersehen werden dürfen aber auch zwei äußerst problematische und *negative* mögliche *Wirkungen* von Kleingruppen:

1. Konformitätsdruck und Nivellierung,
2. Negatives Modellverhalten.

Viele Autoren, die von den Möglichkeiten und Chancen der Arbeit mit Kleingruppen sprechen, übersehen oder verschweigen derartige Probleme und mögliche Negativwirkungen der Kleingruppen, die der Entwicklung der Individualität des einzelnen geradezu im Wege stehen können.

5. Gruppenpsychologische Aspekte

Will man die Möglichkeiten der Kleingruppe in einer pädagogisch und didaktisch planvollen Weise nutzen, so ist es sinnvoll, wenigstens die folgenden fünf

Faktoren eines Gruppenprozesses zu berücksichtigen, also *Gesichtspunkte der Gruppenpsychologie* in die Überlegungen einzubeziehen. Diese sind:

1. Differenz von formeller/informeller Gruppe
2. Wir-Gruppen-Gefühl und Negativstereotype
3. Die zwei Ebenen des Lernprozesses
4. Soziale Kontrolle, Rolle und Status
5. Die Rolle des Leiters: Modellverhalten

Zu 1.

Jeder Dozent sollte wissen, daß eine Lerngruppe als Ganzes eine Art formelles System zur Erreichung offizieller institutioneller Ziele darstellt. Dieses formelle System, das sich ihm im Lehr-/Lernprozeß ständig darstellt, findet jedoch bei näherem Hinsehen seine Ergänzung auf der informellen Ebene, auf der die Teilnehmer für sich, sozusagen privat, in Absehung institutioneller Zwecke miteinander umgehen. Bildet der Dozent nun zum Zwecke der GA kleine Gruppen, so stellt sich zum einen die Frage, ob er diese zu bildenden formellen Gruppen mit den informellen in Übereinstimmung bringen soll. Zum zweiten erhebt sich die Frage, ob nicht jede formelle Gruppe ständig die Tendenz hat, zu einer informellen zu werden.

In beiden Fällen jedoch stellt sich das Dauerproblem, ob nicht die informellen Beziehungen den formellen Gruppenzweck auffressen bzw. aushöhlen. Es steht ständig die Frage im Raum, *ob die informellen Strukturen dem Lernziel förderlich sind oder es behindern.*

Zu 2.

Wie die sozialpsychologisch orientierte Kleingruppenforschung gezeigt hat (Sherif/Sherif), bilden Kleingruppen schon nach kurzer Zeit eine Art Wir-Gefühl und Wir-Bewußtsein, das sich mit einem positiv getönten Selbstwertgefühl *(= Autostereotyp)* sowie gleichzeitig mit der Tendenz verbindet, ein stärker negativ getöntes Fremdbild *(= Heterostereotyp)* von anderen Teilnehmern aufzubauen.

Der Reiz der Kleingruppe besteht daher einerseits darin, daß der einzelne in das Wir-Bewußtsein und Wir-Gefühl einbezogen wird, in dem er sich geborgen und sicher fühlen kann. Die Gefahr besteht in der emotionalen Sogwirkung, die zum Aufbau sozial störender Vorurteile führen kann.

Zu 3.

Prinzipiell jeder Lernprozeß — auch der der GA — enthält zwei Lernebenen:
— die formelle Ebene der gedanklichen und verhaltensmäßigen Lernziele und Lernprozesse (Kognition, Konation),
— die informelle gefühlsmäßige Ebene, auf deren Grundlage sich die Lernprozesse vollziehen (Emotion).

Daher sollte jeder Dozent konkrete Möglichkeiten schaffen, über diese gefühlsmäßigen Grundlagen des Lehr-/Lerngeschehens zu sprechen:
— Ängste und Abneigungen
— Frustration (Negativerfahrungen) und Regressionen (Rückzugsgefühle)
— Konflikte und Beeinträchtigungen.

Geschieht das nicht oder wird diese *Metaebene des Unterrichts* vom Dozenten übersehen oder tabuisiert, so verlagern sich die Diskussionen rasch in die Kleingruppen, oder es kommt leicht zu eruptiven Störungen des Unterrichtsgeschehens, z.B. wenn sich eine allgemeine Unzufriedenheit plötzlich Bahn bricht.
Die andere Gefahr, nämlich eine ständige Emotionalisierung des Unterrichts durch pausenlose Gespräche über die psychische Lagebefindlichkeit der Teilnehmer oder des Dozenten, besteht zwar theoretisch ebenso, sie ist aber deshalb zur Zeit verhältnismäßig gering, weil bislang Dozenten noch sehr zögernd darin sind, überhaupt über Gefühle im Unterricht zu sprechen.

Zu 4.

Jede Gruppe übt eine Form der *sozialen Kontrolle* aus. Sie verstärkt ein bestimmtes Verhalten ihrer Teilnehmer oder vermag es auch zu sanktionieren, z.B. durch die Drohung des Gruppenausschlusses. Dadurch gelingt es ihr, die Verteilung der Rollen innerhalb der Gruppe im gewissen Sinne auch zu steuern. Der Status des einzelnen und der Gruppe wird von diesen Vorgängen wesentlich bestimmt. Übernimmt der einzelne die ihm zugedachte Rolle — z.B. der Leistung — willig und füllt sie entsprechend aus, so wird er entsprechend belohnt und sein Status im Gruppengefüge steigt. Widersetzt er sich, so wird er entweder solange offen oder verdeckt sanktioniert, bis er sich fügt — in diesem Falle ist die Gruppe der Sieger —, oder er muß die Verhaltenserwartungen, Normen und Einstellungen in der Gruppe verändern — in diesem Falle ist der einzelne der Sieger. Letzteres ist jedoch sehr schwierig, oft unmöglich.

Zu 5.
Die Prozeßverläufe innerhalb der Kleingruppen werden bei der GA wesentlich mitbestimmt durch das *Verhalten des Leiters* bzw. Dozenten. Realisiert er ein Modellverhalten, das sich beschreiben läßt als
— Verhalten mit mäßiger Lenkung,
— wertschätzendes und warmes Verhalten,
— bekräftigendes und ermutigendes Verhalten,
— engagiertes und unterstützendes Verhalten,
so kann er davon ausgehen, daß die Teilnehmer in den Gruppen ihrerseits eher ein derartiges *sozialintegratives Verhalten* an den Tag legen. Generell sollte sich jeder Dozent überdies am Grundsatz der *Umkehrbarbeit* (Reversibilität) des eigenen Verhaltens orientieren. Dann hat er stets ein gutes Maß für das, was hier Modellverhalten genannt wird.

6. Verlaufsformen der Gruppenarbeit

Der folgende Abschnitt beschäftigt sich mit dem Problem der Verlaufsform der GA. Es handelt sich hierbei um eine sehr wesentliche Seite der Technik der Kleingruppenarbeit, deren Verständnis zu einer Verbesserung der konkreten Praxis von GA führen kann. — Viele Dozenten scheitern auf der Ebene der Gestaltung einer angemessenen Verlaufsform der GA und lasten dann — nach erlittenem Mißerfolg — dieser Lehr- und Sozialform an, was letzlich eigenen Fehlern zuzuschreiben ist.
Die folgende Darstellung folgt dem Gedankengang bei Vogel (1975) und beginnt mit einer Arbeitsanweisung:

Lesen Sie die nachstehende Tabelle ,,Das Ineinandergreifen geistiger Strategien...'' einmal durch, und prägen Sie sich zunächst die Grobstruktur der drei wesentlichen Arbeitsphasen der GA ein. In einem zweiten Durchgang sollten Sie versuchen, festzustellen,
a) welche Unterrichtsformen (darstellend, erarbeitend, entdeckenlassend) Sie im Ablauf dieser Phasen glauben erkennen zu können, und
b) wie die Formen der ,,Aktivität'', der ,,Reaktivität'', der ,,Rezeptivität''... auf der Dozenten- und Teilnehmerseite gelagert sind.

Tragen Sie ihre Ergebnisse in die beiden Raster auf der nächsten Seite ein!

Lernverfahren Gruppenunterricht	Methodische Maßnahmen (des Lehrers)	Strategien geistiger Arbeit (bei den Schülern)
I. geschlossene Phase (Festsetzung des Themas; Identifikation von Lernzielen; Bildung von Arbeitsgruppen)	darstellen; zeigen; vortragen; erklären; vorfühlen; Impulse geben	aufnehmen; reflektieren; kombinieren; analysieren; werten; entscheiden
II. offene Phase (Erarbeiten von Fakten und Zusammenhängen in Arbeitsgruppen)	organisieren; anregen; beraten	planen; kombinieren; aufnehmen; einordnen; beurteilen; artikulieren; gliedern
III. geschlossene Phase (Zusammenfassung, Vergleich und Kritik der Ergebnisse der einzelnen Arbeitsgruppen)	organisieren; strukturieren	artikulieren; einordnen; beurteilen

a) Unterrichtsformen			b) Aktivitäten	
darstellend	erarbeitend	entdeckenlassend	Lehrer	Schüler

Als *Ergebnis* Ihrer Interpretation der obigen Tabelle sollten Sie folgende Einsichten und Erkenntnisse gewonnen haben:

a) GA läuft in deutlich erkennbaren Phasen ab.

b) In der Arbeitsform „Gruppenarbeit" sind bei allen drei aufgezeigten Hauptphasen bestimmte Anteile der darstellenden, der erarbeitenden und der entdeckenlassenden Unterrichtsform enthalten (a). Sie schließen Formen der Aktivität, Reaktivität, Rezeptivität und Produktivität sowohl auf der Dozentenseite als auch auf der Teilnehmerseite mit ein (b).

Die Überlegungen und Hinweise auf den nächsten Seiten schließen unmittelbar an diese grundlegenden Feststellungen an. Sie entscheiden u.a. darüber, ob GA in der Zukunft von den Lehrenden und Dozenten qualifiziert eingesetzt wird und, daraus folgend, ob die Arbeit in Kleingruppen in Zukunft zu *der* Effektivität in der Praxis gebracht werden kann, die ihr theoretisch-konzeptionell zukommt oder zugesprochen wird.

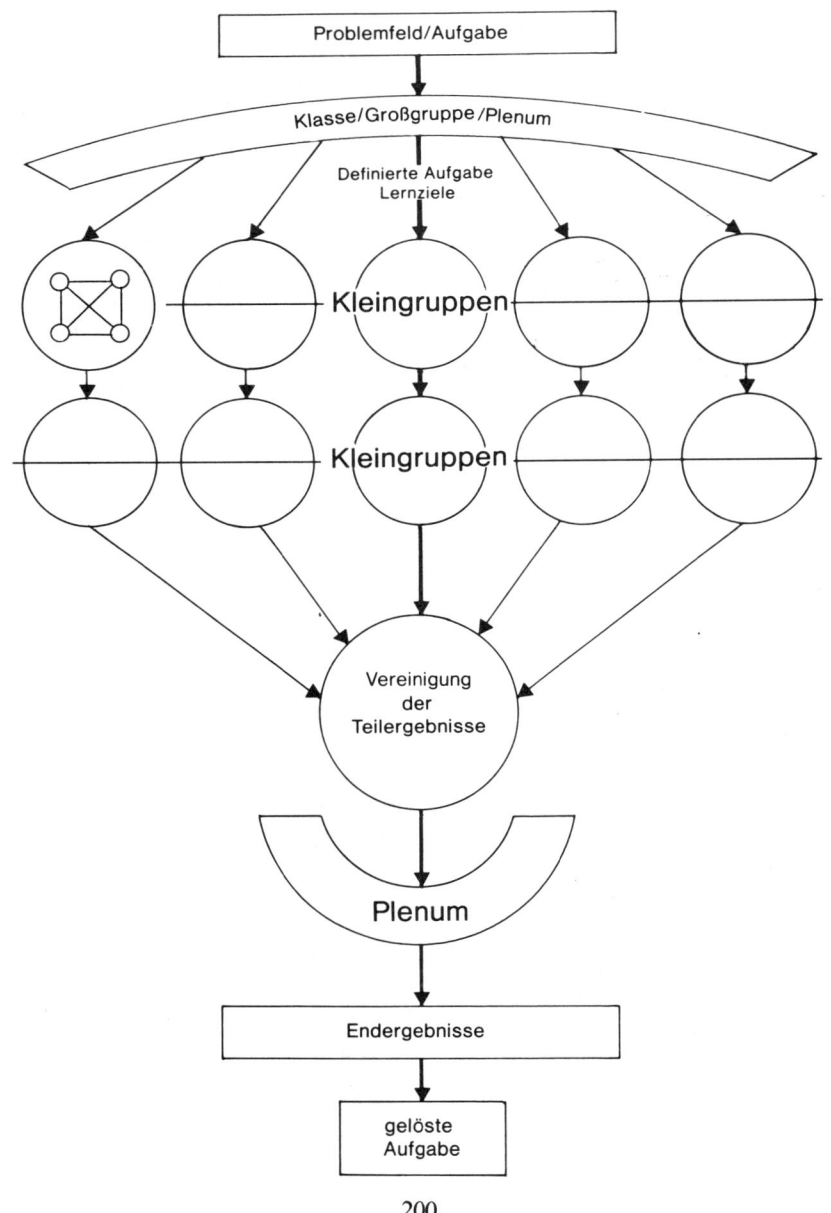

Gruppenunterricht in seiner Verlaufsform

I. Phase

Diese Phase trägt relativ *geschlossene* Züge.

In ihr erfolgen die

● Festsetzung des Themas,
● Identifikation von Lernzielen,
● Gruppeneinteilung/-bildung.

Problemstellung
Arbeitsanweisungen

II. Phase

Diese Phase hat einen relativ *offenen* Charakter.

In ihr erfolgen

● Beginn der Kleingruppenarbeit,
● Erarbeitung von Fakten und Zusammenhängen,
● Formulierung der vorläufigen Arbeitsergebnisse.

Lösungsversuche
in Kleingruppen

„Arbeitsvereinigung" durch
Gruppenberichte

III. Phase

Diese Phase hat wieder eine *geschlossene* Form.

In ihr erfolgen

● Darstellung und Vereinigen der Teilergebnisse der Kleingruppen,
● Vergleich, Kritik, Korrekturen und Ergänzungen der einzelnen Ergebnisse der Kleingruppen,
● Fixierung und Bereitstellung der korrigierten Ergebnisse.

„Ergebnissicherung"

„Ergebnisprüfung"
Problemlösung
Ende

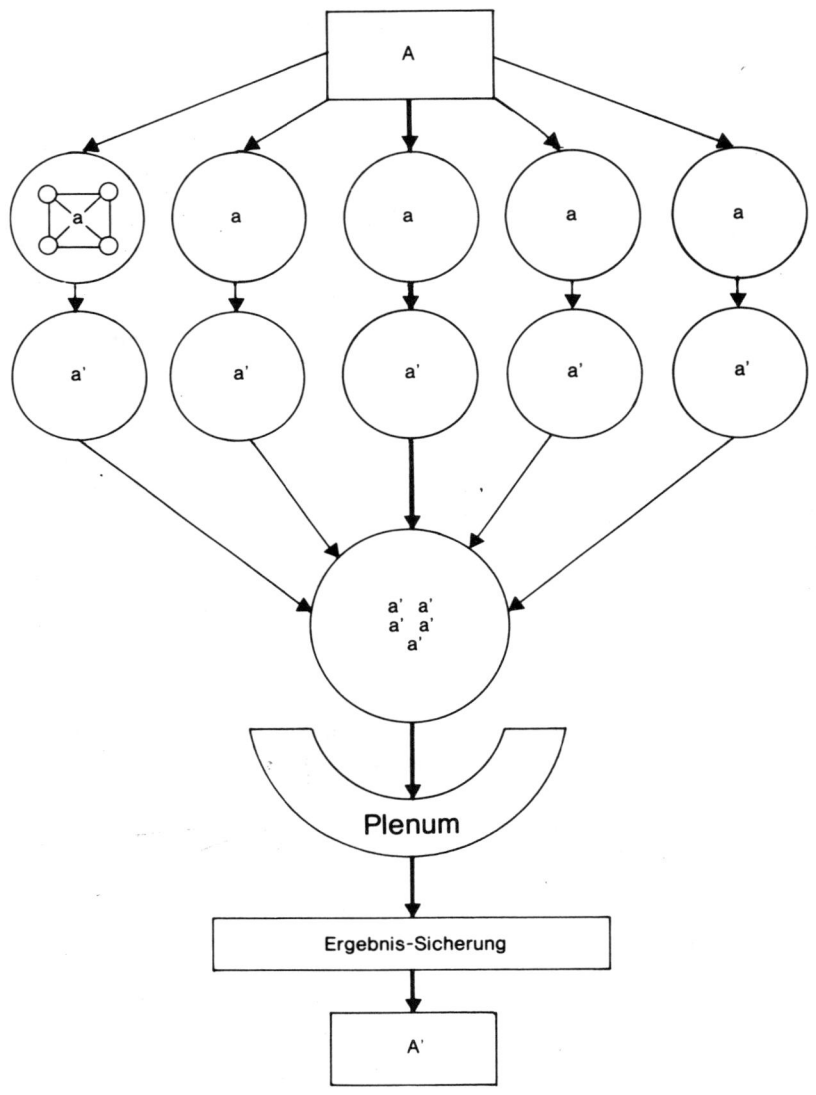

Entnommen aus: Vogel, A.: Unterrichtsformen II-Workshop Schulpädagogik, Mert. 17, Otto Maier Verlag Ravensburg 1975, S. 29

Gruppenarbeit — arbeitsgleich

(konkurrierendes Verfahren: alle Kleingruppen bearbeiten das gleiche Thema/Problem)

Aufgabe, Problem

Arbeitsanweisungen

Alle Kleingruppen sichten und erarbeiten Lösungsvorschläge an *gleichen* Teilthemen.

Jede Kleingruppe formuliert ihren eigenen Lösungsvorschlag.

Jede Kleingruppe bringt ihr Teilergebnis in das Plenum ein und vertritt es.

Das Plenum sichtet und diskutiert die Gruppenergebnisse. Gemeinsam wird das gemeinsame Arbeitsergebnis formuliert. Bei unvollständigen oder ungenauen Ergebnissen erfolgt u.U. Rückverweis in die Gruppen.

Das endgültige Arbeitsergebnis wird „fixiert".

Die Aufgabe/das Problem etc. gilt als gelöst.

Das arbeitsteilige Verfahren
(jede Kleingruppe bearbeitet ein Teilthema des ganzen Problems)

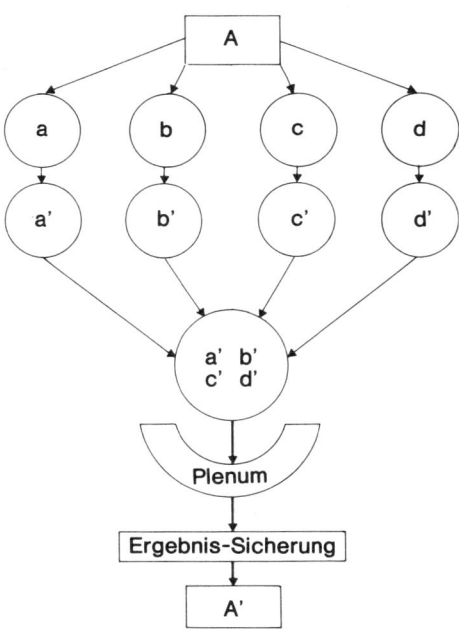

Verlaufsformen beim teilnehmerzentrierten/kooperativen Verfahren — Gruppenunterricht GU, Gruppenarbeit GA

GA ist eine ,,Unterrichtsform, die sich in Phasen der
— Arbeitsplanung (1)
— Arbeitsdurchführung (2)
— Arbeitsvereinigung (3)...
gliedert und kooperative produktive Selbsttätigkeit von Teilgruppen im Rahmen eines gemeinsam geplanten und für alle verbindlichen Projekts erfordert.'' (Nicklis, S. 309).

,,Seit der Nachkriegszeit kennzeichnet GU bzw. GA alle arbeitsteiligen Unterrichtsverfahren, bei denen die Klasse/das Plenum sich in kooperierende Zellen auflöst, die nach selbständiger Lösung ihrer Teilaufgaben sich zum Gesamtwerk wieder vereinigen; in dieser Bedeutung hat sich dieser Begriff international durchgesetzt.'' (Ebd.)

,,Neuerdings macht sich mit der zunehmenden Erforschung der Sozialisation und gruppendynamischer Prozesse eine Tendenz geltend, ganz unspezifisch alles Lernen in kleinen und größeren Lerngruppen (Partnerarbeit, Klasse, Kurs, Großgruppe) mit GU bzw. GA gleichzusetzen ohne Rücksicht auf die Kriterien *Arbeitsteilung* und *Kooperation.''* (Ebd.).

Arbeitsanweisung

Auf dieser Seite sind wesentliche unterschiedliche Vorstellungen von GA aufgezeigt. Diskutieren Sie jede einzeln (oder nehmen Sie für sich in Alleinarbeit dazu Stellung) und versuchen Sie festzustellen, ob die eine oder andere Variante ohne gegenseitige Verweise auskommen kann.

Nachstehend finden Sie eine erste, noch relativ allgemein gehaltene Darstellung der einzelnen Phasen der GA:

Phase der Arbeitsteilung = Projektierung der GA = 1. Phase der GA

Auf Initiative des Dozenten oder Teilnehmers oder aufgrund gemeinsamer Anregungen werden
— das Problem diskutiert,
— die Fragestellungen erarbeitet,
— die Ziele und evtl. auch schon die Teilziele definiert,
— die erforderlichen Medien und Materialien diskutiert evtl. schon gesichert und

— zu einem auch zeitlich umrissenen Arbeitsprogramm zusammengestellt. (Nicklis, S. 310).

Dadurch wird bewirkt, daß
— „alle Gruppen jederzeit den Bezug zum Ganzen behalten",
— ihren jeweiligen Beitrag später sinnvoll einordnen können,
— jederzeit eine sachliche Beurteilung der übrigen Gruppenberichte/ -ergebnisse ermöglicht wird.

Phase der Arbeitsdurchführung = Realisierung der GA = 2. Phase der GA
Die einzelnen Teilgruppen arbeiten in diesem Abschnitt selbständig an ihren Aufgaben. „Durch die soziale Motivation des Lernens (gemeinsames Vorhaben) entfaltet die Kleingruppe infolge der notwendigen Interaktionen ihrer Mitglieder in dieser Phase die stärksten Erziehungswirkungen und wird nicht allein die individuellen Fähigkeiten mobilisieren, sondern auch um der Aufgabenerfüllung willen Toleranz, Mitverantwortung, Partnerschaft" anbahnen und aufbauen. (Ebd.).

Phase der Arbeitsvereinigung = Überprüfung der GA = 3. Phase der GA
Aus „den Gruppenbeiträgen und der Ergebniskritik (geht) die Lösung der Gesamtaufgaben hervor, sei es als gegenseitige mehrfache Bestätigung der gleichen Ergebnisse (Parallelschaltung),... sei es als Integration der Einzelleistungen... zu einem durchschaubaren Ganzen (Serienschaltung)." (Ebd.).

Phase der Ergebnissicherung = Ergebnis der GA = Phase 3a der GA
Schriftlicher Bericht, Modell, Karte, Bilderreihe, Statistik, Schaubild, Werkstück, Wandfries, etc.
Auf den vorangegangenen Seiten haben Sie bereits erfahren, daß GA grundsätzlich verschiedene Stufen oder Stadien durchläuft. Den Phasen 1, 2 und 3 geht jedoch prinzipiell eine anspruchsvolle Vorbereitung der GA seitens des Dozenten voraus.

Die Vorbereitung der GA durch den Dozenten
Die vielleicht entscheidenste Arbeit (als Vorausarbeit) leistet der Dozent beim GU, der Sozialisationsprozesse und Lernprozesse im kognitiven, instrumentalen, pragmatischen und affektiven Bereich miteinander verbinden will, wenn

er die zu erwartende GA vorher am Schreibtisch in Form einer offenen Planung vorbereitet. An dieser frühen Stelle ist der Dozent als *Arrangeur* und *Organisator* von unterrichtlichen Lernprozessen und von Erziehung durch Unterricht innerhalb des gesamten unterrichtlichen Lernprozesses *(Planung und Realisierung)* mit am meisten gefordert.

Neben der inhaltlichen Analyse und der Definition der angemessenen *Lernziele* wird er vor allem das *Bedingungsfeld*, innerhalb dessen sich die GA ereignen soll, sichten und strukturieren, z.b., wird er im Bereich des Inhaltlichen den *Schwierigkeitsgrad der Thematik* zu erkennen trachten und ihn in Beziehung zur Lerngruppe setzen, d.h. er wird mögliche Schwierigkeiten auf die Situation der Gruppen und ihrer Mitglieder zu beziehen haben. Konkret wird er fragen: Welche Schwierigkeiten könnte der Teilnehmer a, b, x, y, z mit dieser Thematik haben. Je nach erkannter Schwierigkeit und Gliederungsmöglichkeit des Themas wird er es im Ansatz strukturieren und in kleinere Schritte zerlegen und eine erste Stufigkeit für den Lernprozeß hinsichtlich der didaktischen Funktionen zu beschreiben beginnen (Strukturierung = Artikulation des Unterrichts).

— Er wird des weiteren für sich überprüfen, welche *Arbeitstechniken und Methoden* den Teilnehmern bereits bekannt und verfügbar sind und auch schon sinnvoll eingesetzt werden können,

— welche nicht vorhanden sind und deshalb zur Lösungsfindung oder zur Beschreibung eines Ergebnisses noch nicht einplanbar sind, es sei denn, es wäre erklärtes Ziel der GA, eine solche *Arbeitstechnik* als Voraussetzung für die weitere Arbeit einzuführen.

— Der Dozent wird ferner für sich bestimmen müssen, welche *Medien und Arbeitsmittel* für die Durchführung und das Gelingen der GA unbedingt erforderlich sind, welche tatsächlich vorhanden, auch frei verfügbar und zugänglich sind, welche ausgeklammert werden müssen; welche Hilfsmittel eventuell selbst angefertigt werden können, welche sogar Ergebnis der GA sein könnten.

— Schließlich wird der Dozent die psychologische und die soziologische Situation der Klasse/des Plenums in ihrem gegenwärtigen Stand (als jeweilige Eingangslage für die GA) zu bestimmen versuchen, was hinsichtlich Motivation, Kooperationsfähigkeit / -möglichkeit und Interaktionsbereitschaft unbedingt vorausgesetzt werden muß respektive von hoher Bedeutung ist.

Erst nach derartigen Überlegungen wird der Dozent an die *feinere* Vorplanung der GA (in Form einer durchweg *offenen Planung)* herangehen — immer vorausgesetzt, daß es sich nicht um eine rein zufällige situativ-punktuelle, gelegentliche GA handelt.

Beachte
Nichts wäre bedenklicher, ja gefährlicher, als anzunehmen, GA würde sozusagen „von sich aus" laufen.

Dieser Fehler wird häufig von jungen Dozenten gemacht, wenn sie, oft hochmotiviert, aber ungenügend vorbereitet, auf diese anspruchsvolle Form des sozialen Lernens stoßen und in der Manier: „Hoppla, jetzt komme ich! Siehe, ich mache alles besser und neu!" antreten — und allzuoft scheitern. Leider!

Vielmehr ist — grundsätzlich — darauf zu achten:
— Eine *Vorplanung* sollte in *offener Form* erfolgen.
— Gruppenarbeit verlangt Geduld und eine mittelfristige Strategie.
— Der Dozent hat bereits bei der Planung der GA in offener Form als der *Organisator, Arrangeur und Lernbegleiter* unauffällig „da" zu sein, sich für unvorhergesehene und unvorhersehbare Situationen oder Schwierigkeiten als Wissender und Könnender und als Steuermann „in Not" voll verfügbar zu halten. Z.B. wird er feststellen, welche Gruppen, welche Gruppenmitglieder an einer bestimmten Stelle Schwierigkeiten an der Sache oder im Feld der sozialen Kooperation haben, ob die Methoden des gemeinsamen Arbeitens bei den Teilnehmern tatsächlich so vorhanden sind und angewandt werden, wie eine erfolgreiche Arbeit dies zur Voraussetzung hat.

Dies alles hat bereits zu Beginn der GA bzw. vorher zu geschehen, und oft genug entscheidet sich bereits hier das Gelingen oder Scheitern einer GA. An dieser Stelle bereits zeigt sich, ob der Dozent über die erforderlichen Qualifikationen der
— Fragefähigkeit
— Reflexionsfähigkeit und der
— Planungsfähigkeit (hin auf Handlungsfähigkeit)
verfügt. Diese Qualifikationen sind immerfort zu aktivieren und auf die Lerngruppe hin zu überprüfen und gegebenenfalls zu korrigieren. *Innerhalb* der GA liegt die eigentliche Aktivität hinsichtlich der Notwendigkeit, die Lern-

gruppe so zu verselbständigen, daß der Dozent allmählich — Schritt für Schritt — zurücktreten kann.

> **Merke**
> An dieser Stelle handelt es sich noch um eine große Dozentenaktivität, noch nicht um eine Teilnehmeraktivität.

Die Arbeitsanweisungen (Aa) zur GA

Auch die Arbeitsanweisungen sind Bestandteile der Vorausplanung des Dozenten, es sei denn, daß sie aus einer Gesprächsrunde oder einer Projektplanung entstehen. Grundsätzlich aber gilt:
Sinnvoll ist GA letzlich nur möglich, wenn eine konkrete und exakte Arbeitsanweisung für die Gruppen vorliegt oder als erstes Ziel im Plenum bereits behandelt wird.

> **Beachte**
> Die Gruppen müssen eindeutig wissen und klar verstehen, was zu erarbeiten ist, unter welchen Bedingungen gearbeitet werden soll, welche Medien zur Verfügung stehen, daß ein Lösungsvorschlag als versuchtes Arbeitsergebnis in einer bestimmten Form und Zeit erwartet wird.

Nur in den allerwenigsten Fällen einer unvorbereiteten Arbeits- und Gruppensituation — z.B. einer offenen Diskussionsrunde, eines gelegentlichen Gesprächs, eines noch nicht zur präzisen Klarheit gediehenen Prozesses oder Projektes — könnte es möglich oder notwendig sein, relativ ungesichert auf Gruppenbasis zu arbeiten und überprüfbare (verifizierbare und falsifizierbare) Ergebnisse zu erwarten. Auch die Formulierung und Bereitstellung der Arbeitsanweisungen zählt zu einer der wichtigsten GA vorbereitenden Leistungen des Dozenten. Sie ist Voraussetzung, soll eine GA sinnvolle und konkrete Ergebnisse erbringen.

Forderungen an eine präzise Arbeitsanweisung (Aa)
Die Teilnehmer müssen wissen, was sie arbeiten sollen und *welche Hilfen* ihnen zur Verfügung stehen. Deshalb sollte die Aa in der Regel schriftlich abge-

faßt sein und entweder im schriftlichen Umdruck vorliegen oder an die Tafel gegeben werden.

In ihrer Form soll sie *kurz und knapp* gehalten sein, in *leicht verständlicher Sprache* abgefaßt sein und keine Unklarheiten aufkommen lassen. Sie muß dem Grundsatz der *Eindeutigkeit* entsprechen und nach Möglichkeit Irrwege des Denkens ausschließen.

Nach Aufgabenstellung, Arbeitsauftrag und Schwierigkeit soll sie unbedingt das geistige Leistungsvermögen der Teilnehmer berücksichtigen und diese *nicht über- oder unterfordern.* Deshalb sollten auch die einzelnen Lernschritte *sachlich richtig* und in *methodisch angemessener Reihenfolge* gehalten und aufgeführt sein.

Gemäß der Aufgaben- oder Problemstellung soll die Anweisung die notwendig erscheinenden *Lösungshinweise enthalten* und auf die *vorhandenen, bzw. zugelassenen Lösungshilfen* verweisen. In diesem Zusammenhang soll sie auch Möglichkeiten der *Selbstkontrolle* vorsehen.

Die Arbeitsanweisung sollte sich inhaltlich am Lerngegenstand, an der Sache, am Problem orientieren, am Gegenstand selbst Kenntnisse und Einsichten gewinnen lassen.

Der Dozent hat dabei auf folgendes zu achten: Die Arbeitsanweisung soll das teilweise *Zurücktreten des Dozenten* ermöglichen. Deshalb sind zusätzliche Hilfen bereitzustellen; denn an Stelle des Dozenten sollen die Sache selbst (Lerngegenstand), Modelle, Bilder, Reliefs, Zeichnungen, Karten, Skizzen, Tabellen, Atlanten, Lexika, Arbeits- und Sachbücher, Formulare, Materialien aus Archiven, eventuell sogar ausbildungsinstitutionsfremde Personen und Einrichtungen „herangezogen" und „befragt" werden. (Nicklis/Keck)

Wenn das erforderliche Arbeitsmaterial zur Verfügung gestellt ist, sollten die Teilnehmer selbständig damit umgehen können. Dazu ist „seitens der Teilnehmer die Beherrschung zahlreicher *Arbeitstechniken* unabdingbare Voraussetzung." (Ebd.)

Merke
Die Arbeitsanweisung ist überall dort unerläßlich, wo Unterricht auf Selbständigkeit der Teilnehmer zielt und Selbständigkeit des Denkens angebahnt und aufgebaut werden soll. Diese Lerndimension ist vom Dozenten zu verantworten.

> **Beachte**
> Der Dozent läßt die Teilnehmer alles das, was sie selbständig zu erar-
> beiten vermögen, auf diese Weise „lernen". Er weiß aber auch um die
> notwendigen Einschränkungen, eventuell sogar um die Grenzen der
> Anwendung. Deshalb entscheidet er, ob dieses Verfahren anderen
> denkbaren Verfahren tatsächlich überlegen ist, ob die Angemessen-
> heit dieser Arbeitsweise hinsichtlich Entwicklungsstand der Teilneh-
> mer und Sachgebiet gegeben ist, ob die erforderlichen Arbeitsmateria-
> lien vorhanden und auch zugänglich sind, und ob die aufzuwendende
> Zeit lehrökonomisch vertretbar zu sein scheint. Unter Berücksichti-
> gung solcher Gesichtspunkte kann der Dozent wesentlich dazu beitra-
> gen, seine Teilnehmer zu verselbständigen.

Die II. Phase der Gruppenarbeit = Arbeitsdurchführung

1. Der Beginn der Gruppenarbeit

Die *Anfangssituation*/Eröffnungsfigur des Unterrichts kann verschiedenartig
gehalten sein. In jedem Falle aber sollte sie die *konkrete Problemstellung* bereits enthalten und den Teilnehmern ermöglichen, ohne große Umschweife
(Unsicherheiten und vage Angaben verführen dazu!) auf die Thematik hinzu-
steuern und das Problem definieren zu können. Dieser einleitende Teil der GA
endet i.d.R. mit der Ausgabe der Arbeitsanweisungen durch den Dozenten
und der Kenntnisnahme derselben durch die Gruppen (Rückfragen). Für den
Lehrenden muß an dieser Stelle darauf hingewiesen werden, daß sich eben
hier die Erkenntnisse und Ergebnisse der *Soziologie,* der *Psychologie,* der
Gruppendynamik und der *allgemeinen Didaktik* (z.B. Fragen der Motivation,
der Artikulation etc.) nachhaltig auswirken müssen.

2. Die Arbeit der Gruppe (Kleingruppenarbeit)

Sind die Arbeitsanweisungen ausgegeben, werden sie von den Gruppen gelesen und von der Problemstellung her überprüft/geprüft und befragt. Der Dozent vergewissert sich, daß die Anweisungen auch tatsächlich verstanden worden sind (was wiederum voraussetzt, daß sie präzise, verständlich und konkret
realisierbar abgefaßt sind, vergl. oben).

Während der Arbeit der einzelnen Gruppen tritt der Dozent als Handelnder und Steuernder ganz zurück. Seine Aufgabe besteht lediglich darin, beobachtend „zugegen" zu sein, für Rückfragen o.ä. „da" zu sein für den Fall, daß die Lerngruppen auf ihn zurückgreifen wollen.

Im einzelnen richtet er sein Augenmerk darauf,

— daß eine Gruppe an einer bestimmten Stelle möglicherweise nicht hängenbleibt; in diesem Fall bringt der Dozent durch Denkhilfen, Anstöße etc. die Arbeit wieder in Gang;

— daß die Richtungen und Lösungswege nicht allzusehr vom Thema (oder vom Lernziel) abweichen; er achtet darauf, daß das Ziel nicht aus den Augen verloren wird. Aufgabe des Dozenten wäre es hier, rechtzeitig zu korrigiern, es sei denn, daß er die Lerngruppe gerade planmäßig mit Problemen und Schwierigkeiten konfrontieren will; in diesem Fall wird er aber mit großer Verantwortung handeln und entscheiden müssen, denn Irrwege, Fehler und ein Scheitern kann die Teilnehmer entmutigen und unter anderem die Arbeit von Monaten zunichte machen. Die Gruppe erwartet hier zu Recht vom Dozenten Hilfe und Korrektur;

— daß er bei kurzem informellen Sichten der lfd. Arbeit der Gruppen diese ermuntert, von den vorhandenen und notwendigen Arbeitsmitteln und Informationsträgern reichlich Gebrauch zu machen, sie sich zu holen und zur Lösungsfindung intensiv zu nutzen.

Im übrigen ist der Dozent an dieser Stelle ein primär nicht notwendiger Bestandteil der Lerngemeinschaft in dem Sinne, daß er unentbehrlich wäre. Im Gegenteil: Bei dieser Phase übt er sich in strenger Zurückhaltung, er muß zurücktreten wollen (und es auch können). Unter gar keinen Umständen nimmt er eine Position ein, welche die Gruppe auch nur entfernt an ihn bindet oder (und sei es nur „helfend") sie von ihm temporär oder partiell abhängig macht. Die Eigenständigkeit und das selbstfindende Element sind an dieser Stelle besonders wichtig und machen den Sinn der GA aus.

3. Die Berichte der Gruppen als vorläufige Ergebnisdarstellung (Gruppenberichte)

Auch dieser Abschnitt der GA steht unter dem Aspekt der fast ausschließlichen Aktivität (Selbständigkeit und Selbsttätigkeit) der Gruppen. Allerdings ist dies schon eine Stelle, bei der die Gruppen befähigt werden sollten,

— nicht nur vortragen, referieren, anzeichnen... ihre gefundenen Ergebnisse übersichtlich und genau darstellen zu können,

— sondern auch die Ergebnisse von den anderen Gruppen „entgegennehmen" zu können (zuhören oder visuell ablesen können, mitdenken können, nachvollziehen können, später kommt hinzu das „Infrage"-stellen-können), andere Aspekte oder Fragen an das vorgetragene Ergebnis anlegen zu können... etc.

Auch an dieser Stelle steht der Dozent noch relativ peripher in diesem Geschehen. Seine Aufgabe ist es lediglich zu koordinieren, die Konkordanz der Ergebnisse und ihre Integration oder Zusammenfassung zu ermöglichen. Im übrigen integriert er sich in den Kreis der Zuhörer. Er hält sich aber zunächst noch weithin zurück, um mit seinen Fragen oder Argumenten nicht die Fragen oder Stellungnahmen der Seminarteilnehmer zu überlagern, zu verfälschen oder gar „zuzudecken".

Es ist ganz wesentlich, daß er darauf achtet, daß jede Gruppe zu Wort kommt (!!), Gelegenheit und genügend Zeit erhält, ihre Ergebnisse darzustellen, und im anschließenden Gespräch (Sichtung und Diskussion) auch vertreten ist.

Es wäre eine schwere Beeinträchtigung der Arbeitsatmosphäre und der Arbeitsbereitschaft zu befürchten, träte (eventuell sogar häufiger) die Situation ein, daß einzelne Gruppen mit ihren Ergebnissen nicht berücksichtigt werden, und sozusagen „vergeblich" gearbeitet und sich angestrengt haben.

4. Interpretation der Gruppenergebnisse im Plenum

In diesem Abschnitt geht es darum, die Gruppenergebnisse, die zunächst als vorläufige Ergebnise zu gelten haben (nichts desto weniger natürlich „echte" Ergebnisse der Gruppen sind), — zu sichten, — zu vergleichen, — zu überprüfen, — zu berichtigen, — vielleicht auch abzulehnen oder rückzuverweisen. Eine Ablehnung eines Ergebnisses sollte in den allerwenigsten Fällen eintreten dürfen (obwohl dies natürlich vorkommen kann); denn u.U. darf dann vermutet werden, daß entweder die Arbeitsanweisungen nicht präzis genug waren, oder die Qualifikation der Lerngruppe nicht hinreichend gesichert war, auch die „Betreuung" durch den Dozenten nicht ausreichend und intensiv genug war.

Falls sich bei einer Kritik dieses Ergebnisses herausstellen sollte, daß die GA vielleicht nicht genügend koordiniert gewesen ist, wäre gerade auf dem Gebiet der koordinierenden Begleitung intensiv nachzuarbeiten, und zwar seitens des Dozenten und der Teilnehmer.

Auf die Gefahren der Zurückweisung eines Ergebnisses ist nachdrücklich hinzuweisen. Eine Entmutigung ("Frustration") der Gruppe und ihrer Mitglieder muß unter allen Umständen vermieden werden. Besser ist es, behutsam und empfehlend auf eine Nachbearbeitung hinzuwirken: Und dies auf der Basis einer gemeinsamen Fehleranalyse und im Plenum erarbeiteter Empfehlungen für den nächsten Versuch. Auf keinen Fall darf eine Verunsicherung oder Minderung der Leistungsbereitschaft durch solche Maßnahmen eintreten, vielmehr sollte eine verstärkte und verbesserte Einstellung erwachsen können. Daß dies nicht leicht ist, versteht sich von selbst. Damit wird aber zugleich auch deutlich, daß an dieser Stelle des Lernens (das hier deutlich die soziale Komponente des Lernprozesses zu erkennen gibt), der Dozent im höchsten Maße gefordert ist. Bei negativen, unzureichenden oder ,,abwegigen'' Ergebnissen hat der Dozent demnach primär die Aufgabe, dafür zu sorgen, daß bei den Teilnehmern keine Resignation oder Entmutigung bis zur Frustration eintreten kann.

Aber auch bei Vorliegen offenbar gültiger und richtiger Ergebnisse, die natürlich hinsichtlich der Qualität und Quantität unterschiedlich sein können, ist der Dozent an dieser Stelle gefordert. Er ist letzlich der Garant, der Gewährsmann dafür, daß die Ergebnisse auf

— Richtigkeit (oder Teilrichtigkeit),
— Vollständigkeit (Lücken oder größere Defizite),
— Ergänzungen und Berichtigungen,
— Konkretisierung und Präzisierung, Ausblicke und Querverbindungen,
— zentrale und periphere Positionen innerhalb der Ergebnisse
überprüft, gesichtet und interpretiert werden.

An dieser Stelle sei ausdrücklich auf einen ,,eisernen'' Grundsatz der Gruppenarbeit verwiesen: Wer als Dozent Gruppen mit Arbeitsaufträgen beschäftigt, hat die unbedingte Pflicht, dafür zu sorgen, daß wirklich *jedes einzelne (!) Arbeitsergebnis* im Plenum vorgestellt und besprochen wird.

5. Arbeitsvereinigung

An dieser Stelle der Arbeitsvereinigung, der Sichtung und Kritik der Ergebnisse, entscheidet der Dozent i.d.R. im Einvernehmen, unter Mitwirkung und Mitverantwortung der Gruppen,

— ob die Teilergebnisse zu einem zusammengefaßten und abschließenden Ergebnis ,,vereinigt'' werden können oder nicht, ob also noch wesentliche Korrekturen (vgl. oben) notwendig werden;

— ob das Ergebnis — so wie es vorliegt — akzeptiert werden kann, wo Korrekturen, Ergänzungen, Teilberichtigungen, etc. vorgenommen werden sollten;
— ob bestimmte Ergebnisse evtl. noch einmal in die Gruppen zurückverwiesen werden sollten zur nochmaligen Sichtung und Überarbeitung unter Vermeidung der vom Plenum festgestellten Schwächen, Fehler oder Mängel.

Hier wird deutlich, wie Kritik fruchtbar werden muß hinsichtlich Hilfestellung zum Zwecke der Konkretisierung und Intensivierung der Ergebnisse.

An dieser Stelle zeigt es sich, ob Teilnehmer eigentlich „kritisch" sind, d.h. zur Kritikfähigkeit und Kritikbereitschaft gebildet wurden. Es genügt eben nicht, nur Kritiküben (an anderen) zu lernen, sachlich und angemessen, sondern ebenso bereit zu sein, Kritik anzunehmen und sie in fruchtbares Lernen umzusetzen!

An dieser Stelle der Arbeitsvereinigung „ernten" Teilnehmer und Dozent als kooperative Lerngemeinschaft, was — in oft langwieriger Arbeit — angebahnt und aufgebaut worden ist!

Es ist festzuhalten
Der Dozent wird auf dieser Ebene der Arbeit ganz entschieden gefordert! Er erscheint aber dennoch nicht als der Kontrolleur, Besserwisser oder gar als „Beckmesser", sondern gibt sich als helfender Partner zu erkennen, der von seiner Position aus zwar Sach- und Person-Autorität verkörpert, der aber davon überzeugt ist, daß Teilnehmer und Dozenten gemeinsam ständig Lernende sind, dies sein müssen, soll im eigentlichen Sinne des Wortes „soziales Lernen" möglich und sinnvoll werden.

An solchen Stellen entscheidet sich wesentlich,
— ob Autorität die Folge eines „Amtes", eines Vorgesetzten, also „Vorgesetzten-Autorität" ist,
— oder ob Autorität vorhanden ist in dem Sinne, daß sie ständig erworben und erkannt werden kann durch Sach- und Personen-Kompetenz, und daß sie als solche von der Lerngruppe akzeptiert ist.

Auch Autorität sollte — im Zusammenhang von Gruppenarbeit und allgemein — nicht als „gesetzte" Autorität und somit als Voraussetzung für Lernen, Aufmerksamkeit, Lernbereitschaft, etc. erscheinen, sondern die Folge der anerkannten und von der Gruppe akzeptierten menschlichen und sachkompetenten Qualitäten sein.

6. Die Ergebnissicherung

Jede GA ist letztlich erst dann beendet, wenn daraus konkrete und gesicherte Ergebnisse der Arbeit vorliegen. In gewisser Weise gilt hier (in Übertragung) die Kerschensteinersche Forderung nach „Werkvollendung". Das bedeutet, daß bei allen Arbeitsvorhaben und -bereichen der Gruppenarbeit darauf streng geachtet, ja, gedrungen werden muß, zu sichern und zu gewährleisten, daß ein einmal begonnener Arbeitsansatz nicht auf halbem Wege stehen bleibt, über erste Ansätze eventuell nicht hinausgelangt, sich mit ersten verbalen Vermutungen und Äußerungen begnügt oder auch schriftliche Arbeitsergebnisse ungesichert stehen läßt.

Die Arbeitsergebnissicherung bedeutet nicht nur einen nach außen hin sichtbaren Nachweis der Arbeit bezüglich Umfang, Gründlichkeit und Formgebung, sondern sagt auch etwas aus über das innere Bemühen, eine einmal angefangene Aufgabe bis zum letzten Abschnitt und Beitrag vollgültig durchzuhalten und zu gestalten. Erst daraus erwachsen echte Erfolgserlebnisse und bilden sich Verhaltensweisen aus, die erzieherischen Charakter haben! Damit wird die eigentliche Gründlichkeit der Arbeit gefordert: Niemals zufrieden zu sein, ehe nicht das Ergebnis in der situativ möglichen optimalen Weise vorliegt, sichtbar und aufbereitet, gestaltet und dargestellt.

Formen der Ergebnissicherung können sein
— exakt ausgeformte Texte, die eventuell mit Bildern, Zeichnungen, Grafiken, Tabellen ergänzt, angereichert und verdeutlicht werden;
— Wandfriese als Gemeinschaftsarbeit;
— vereinigte und sich ergänzende Teilgruppenberichte in exakter (gedanklich bruchloser oder kontroverser) Fortführung der Einzelbeiträge (als Lesetexte, in dramaturgischer Gestaltung, z.B. „Entwicklungshilfe im Teufelskreis", „Wie wir den Staat Mexiko sehen", „Export von Grundstoffen oder Aufbereitung am Ort", etc.);

— Tonbandaufzeichnungen, -mitschnitte, Videoaufzeichnungen, -mitschnitte, selbstgebastelte Sprech- und Musikszenen, Gespräche mit ergänzenden Kommentaren, etc.,
— Arbeits- und Werkmappen;
— Modelle;
— u.v.a.m.

Literatur

1. Dietrich, G.:Bildungswirkungen des Gruppenunterrichts. München 1969
2. Meyer, E. (Hrsg.): Die Gruppe im Lernprozeß. Frankfurt a/M 1970
3. Sjolund, A.: Gruppenpsychologie für Erzieher, Lehrer und Gruppenleiter. Heidelberg 1972/2
4. Tausch, R. u. A.-M.: Erziehungspsychologie. Göttingen 1970/5
5. Vogel, A.: Unterrichtsform I und II. Ravensburg 1974/75

4. Baustein:
Gespräch — Diskussion — Debatte

1. Einstieg: Zuhören
Der folgende Baustein soll die Gruppe 4 der ,,Lehr- und Sozialformen in der undifferenzierten Großgruppe", nämlich *Gespräch, Diskussion und Debatte* in den Mittelpunkt stellen. Da für alle drei Formen der Grundsatz gilt: ,,Zuhören ist die erste Bürgerpflicht!", soll ein kleines Kommunikationsspiel an den Anfang gestellt werden:

Spiel:
Vorlauf:
Zwei Gesprächspartner versuchen vor einem Auditorium, den eigenen Standpunkt zu einem kontroversen Thema durchzusetzen.
Hauptlauf:
Nach dem Vorlauf wird das Gespräch wiederholt, wobei jeder Teilnehmer, bevor er eigene Gedanken vortragen darf, die des Partners so lange und ausführlich wiederholen muß, bis dieser sich verstanden fühlt.

Auditorium:
Die Zuhörer beschreiben anschließend ihre Eindrücke.

216

2. Charakterisierung der drei Lehr- und Sozialformen

Gespräch:

„Das Gespräch ist eine der Grundformen menschlicher Kontaktnahme, Verständigung, Kommunikation und Existenz. Es bildet daher auch eines der Hauptthemen der Philosophie und der Literatur. In mancherlei Formen wird es zu diagnostischen und psychotherapeutischen Zwecken benutzt. Ebenso hat das Gespräch als Medium der Erziehung, der Lehre, des Studiums und der Information Bedeutung." (Brockhaus Enzyklopädie, 1969, S. 236)
Das Gespräch sollte nicht verwechselt werden mit der Lehr- und Sozialform des Lehrgesprächs. Ersteres existiert in zwei *didaktischen Hauptformen:*
— als Unterrichtsgespräch
— als Erfahrungsaustausch

Folgende *Merkmale* sind für diese Form festzuhalten:
1. Gleichberechtigung aller Teilnehmer
2. Gesprächsleiter bleibt im Hintergrund
3. Wenig formale Absprachen

Aufgaben des Dozenten:
— Sicherung des geordneten Ablaufs
— Sicherung der Ergebnisse (Zusammenfassungen)
— Sicherung einer aufgelockerten Atmosphäre

Diskussion:

„Eine Diskussion ist eine verbale Kommunikationsform, bei der nach bestimmten Regeln, für deren Einhaltung der Diskussionsleiter sorgt, ein vorher festgelegter Sachverhalt in Argumentation und Gegenargumentation erörtert wird, um Wissen zu erweitern, Meinung zu bilden, Verhaltensdisposition zu verändern und/oder eine mehrheitlich bestätigte Handlungsanweisung zu erarbeiten." (Böttcher u.a., 1974, S. 36)
„Diskussion" kommt vom Lateinischen (=discutare) und heißt soviel wie „zerschlagen, zerschneiden": Nämlich einen Gegenstand systematisch zu zerlegen. Sie existiert in folgenden zwei *Formen:*
— als Podiumsdiskussion vor einer gewissen Öffentlichkeit
— als Stegreifdiskussion

Folgende *Merkmale* sind für diese Form festzuhalten:
1. Zielorientierung (Ergebnisorientierung)
2. Strengerer formaler Rahmen
3. Optimale Gruppengröße: 7 — 12 Teilnehmer (Obergrenze 24)
4. Gleichberechtigung der Teilnehmer
5. Diskussionsleiter führt

Aufgaben des Dozenten:
— Gliederung des Ablaufs in Einzelphasen
— Zusammenfassungen, Überleitungen
— Ergebnissicherung
— Worterteilung und Ablauforganisation

Debatte:

,,Die Debatte ist eine Form der Diskussion. Sie unterscheidet sich von dieser dadurch, daß am Schluß der Diskussion eine Abstimmung erfolgt, eine Beschlußfassung mit bindender Wirkung für die Teilnehmer an dieser Debatte. In einer Diskussion werden Standpunkte dargelegt, geklärt; man setzt sich über sachliche Probleme auseinander. Die Debatte ist in einem spezifischen Sinne ich- bzw. wir-näher; denn an ihrem Ende werden Aktionen fixiert, Handlungsrichtungen bestimmt. Die Debatte hat Folgen, bindende Folgen für Realsituationen. Der Beschluß, sei er ein Kompromiß, sei er die Auffassung der Mehrheit, der sich die Minderheit beugt, hat reale Konsequenzen; er betrifft jeden der an der Abstimmung teilgenommen hat, u.U. auch Nichtanwesende." (Rössner, 1971, S. 59)

Die Debatte kommt als Lehr- und Sozialform in Bildungsinstitutionen seltener zum Einsatz, noch am ehesten im Hochschulbereich. ,,Debatte" kommt aus dem Französischen und bedeutet soviel wie ,,Wortschlacht", ,,öffentliche Auseinandersetzung". Die Debatte behandelt daher stets solche Inhalte, die einen Entscheidungscharakter haben (Beispiel: Parlamentsdebatte).

Folgende *Merkmale* sind für diese Form festzuhalten:
1. Orientierung auf Entscheidung
2. Geschäftsordnung als formaler Rahmen
3. Straffe Führung durch den Dozenten und strikte Einhaltung der Geschäftsordnung

Aufgaben des Leiters:
— Unparteiliche Leitung: Fairneß-Beachtung
— Zeiteinhaltung und Einhaltung der Geschäftsordnung
— Beschlußfeststellung

3. Übergreifende Aspekte von Gespräch, Diskussion und Debatte

1. Welche Ziele verfolgen einzelne Teilnehmer in diesen Lehr- und Sozialformen?
   — Beliebtheitsrollen
   — Aufbau und Integrationsrollen
   — Tüchtigkeitsrollen
   — Verhaltensauffälligkeiten

2. Welches Führungsverhalten zeigt der Dozent?
   — Autokratisches Verhalten
   — Sozialintegratives Verhalten
   — Laissez-faire-Verhalten

3. Welche negativen sprachlichen Finessen (Kunstgriffe) werden bei den kommunikationsintensiven Lehr- und Sozialformen angewendet?
   — Hinstellen von Meinungen als begründete Tatsache
   — Berufung auf Autoritäten
   — Verknüpfung eines Arguments mit der eigenen Person
   — Andeuten von Tatsachen
   — Retourkutsche
   — Bestreiten von Tatsachen
   — Methode des schiefen Vergleichs
   — Vorschnelles Schließen vom Besonderen auf Allgemeines
   — Übertreibungen
   — Infragestellung von Fragen
   — Unterstellung persönlicher Interessen beim Gegner

Aufgabe:

Im folgenden finden Sie elf Statements, die Sie den genannten elf Kunstgriffen zuordnen sollen (vgl. Böttcher, 1974, S. 96 ff).
— Glauben Sie mir, ich kann mir dieses Urteil erlauben!
— Was hinter den Argumenten meines Vorredners steckt, ist mir wohl bekannt; läßt sich aber öffentlich nicht darlegen.

— Meine Damen und Herren, es kann doch gar kein Zweifel daran bestehen, daß...
— Wenn man sich die Argumente meines verehrten Vorredners genau anschaut, dann wird deutlich, daß er nur die Interessen der Bauunternehmer vertreten hat, zu denen er selbst gehört.
— In meiner Argumentation weiß ich mich unbedingt einig mit...
— Was Sie gegen uns kritisch eingewendet haben, sollten Sie erst einmal selbst verwirklichen!
— Ein Redner wendet gegen einen Kandidaten, der aufgestellt wurde, etwas ein. Dieser ist zufällig Arbeiter. Daraufhin erklärt der Gegensprecher: ,,So also ist das! Der Herr Vorredner erklärt mit anderen Worten, daß ein Arbeiter nicht zur Wahrnehmung öffentlicher Ämter in der Lage sei! Wir verbitten uns das!''
— Ein Redner führt mehrere konkrete Beispiele an und zieht eine generelle Schlußfolgerung.
— Was Sie da sagen, ist ganz falsch. Da sind Sie nicht richtig informiert.
— Eine Frage des Vorredners wird als Tatsachenbehauptung hingestellt und kritisiert.
— Ich kenne da einen ähnlichen Fall, in dem völlig andere Ergebnisse erzielt wurden, bei ansonsten gleichen Bedingungen. Das zeigt doch wohl deutlich, daß Ihre Argumentation unakzeptabel ist.

4. Zum didaktischen Einsatz

Dem Einsatz von Gespräch, Diskussion und Debatte in der Fortbildung kommt der Umstand sehr entgegen, daß die Teilnehmer erwachsene Personen mit Lebens- und Berufserfahrung sind. Sie sind teilweise in hohem Maße dazu qualifiziert, Gespräche, Diskussionen und Debatten mit Inhalt und Leben zu füllen, sie für Lernzwecke eigenverantwortlich zu nutzen.

Der Dozent kann hier am ehesten hilfreich sein, wenn er ein *Konzept der didaktischen Animation verfolgt.* Dieses in Frankreich entwickelte nicht-direkte Verfahren der Förderung von Kommunikation, Kreativität und sozialer Aktion dient dazu, die Selbststeuerung und Eigenaktivität der Gruppe durch ihre eigenen Mitglieder zu fördern. Die drei Haupttätigkeiten des Dozenten sind dabei:
— Anregungen geben
— bekräftigen
— helfen, unterstützen.

Innerhalb eines derartigen Rahmens bemüht sich der Dozent, die genannten Lehr- und Sozialformen zu Lernzwecken zu nutzen: z.B.
— durch problemorientierten Ein-/Ausstieg,
— durch vertiefende Wiederholung,
— durch kontroverse Aufbereitung,
— durch kritische Analyse,
— durch weiterführende Erörterungen usw., usw.

Wichtig ist vor allem, daß die Teilnehmer selbst den organisatorischen, inhaltlichen und sozialen Rahmen gestalten können, und der Dozent primär als Teilnehmer fungiert.

Dazu ein *Beispiel* zur Verwendung der Lehr- und Sozialform *Diskussion* in der Art eines Rollenspiels:
Eine Fortbildungsveranstaltung für Mitglieder von Prüfungsausschüssen in Laufbahnprüfungen (= Prüferseminar) soll die Frage der Beibehaltung oder Beseitigung des mündlichen Prüfungsteils hypothetisch diskutieren. Thema: ,,Soll die mündliche Prüfung abgeschafft werden?" Lernziel dieser Sequenz ist: ,,Die Teilnehmer sollen am Ende der Diskussion Stärken und Schwächen der mündlichen Prüfung sowie die primäre Funktion dieses Prüfungsteils bezeichnen und erläutern können.
Zu diesem Zweck wird folgendes unterrichtliche Arrangement getroffen.
— 4 Teilnehmer, die zu ,,pro" neigen, sowie
— 4 Teilnehmer, die zu ,,contra" neigen,
bereiten sich in einer Kleingruppenarbeit von 25 Min. auf die Darlegung ihres Standpunktes in getrennten Sitzungen vor. In dieser Zeit bereiten die übrigen Mitglieder des Seminars die Diskussionsrunde vor:
— Wahl eines Vorsitzenden
— Wahl zweier Protokollanten am Flip-Chart (= Plakat) vor dem Plenum (einer für Pro, einer für Contra)
— Wahl eines Sprechers des sonstigen Publikums, der von den restlichen Teilnehmern im Verlauf der Diskussionsrunde beschriebene Karten entgegennimmt und in die Diskussionsrunde einbringen soll.
— Herrichtung des Seminarraums
— Falls dann noch Zeit ist: Andiskutieren des Themas unter dem Gesichtspunkt: Was werden die Parteien wohl wahrscheinlich für Argumente bringen?

Anschließend läuft die — mit einer Video-Anlage aufzeichenbare-Diskussion in einem Zeitraum von 60 Minuten ab, wobei wirklich jeder Seminarteilnehmer aktiv sein muß/kann:

- 8 Diskutanten
- 2 Protokollanten
- 1 Vorsitzender
- 1 Sprecher des Publikums
= 12 Teilnehmer

Die übrigen Teilnehmer bilden das Publikum und wirken durch Kartenschreiben über ihren Sprecher auf die Veranstaltung ein.

Das Ergebnis dieser insgesamt 90 Min. dauernden Lehrveranstaltung liegt am Ende per Plakatanschrift für alle lesbar vor. Der Lernerfolg ist wegen des stark aktivierenden und alle Teilnehmer erfassenden Arrangements in der Regel sehr groß. Dies vor allem dann, wenn der Dozent am Schluß in einem kurzen 10 Min. dauernden Lehrvortrag eine bündige Zusammenfassung und Interpretation anbietet. Später kann an bestimmten, geeigneten Stellen des Seminars auf Ausschnitte der Videoaufzeichnung zurückgegriffen werden.

Literatur

1. Böttcher, W. u.a.: Diskussionstechnik, Düsseldorf 1974.
2. Geißner, H.: Rhetorik. München 1976.
3. Gerathewohl, F.: Sprechen, Vortragen, Reden. Stuttgart 1955.
4. Greif, S.: Diskussionstraining. Salzburg 1976.
5. Langer, J. u.a.: Sich verständlich ausdrücken. München 1981/2.
6. Reiners, L.: Die Kunst der Rede und des Gesprächs. Bern/München 1959/3.
7. Shaeftel, F.R.u.a.: Rollenspiel als sozialer Entscheidungstraining. UTB. München 1976.
8. Thiele, H.: Trainingsprogramm Gesprächsführung im Unterricht. Bad Heilbrunn/OBB 1983.
9. Voelkner, J.: Das Erfahrungsaustausch-Seminar als Fortbildungsinstrument. In: Verwaltung und Fortbildung. 4. Jg. H 4. 1976. S. 182-202.
10. Ebeling, P.: Das große Buch der Rhetorik. Wiesbaden 1988.

IV. Zu den Medien

1. Materialien:
Plakat und Arbeitsblatt

1. Didaktische Funktionen von Medien

Unterrichtliche Medien sind kein Beiwerk im Unterricht!!!

Sie eröffnen dem Lehrer/Dozenten zentrale didaktische Möglichkeiten und erweitern sein unterrichtliches Repertoire.

Sie erfüllen folgende Funktionen:

1. *Motivations-* und *Aktivierungsfunktion* durch mehrkanalige Präsentation (erlebnisauslösende Funktion)
2. *Veranschaulichungs-, Aktualisierungs-* und *Visualisierungsfunktion*
3. *Informations-* bzw. *vermittelnde* Funktion
4. *Rationalisierungs-, Objektivierungs-* und *Speicherfunktion*
5. *Strukturierungsfunktion*
   a) Handlungsabläufe und Denkprozesse strukturierende Funktion
   b) den Unterricht strukturierende Funktion
6. *Behaltensleistungssteigernde* Funktion
7. *Differenzierungs-, Interaktions-, Kommunikations-* und *Selbstbildungsfunktion (= Soziale Funktion)*

2. Visualisierung mit Plakaten

1. Das Plakat ist ein Lehr- und Lernmittel zur Visualisierung der verschiedensten Unterrichtsstoffe (also auch abstrakter!).
2. Es ist ein didaktisch äußerst flexibles Medium, das zu allen Phasen des Unterrichts eingesetzt werden kann.
3. Das Plakat existiert in vier verschiedenen Formen, die große Ähnlichkeit aufweisen
   — mit den *Folien* des Schreibprojektors,
   — mit den *Arbeitsblättern.*
4. Das Plakat ist eine Lernhilfe für die Teilnehmer, dient aber dem Dozenten vor allem bei der Realisierung
   — dozentenzentrierten bzw.
   — dozentenorientierten Unterrichts.

a) Schriftbildplakate (,,Schreibplakate'')
Hauptformen:
— Gliederungen
— Materialsammlungen
— Textauszüge
— Textliche Gegenüberstellungen
— Problemsammlungen (Fragen)
— Zusammenfassungen

Beispiel 1:

Coaching **eine permanente Führungsaufgabe**

Der Coaching-Prozess

* **Beobachtung**

   — Was ist gut?

     ▶ Ausbauen

   — Was ist nicht gut?

     ▶ Verbessern

* **Analyse**

   — Mögliche Ansatzpunkte

   — Gewünschtes Ergebnis

   — Bereitschaft zur Änderung

   — Fähigkeit zur Änderung

   — Realistische Erwartungen

* **Feed back**

   — Spezifisch

   — Beschreibend

   — Überprüfbar

b) Veranschaulichungsplakate (,,Zeichenplakate'')
Hauptformen:
— Graphiken
— Tabellen
— Flußdiagramme
— Skizzen/Abbildungen realer Zusammenhänge/Gegenstände
— Beziehungen/Strukturen/Abstraktionen

Beispiel 2:

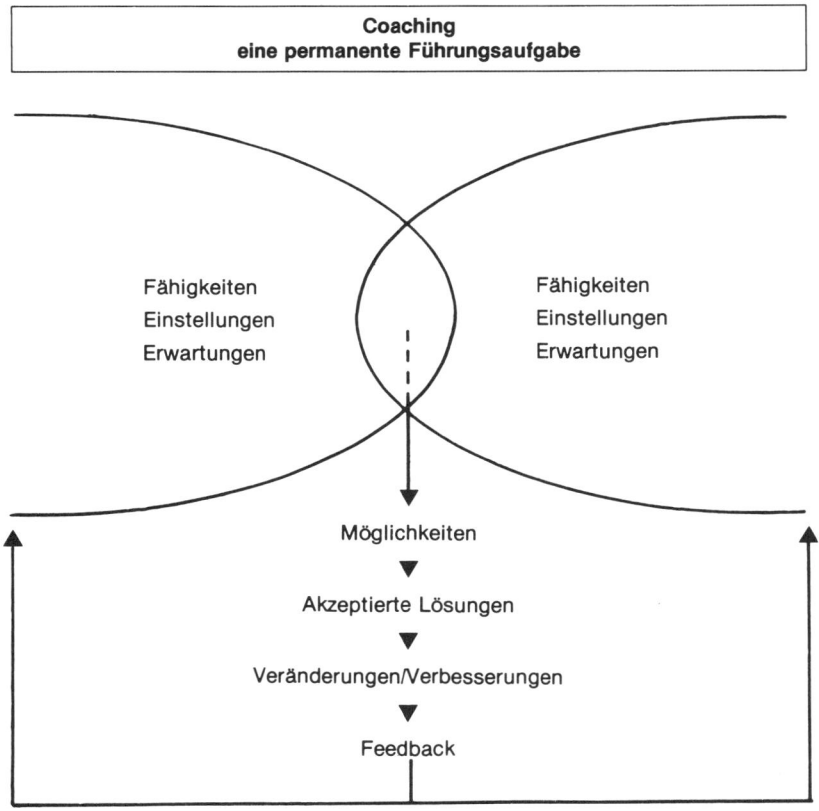

c) *Arbeitsplakate*
Hauptformen:
— Arbeitsanweisungen
— Problemdarstellungen
— Lücken-Plakate
— Abdeckplakate

Beispiel 3:

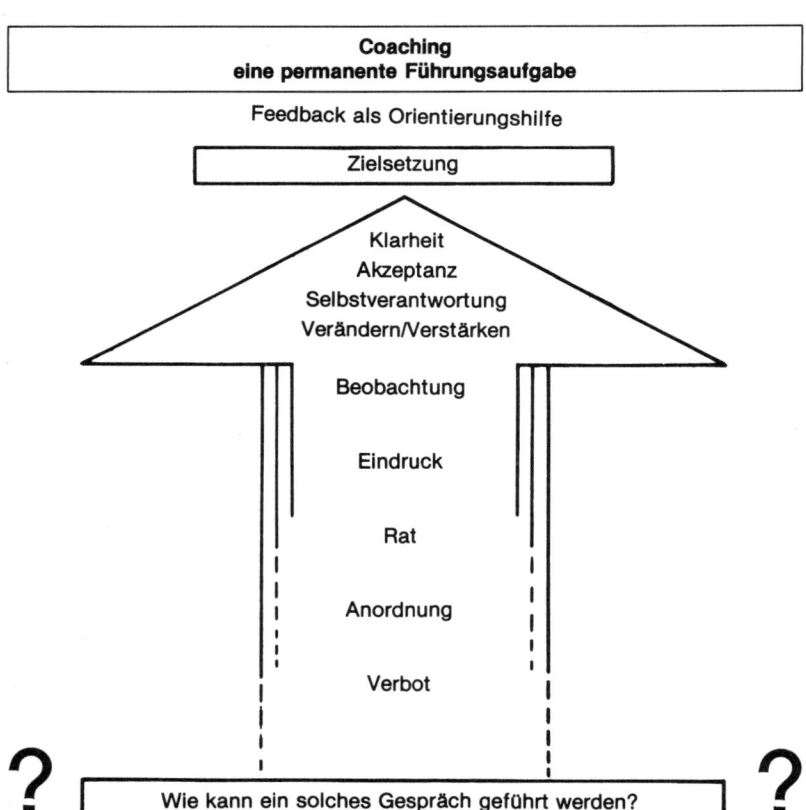

d) Mischformen

Hauptformen:

— Lücken-Plakate mit Pin-Cards
— Plakate in Collagenform (mit Fotografien, Materialien usw.)
— Kombination von Text und Frage, Information und Problemdarstellungen
— Kombination von Graphik und Frage, Information und Problemdarstellung

3. Das Arbeitsblatt: Funktion und Gestaltung

Das Arbeitsblatt — historisch aus der Arbeitsmittelbewegung der Reformpädagogik hervorgegangen (vgl. Döring 1973/2) — dient als Hilfsmittel primär der Steuerung teilnehmerzentrierter Lernprozesse:

— der Einzelarbeit
— der Partnerarbeit
— der Gruppenarbeit
— dem fragend-entwickelnden Lehrgespräch
— dem Rollen- und Planspiel

Wegen seiner hohen Flexibilität verwenden es manche Dozenten auch zur Unterstützung des Lehrvortrages oder des darstellend-entwickelnden Lehrgesprächs.

Zwar läßt sich das Arbeitsblatt sowohl

— zur Einführung wie
— zur Erarbeitung wie
— zur Wiederholung und Vertiefung

verwenden, die vom Dozenten unabhängige Erarbeitung — meist unter Verwendung weiterer Hilfsmittel — steht jedoch deutlich im Vordergrund.

Wie bereits gesagt, hat das Arbeitsblatt große Ähnlichkeiten mit den verschiedenen Plakat-Typen und den vorbereiteten Overhead-Projektor-Folien. In vielen Fällen sind die verschiedenen Formen direkt untereinander austauschbar. Oft ist auch ein paralleler Gebrauch derselben Konstruktion über die verwandten Medienträger sogar sehr sinnvoll!

Beispiel:

a) Die Teilnehmer erarbeiten an einem vorstrukturierten Arbeitsblatt einen Sachverhalt.

b) Der Dozent vollzieht eine Lernkontrolle mit ergänzenden Hinweisen an derselben Konstruktion über eine Folie als Träger.

c) Die folgende Unterrichtssequenz wird mit derselben Konstruktion — jetzt übertragen auf ein Plakat, das für alle sichtbar an der Wand hängt — wiederholend und vertiefend eröffnet.

Wir unterscheiden heute die folgenden drei Haupttypen von Arbeitsblättern:

a) die einfache Arbeitsanweisung
b) das Aufgabenblatt
c) das Informationsblatt

Zu a)

Hier wird das Arbeitsblatt dazu benützt, einen Arbeitsauftrag für eine teilnehmerzentrierte Erarbeitung zu formulieren: Mit Lernziel, Problemzeichnung, Fragestellungen, Arbeitshinweisen, Hilfsmittelangaben.

Zu b)

Dieser Typus ist so konstruiert, daß die Teilnehmer auf dem Arbeitsblatt Aufgaben vorfinden, die sie durch Eintragungen, Beschriften, Zeichnen lösen sollen in der Art eines Formblattes oder Antrages, das/der auszufüllen ist.

Zu c)

Dieser Typus dient primär der Informationsübermittlung. Das Blatt enthält zumeist eine Zusammenstellung von Fakten und Aussagen, die entweder mit ein/zwei Fragen oder mit Hinweisen über Konsequenzen und Folgerungen abgerundet sein können.

Literatur

Borrmann, G.-F.; Schwanenberg, M.: Handbuch für das Grundstudium. Bd. 36. Frankfurt/M. 1982. (Mit vielen guten Beispielen zur Visualisierung!)

Döring, K.W.: Lehr- und Lernmittel: Medien des Unterrichts. Weinheim/Basel 1973/2

Maeck, H.: Kreative Planung und Kontrolle des Lehrens und Trainierens. München 1980.

Prof. Dr. Borrmann
Baumgärtner
Schulze
Schwanenberg

Haushalt, Haushaltsplan, Haushaltsgesetz

1. Der Haushalt besteht aus:

   a) dem...................... und

   b) dem.........................

2. Der Haushaltsplan ist eine Zusammenstellung aller veranschlagten

   a) ....

   b) ....

   c) ....

   d) .... und

   e) ....

   sämtlicher Bundesverwaltungen.

zu a) HAUSHALTSEINNAHMEN : Deutscher Wetterdienst in Offenbach (Main)

		Betrag für 1000 DM	Betrag für 1000 DM	1000 DM
1	2	3	4	5

Einnahmen

Verwaltungseinnahmen

Gebühren und tarifliche Entgelte ....

Erläuterungen

Zu Tit. 111 01

1. Einnahmen für Wetterauskünfte und Klimagutachten
a) Wetterberatungen und Auskünfte
(synoptisch) .... 1 250 000 DM
b) Klimagutachten und Auskünfte .... 1 650 000 DM
2. Einnahmen aus dem Fernsprechansage-
dienst der Deutschen Bundespost .... 1 050 000 DM
3. Einnahmen von Zeitungen für Wetterberichte und Matern .... 950 000 DM
4. Einnahmen von der Deutschen Bundesbahn
für Wetterberatungen und Auskünfte ...... 34 000 DM
5. Einnahmen von den Rundfunkgesellschaften für Wetterberichte
I. Hörfunk
a) Norddeutscher Rundfunk, Hamburg ..... 144 000 DM
b) Westdeutscher Rundfunk, Köln .... 223 000 DM
c) Radio Bremen .... 13 000 DM
d) Südwestfunk, Baden-Baden .... 83 000 DM

e) Hessischer Rundfunk, Frankfurt .... 74 000 DM
f) Süddeutscher Rundfunk, Stuttgart .... 68 000 DM
g) Bayerischer Rundfunk, München .... 144 000 DM
h) Saarländischer Rundfunk, Saarbrücken ... 22 000 DM
i) Deutschlandfunk, Köln .... 23 000 DM
j) Deutsche Welle, Köln .... 12 000 DM
k) Wetterberichte außerhalb der Verträge
mit den Rundfunkgesellschaften .... 23 000 DM
II. Fernsehen
a) Deutsches Fernsehen (Hessischer Rundfunk), Frankfurt (Main) .... 117 000 DM
b) Zweites Deutsches Fernsehen, Mainz .... 120 000 DM
Zusammen 6 000 000 DM
Die Gebühren für die Leistungen des Flugwetterdienstes
(das sind rund 39 000 000 DM), die gemäß den Empfehlungen
und Richtlinien der Internationalen Zivilluftfahrtorganisation
(ICAO) für die Luftfahrt erbracht werden, werden bei
Kap. 12 15 Tit. 111 02 vereinnahmt.

229

zu d) 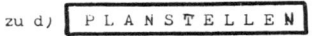 P L A N S T E L L E N

0403

Presse- und Informationsamt der Bundesregierung

Titel und Funktion	Zweckbestimmung	Betrag für 1980 1000 DM	Betrag für 1979 1000 DM	Istergebnis 1978 1000 DM
1	2	3	4	5
	Personalausgaben			
422 01−011	Bezüge der planmäßigen Beamten	10 003	9 367	9 269

	Bes.-Gr.	1980	1979
Oberamtsräte			26
Amtsräte			13
Regierungsamtmänner, Technische Regierungsamtmänner, Bibliotheksamtmänner			12
Regierungsoberinspektoren/Technische Regierungsoberinspektoren			2

zu e) S T E L L E N

0401

Bundeskanzler und Bundeskanzleramt

Erläuterungen

(Noch zu Tit. 425 01)
Übersicht über die Errechnung des Stellenbedarfs

	Verg.-Gr.	Stellensoll nach dem Haushaltsplan 1979	Stellensoll 1980
	1	2	9
	V b	11	11
	V c	16	20
	Arbeiter		42

3. Der Haushaltsplan wird durch das

.... und

bewirkt, daß die Verwaltung ermächtigt wird

a)......................... und

b)...............................

Lesen Sie bitte
die §§ 1 u. 3 BHO

2. Baustein:
Die Verwendung von Medien im Unterricht

1. Medien im System Unterricht

Die Nutzung konventioneller und moderner unterrichtlicher Medien ist als spezielles Problem der neueren Didaktik-Diskussion anzusehen. Wenn Didaktik als ,,Theorie des Unterrichts'' oder als ,,Wissenschaft vom Unterricht'' im weitesten Sinne angesehen wird, so spielen neben
1. den Intentionen (= Zielen)
2. den Themen (= Inhalten)
3. den Verfahren (= Methoden)
4. den Kontrollen
5. *die Medien* (= Lehr- und Lernmittel)
eine zentrale Rolle. Die Berliner Didaktik (Heimann/Otto/Schulz) hat nun als *Planungsprinzipien* von Unterricht neben ,,Variabilität'' und ,,Kontrollierbarkeit'' vor allem das

---

Prinzip der Interdependenz

---

hervorgehoben. Es besagt, daß die genannten, am Unterricht beteiligten Faktoren in einer Wechselwirkung stehen, was besonders auch bei der Planung berücksichtigt werden muß.

Die verschiedenen Person- und Sachfaktoren beeinflussen sich wechselseitig, und in gewissem Sinne kann man davon sprechen, daß Unterricht einen ,,Systemcharakter'' hat (vgl. Abb. ff.).

Dies gilt auch dann, wenn keine didaktische Systemtheorie i.e.S. zur Stützung dieser Aussage herangezogen wird, sondern lediglich eine Faktorenanalyse durchgeführt wird. Wer Medien zu Unterrichtszwecken einsetzen will, muß wissen, daß damit alle für den Unterricht entscheidenden Fragen mit gestellt sind. Dieses wechselseitige Beziehungsgeflecht kann man mit Hilfe zweier Modellformen
— einem feldtheoretischen Modell und
— einem stufentheoretischen Modell

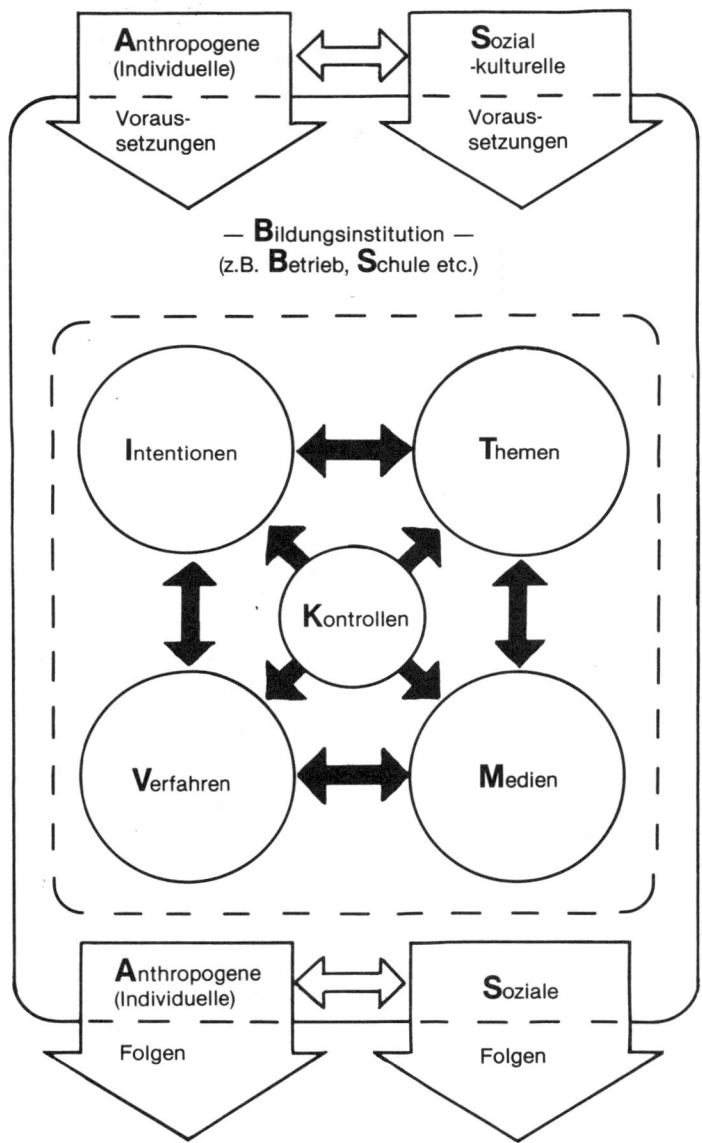

Abb. 1: Bedingungs- und Entscheidungsfelder von Unterricht

232

aus verschiedenem Blickwinkel recht gut verdeutlichen. Während das feldtheoretische Modell mehr eine statische, gleichsam, topographische Sicht des Unterrichts liefert (vgl. Abb. 2 und 3), berücksichtigt das stufentheoretische Modell stärker den dynamischen, prozeßhaften Charakter des Unterrichts (vgl. Abb. 4).

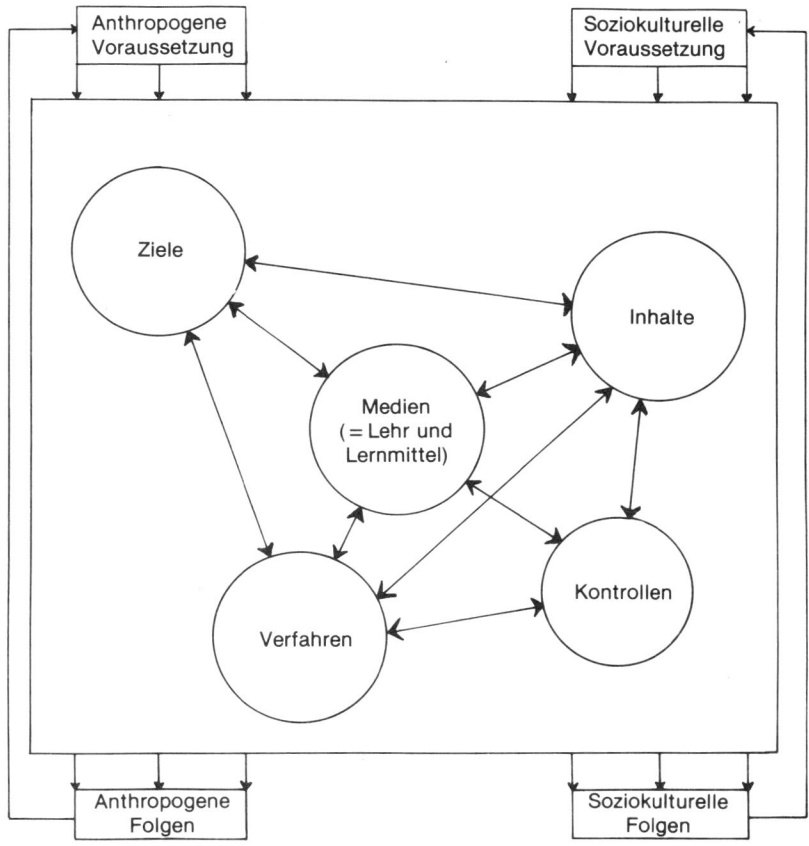

Abb. 2: Feldtheoretisches Modell des von Lehrer(n) und Schülern zu strukturierenden Systems ,,Unterricht''

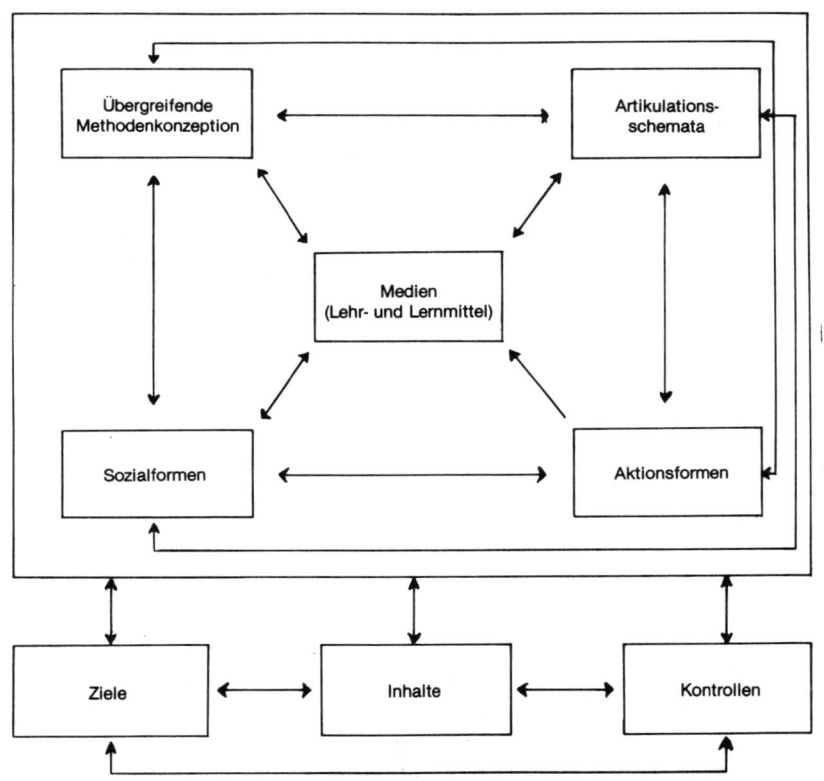

Abb. 3: Feldtheoretisches Modell der Beziehungen zwischen den Faktoren „Lehr- und Lernmittel" und „Verfahren" im System „Unterricht"

2. Forschungsergebnisse über Medien

Pädagogen und Psychologen sind sich seit längerem — genauer: Seit Comenius im 17. Jahrhundert auf den Plan trat — darüber einig, daß die verschiedenen auditiven, visuellen und audiovisuellen Medien ihre Rechtfertigung in dem Begriff der Anschauung finden. Comenius lehrte, es sei notwendig, alle Kinder alles mit allen Sinnen zu lehren. Die moderne Unterrichtsforschung hat uns gezeigt, daß Comenius mit seiner Forderung durchaus recht hatte.

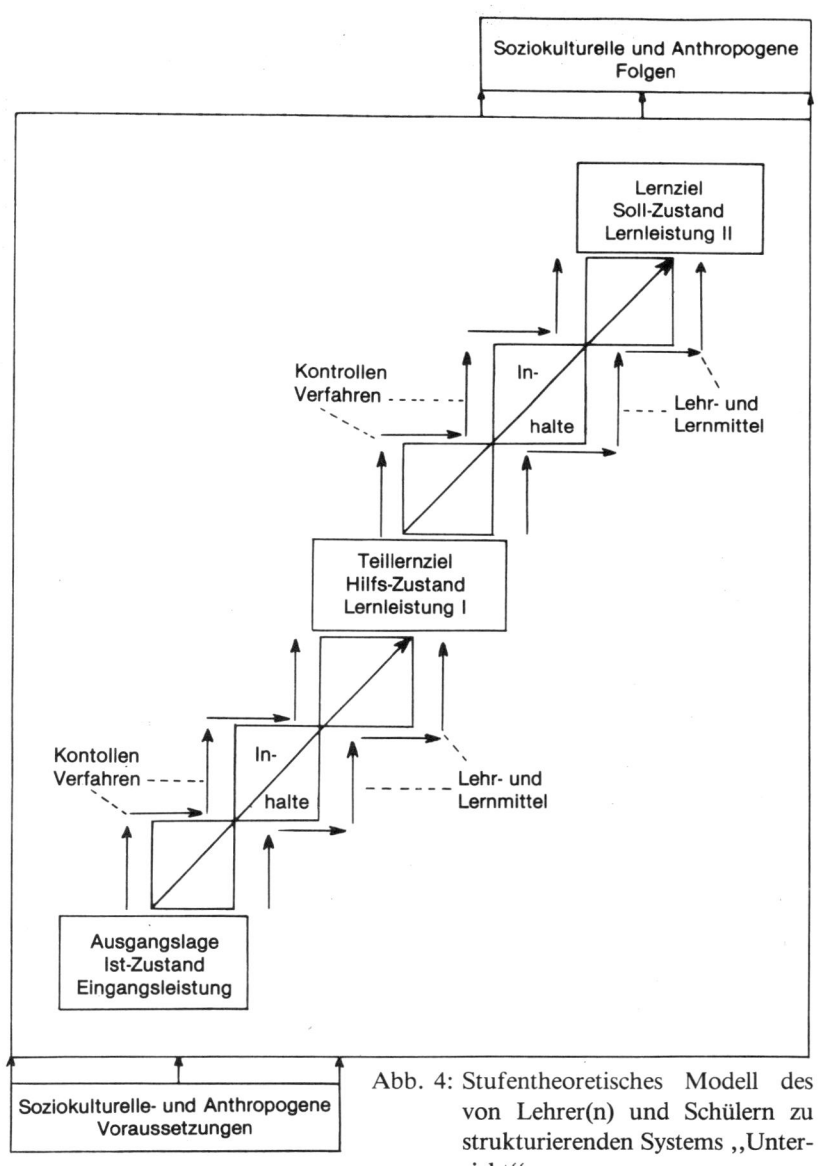

Soziokulturelle und Anthropogene
Folgen

Lernziel
Soll-Zustand
Lernleistung II

Kontrollen
Verfahren

In-
halte

Lehr- und
Lernmittel

Teillernziel
Hilfs-Zustand
Lernleistung I

Kontollen
Verfahren

In-
halte

Lehr- und
Lernmittel

Ausgangslage
Ist-Zustand
Eingangsleistung

Soziokulturelle- und Anthropogene
Voraussetzungen

Abb. 4: Stufentheoretisches Modell des von Lehrer(n) und Schülern zu strukturierenden Systems ,,Unterricht"

Berücksichtigt man nämlich die Tatsache, daß die Menschen entsprechend ihrem jeweiligen *Lerntyp* unterschiedlich auf Unterrichtsangebote reagieren, so kann man tatsächlich dann *alle* Kinder alles lehren, wenn man auf die jeweiligen Lerntyp speziell eingeht. Die Lernpsychologen unterscheiden heute die folgenden Grundtypen, die in unendlich vielen Mischformen existieren:

— den visuellen Typ (= Sehtyp)
— den auditiven Typ (= Hörtyp)
— den haptischen Typ (= Fühltyp)
— den verbalen Typ (= Sprech- oder Gesprächstyp)

Ohne ein reichhaltiges Medienangebot kann man diesen Lerntypen zweifelsfrei nicht gerecht werden.

Comenius hatte aber auch in dem Sinne recht, daß er forderte, allen Sinne müsse alles angeboten werden. So hat die neuere Unterrichtsforschung eine Reihe von Hinweisen zusammengetragen, die die Wirksamkeit der Instruktion mit Hilfe unterrichtlicher Medien unterstreichen:

— Dallmann / Preibusch (1970)
— Döring (Hrsg., 1971)
— Gottschaldt (1972)
— Issing / Knigge — Illner (Hrsg., 1976)
— Dichanz / Kolb (Hrsg., 1975, 1976)
— Heidt (1976)

Es werden — trotz kontroverser Positionen, Ansätze und Richtungen — in der *Mediendidaktik* heute die folgenden drei Erkenntnisse der Medienforschung allgemein akzeptiert:

1. Medien als unterrichtliche Hilfsmittel sind effektive Instrumentarien zur Verbesserung der Lernbedingungen des Unterrichts. Eine professionelle Lehrtätigkeit kann ohne sie nicht ausgeübt werden.

2. Medien sind keine bloßen Zusätze zum Unterricht, sondern können in zentrale Lehr- und Steuerungsprozesse eingreifen, das Lernen mithin wesentlich beeinflussen. Sie sind in der Lage, vielfältige didaktische Funktionen zu übernehmen (vgl. Nr. 1: Materialien : Plakat und Arbeitsblatt).

3. Medien als unterrichtliche Hilfsmittel können den Lehrer/Dozenten in seiner Arbeit zwar unterstützen, entlasten, punktuell gar ersetzen, sie machen ihn aber keinesfalls überflüssig. Im Gegenteil: Wie sich gezeigt hat, erreichen unterrichtliche Hilfsmittel ihre volle Wirksamkeit erst, wenn der Leh-

rer/Dozent sie zum integralen Bestandteil seiner Unterrichtsplanung macht.

Diese drei zentralen Ergebnisse der neueren Medienforschung sind in vollem Maße auf den Bereich der Weiterbildung zu übertragen. Nimmt man sie hier ernst und legt sie einer Didaktik des Lernens mit Erwachsenen zugrunde (Jäckering, Schwebbach, Voelkner, 1980), so lassen sich viele Mängel und Defizite der heutigen Weiterbildungspraxis mit Erfolg angehen und mildern. Vor allem die beiden folgenden Gesichtspunkte haben hier in den Vordergrund zu treten:

1. Die neuere *Andragogik* hat mit Nachdruck herausgearbeitet, daß der Erwachsene bis ins hohe Alter hinein lern- und leistungsfähig bleibt, sofern ihm günstige Lernverhältnisse angeboten werden. Dazu gehört u.a., daß Schluß gemacht wird mit einer abstrakt-theoretischen *Vortragsdidaktik* und mit Hilfe von Medien ein konkret-anschaulicher, verständlicher und praxisbezogener Unterricht verwirklicht wird.

2. Die neuere Andragogik hat weiter gezeigt, daß der erwachsene Mensch erfolgreich nur lernt, wenn er im Lernfeld ernst genommen und selbständig gemacht wird. Moderne unterrichtliche Hilfsmittel ermöglichen es in hervorragender Weise *partizipativ* zu arbeiten, das heißt: Teilnehmerzentrierte Lehr-/Lernverfahren zu nutzen, in denen die erwachsenen Lerner mit Hilfe der eingesetzten Medien zu eigenständigen, selbsterarbeiteten Lernergebnissen kommen. Es gibt deutliche Hinweise aus der Transferforschung (Transfer = Übertragung des im Lernfeld Erworbenen in das Funktionsfeld), daß solche eigenständig erarbeiteten Lernergebnisse wesentlich tragfähiger und dauerhafter sind. — Mit Hilfe von unterrichtlichen Medien können die Teilnehmer zu Partnern des Dozenten werden.

3. Übersicht der verfügbaren Medien

Die Geschichte der unterrichtlichen Medien zeigt, daß dieses Thema schon alt ist. Legt man nämlich einen sehr weiten Medienbegriff zugrunde, so sind alle materiellen Hilfsmittel, die in direkter Weise Lehr- und Lernprozesse unterstützen, zu den Medien zu rechnen. Zwar herrscht ein relativ uneinheitlicher Gebrauch der Begriffe für solche didaktischen Hilfsmittel, die wir im vorliegenden Zusammenhang zusammenfassend als *Medien* bezeichnen, vor, jedoch zeigt eine historische Analyse (Saettler, 1968; Döring, 1973/2), daß man entsprechend ihrer äußeren Beschaffenheit die folgende Medienübersicht geben kann:

Die große Gruppe der Medien umfaßt zunächst *vier Typen*:
— Bücher und Zeitungen
— Lehr- und Lernmaterial
— Reale Gegenstände
— Technische Medien

Diese vier Gruppen oder Typen lassen sich noch weiter untergliedern:
Siehe dazu Seite 146/147!
Vgl. zu dieser Frage außerdem:
Döring, K. W.: Lehr- und Lernmittel: Medien des Unterrichts. Beltz, Weinheim/Basel 1973/2, S. 296 ff.

Derartige Gliederungen (= Medienklassifikationen) zeigen auf ihre Weise und deutlich, welche Fülle von Medien zu didaktischen Zwecken verfügbar ist (vgl. zur Frage der Medienklassifikation und -taxonomie: Heidt, 1976). Die verschiedenen Lehrmittelmessen legen davon reichlich Zeugnis ab. Hatten über lange Zeit hinweg verschiedene Didaktiker die Überlegenheit des einen Mediums gegenüber einem anderen zu erweisen versucht, so herrscht heute die Auffassung vor, es gelte, durch eine ausgewogene *Kombination verschiedener Medien* die bestmögliche didaktische Wirkung zu erzielen.

4. Medien in der beruflichen Aus- und Fortbildung
Im folgenden sollen aus der oben angedeuteten Vielzahl der verfügbaren unterrichtlichen Medien *solche* herausgegriffen und kurz behandelt werden, die sich in der beruflichen Aus- und Fortbildung weitgehend durchgesetz haben:
— Tafelanschrift, Tafelbild, Plakate, Pin-Karten
— Arbeitsblätter und Arbeitsbögen
— Overhead-Projektion (Arbeitsprojektion) und Diaprojektion
— Film und Filmschleife
— Programmierte Instruktion
— Video und Fernsehen

Tafelanschrift, Tafelbild, Plakate, Pin-Karten
Zwar gehört die mit Kreide zu beschriftende Wandtafel mit ihren inzwischen zahlreichen Nachfolgern (Magnettafeln, Hafttafeln, Flipcharts usw.) zu den

„klassischen" Hilfsmitteln der Veranschaulichung („Visualisierung"), ihre Anwendung geschieht jedoch oft außerordentlich nachlässig. Viele Ausbilder und Dozenten benutzen die Wandtafel mehr oder weniger gekonnt für „Plakat- oder Wandnotizen", nicht jedoch für eine didaktische durchdachte Visualisierung des unterrichtlich behandelten Problems.

Der Vorzug der Wandtafel liegt in ihrer großen Vielseitigkeit. Ein- oder mehrfarbig, für Schriftbilder und Zeichnungen gleichermaßen geeignet, leicht zu handhaben, wird die Tafel genutzt für
— Zeichnungen und Modelle
— Übersichten und Zusammenfassungen
— Begriffserläuterungen und Gliederungen
und vieles andere mehr. Dabei sind zwei Formen der Tafelanschrift zu unterscheiden:
— die vom Dozenten genau vorgeplante Form
— die während des Unterrichts spontan und meist in Zusammenarbeit mit den Teilnehmern (beim Lehrgespräch) realisierte Form.

Sowohl zur Unterstützung des *Lehrvortrags* wie als Hilfe beim *Lehrgespräch* ist die Wandtafel unerläßlich. Sowohl bei der exakt vorgeplanten Form wie bei der im Unterricht entwickelten Tafelanschrift sollten *Sorgfalt* und *Genauigkeit* sich mit *Übersichtlichkeit* verbinden. Besonders bei Anfängern empfiehlt es sich, Tafelbilder bereits vor Beginn der Unterrichtseinheit anzuschreiben. In diesem Fall kann das vorliegende Bild (Gliederung, Modell, etc.) eine gute Stütze für Lehrvortrag und Lehrgespräch sein, an dem sich der vielleicht noch etwas unsichere Dozent ständig orientieren kann.

Das für das Tafelbild Gesagte gilt gleichermaßen für das Plakat (= Flipchart). Hier ist jedoch der Vorteil der Wiederverwendung gegeben (Aufbewahrung in Plakat-Rollen!). Sehr flexibel und didaktisch vielseitig sind die Pin-Karten. Sie eignen sich vorzüglich für erarbeitende Unterrichtsprozesse (Unterrichtsgespräch, fragend-entwickelndes Lehrgespräch). Ihre Farbigkeit unterstützt den Fortgang des Unterrichts und die Entwicklung des Themas.

Arbeitsblätter und Arbeitsbögen
Besonders bei den Lehr- und Sozialformen mit teilnehmerzentrierten Arbeitsformen kommen Arbeitsblätter und Arbeitsbögen zum Einsatz. Jedoch auch Lehrvortrag und Lehrgespräch können eine sinnvolle Anwendung bieten (vgl. 1. Materialien: Plakat und Arbeitsblatt!).

— Teilnehmerzentrierte Verfahren:
Arbeitsblätter und Arbeitsbögen als Anleitung zur selbständigen *Erarbeitung*, ebenso zur Vertiefung, Übung und Wiederholung,
— Lehrvortrag und Lehrgespräch:
Arbeitsblätter und Arbeitsbögen vor allem zur Vertiefung, Übung und Wiederholung.

Arbeitsblätter und Arbeitsbögen sind Medien, die sich aus den *Arbeitsmitteln* heraus entwickelt haben. Innerhalb der Gruppe der Arbeitsmittel sind es besonders die *Arbeitsanweisungen*, die auf die Entstehung der Arbeitsblätter und Arbeitsbögen eingewirkt haben. Ein anderer Einfluß entstammt der Programmierten Instruktion mit ihren spezifischen Aufgabetypen.

Arbeitsblätter und Arbeitsbögen sind als unterrichtliche Hilfen besonders aus zwei Gründen sehr verbreitet und beliebt:
a) Sie lassen sich durch Umdruck, Fotokopie usw. leicht herstellen,
b) sie sind u.a. deshalb sehr genau auf die didaktischen Erfordernisse des jeweiligen Unterrichts abzustellen.
c) Einfache Herstellung und didaktische Flexibilität werden ergänzt durch eine wahrscheinlich hohe Effektivität, die ihrerseits auf das hohe Maß an Aktivierung bei den Lernenden sowie die für die Bearbeitung wichtige Überschaubarkeit und Handlichkeit zurückzuführen ist.
Die inhaltlichen Gestaltungsmöglichkeiten sind praktisch unbegrenzt, weshalb darauf hier nicht näher eingegangen werden kann. Wichtig ist besonders, daß die Gestaltung der Arbeitsblätter und Arbeitsbögen sorgfältig und mit didaktischem Geschick vorgenommen wird. Wie beim Tafelbild ist festzustellen, daß eine nachlässige, unübersichtliche, ästhetisch unbefriedigende äußere Form, den Arbeitsanreiz und die Lernmöglichkeiten von vornherein beeinträchtigen.

Overhead-Projektion (Der Arbeitsprojektor) und Dia-Projektion
Die didaktische Nutzung des Overhead-Projektors — neuerdings hat sich die Bezeichnung „Arbeitsprojektor" durchgesetzt — wird noch immer beeinträchtigt durch den unausgesprochenen didaktischen Hintergrund, dem der Overhead-Projektor seine Entstehung verdankt: Der Projektor war ursprünglich als eine lichtoptisch projizierte Wandtafel konzipiert worden, bei der das Bild über den Kopf des Lehrenden hinweg (= over head) projiziert wird, und

dieser zu keiner Zeit den Blickkontakt mit den Lernenden verliert. Der Lehrende muß den Lernenden nicht wie bei der Kreidetafel beim Schreiben den Rücken zuwenden. Dieser dem Arbeitsprojektor zugrundeliegende lehrerzentrierte Grundsatz, der zugleich einen autoritären Aspekt in den Sozialbeziehungen mit sich führen kann, sowie das Technisch-Maschinelle des Projektors bewirkt, daß manche Dozenten die vielfältigen Möglichkeiten dieses Mediums nicht wahrnehmen und nutzen. Folgende methodische *Nutzungsformen* des Arbeitsprojektors sind zu unterscheiden:

- Schreibprojektor
  In dieser Funktion gleicht der Arbeitsprojektor einer technisch verbesserten Wandtafel. Eine transparente Folie kann mit wasser- oder spirituslöslichen Faserschreibern in verschiedenen Farben beschriftet werden. Solche Transparentfolien lassen sich abrollen und sind je nach Bedarf auch wiederverwendbar.

- Demonstrationsprojektor
  Selbstproduzierte oder gekaufte Folien werden auf die in der Regel 25 x 25 cm große Projektionsfläche gelegt. Mehrere übereinandergelegte Folien (sog. Overlays) können Entwicklungen sukzessive festhalten oder können als sog. blinde Karten usw. Verwendung finden. Neben solchen Mehrfach- oder Aufbautransparenten können auch bewegliche Plexiglasmodelle physikalische Abläufe dynamisch wiedergeben. Ein Zusatzgerät veranschaulicht Bewegungsabläufe, indem es mittels eines Polarisationsverfahrens eine Bewegung von an sich statischen Vorlagen zu simulieren vermag... .

- Diaprojektor
  Seit einigen Jahren sind auch Arbeitsprojektoren auf dem Markt, die im Projektionskopf eine Vorrichtung für die Wiedergabe von Diapositiven eingebaut haben. Mangelnde Bildschärfe an den Rändern des projizierten Dias infolge der im allgemeinen weitwinkligen Projektion ist der Hauptgrund, warum der spezialisiert eingesetzte Arbeitsprojektor die übliche Diaprojektion nicht vollwertig ersetzt. Die Overhead-Diaprojektion bietet hingegen oft eine willkommene methodische Hilfe.'' (Fröhlich, 1974, S. 58)

- Arbeitsprojektor (i.e.S.)
  Für juristische, wirtschaftswissenschaftliche, politische, organisationssoziologische und mathematische Fragestellungen kann der Arbeitsprojektor

im eigentlichen Sinne besonders gut eingesetzt werden. Die Wandtafel wird hier ersetzt durch eine Projektionsfläche, auf der übersichtlicher und leichter gearbeitet werden kann als auf einer vertikalen Wandtafel.

● Schattenprojektor
In Einzelfällen lassen sich auch einmal Gegenstände als Schatten projizieren.

Vergegenwärtigt man sich diese verschiedenen Nutzungsformen des Arbeitsprojektors, so ergibt sich, daß er durchaus mehr ist als eine verbesserte Wandtafel: Ein Medium nämlich, das
— bei allen Lehr- und Sozialformen eingesetzt werden kann,
— dabei für alle vorkommenden Unterrichtsphasen geeignet sein kann: Für Einstieg und Motivation ebenso wie für die Erarbeitung von Aufgabenstellungen, die Klärung von Arbeitswegen, die Zusammenfassung, Vertiefung, Übung und Wiederholung, aber auch für die Sicherung des Unterrichtserfolges (Erfolgskontrolle).
— auch die Teilnehmer erfolgreich nutzen können: Entwicklung eigener Gedankengänge, Ergebnispräsentation etc.

Film und Filmschleife
Innerhalb der audiovisuellen Medien ist der Film mittlerweile schon ein traditionsbeladenes Medium, obwohl er noch nicht einmal 100 Jahre alt ist. Man unterscheidet im allgemeinen vier große Gruppen von Filmen:
— Stummfilme und Tonfilme
— Unterrichtsfilme und Spielfilme (die didaktisch eingesetzt werden).

Innerhalb der Gruppe der stummen Unterrichtsfilme hat sich in den letzten Jahren die sog. Filmschleife, auch ,,Arbeitsstreifen'' oder ,,Elementfilm'' oder ,,Single-Concept-Film'' genannt, sehr stark durchgesetzt, wiewohl auch noch kaum in der Fortbildung.

Übersicht:

	Spielfilm	Unterrichtsfilm
Stummfilm	— 1 —	— 3 — u. a. der Arbeitsstreifen (Filmschleife, Elementfilm)
Tonfilm	— 2 —	— 4 —

Diese vier Formen des Filmes existieren in technischer Hinsicht in folgenden Arten:

- 16 mm-Film

  Dieses Filmformat ist das klassische Format für den Unterrichtsfilm: Bis vor kurzem wurden sämtliche über komerzielle Verleiher zu beziehenden Filme für Schule und Unterricht (auch in außerschulischen Bildungsbereichen) ausschließlich in diesem Format angeboten. Die 16 mm-Apparaturen sind (gegenüber dem 35 mm-‚Kinoformat‘) leicht zu handhaben, gleichzeitig ist die 16 mm-Bildqualität ausreichend, um auch vor größerem Publikum eine befriedigende Projektion zu garantieren.

- 8 mm-Film

  Der sog. Normal-8-Film genügt unterrichtlichen Anforderungen nur beschränkt. Entstanden aus dem Bedürfnis nach einer wirtschaftlicheren Verwendung des Filmmaterials, ist das halbierte 16 mm-Format bei gleicher Projektionsgröße von viermal geringerer Bildqualität.

- Super-8-Film

  Erst der 1965 entwickelte Super-8-Film schuf durch Modifikation der Perforierung eine gegenüber dem Normal-8-Film um 50% vergrößerte Bildfläche, die auch unterrichtlichen Ansprüchen genügt. Das Super-8-System hat folgende Vorteile:
  — leichte Handhabung der Apparaturen,
  — relativ billige Hard- und Software (= Gerät und Film)
  — Software-Eigenproduktionen auch ohne besondere technische Kenntnisse sind jederzeit möglich.

Nachteilig — zumindest bis heute — wirkt sich beim Super-8-System die für die unterrichtlichen Bedürfnisse nur knapp ausreichende Tonqualität aus. Vorläufig überwiegt im Unterrichtsfilmangebot dieses Formats noch immer der Stummfilm.

- Super-8-Kassette

  Die vorangehend aufgeführten Vor- und Nachteile des Super-8-Films gelten in gleichem Maße auch für die Super-8-Kassette, die gegenwärtig in zwei verschiedenen Systemen auf dem Markt ist und die sich bezüglich der Tonwiedergabe noch in der Entwicklung befindet... Die Filmkassette wird in Zukunft auf dem Unterrichtsfilm-Sektor die konventionellen Filmspulen mehr und mehr verdrängen..." (Fröhlich, 1974, S. 64/65).

Zur *Filmschleife* (Arbeitsstreifen, Elementfilm, Single-Konzept-Film) ist zu sagen, daß diese 4 — 8 Min.-Filme als filmische Montageteile für den Unterricht konzipiert wurden. Es wird ein eng begrenzter Sachverhalt, z.B. die Funktionsweise des Otto-Motors, Aufbau und Konstruktion eines Kaltdaches usw. im Film dargestellt, wobei durch Trickfilm-Einblendungen oder bewegte Modelle in Zeitlupe besonders gut Funktionszusammenhänge verdeutlicht werden können.

Der Umstand, daß der didaktische Aufwand beim Einsatz der Filmschleife sehr gering ist, die didaktischen Nutzungsmöglichkeiten dagegen als sehr hoch zu veranschlagen sind, erklärt wahrscheinlich die Verbreitung, die dieses Medium in den letzten Jahren gefunden hat.

Didaktische Vorteile der Filmschleife sind:
— Große Flexibilität: Die Filmschleife ist für alle Artikulationsstufen des Unterrichts einsetzbar: Problemstellung, Motivation, Erarbeitung, Vortrag, Zusammenfassung, Wiederholung, Erfolgssicherung und -kontrolle.
— Didaktische Offenheit: Die Filmschleife zwingt dem Dozenten nicht eine bestimmte Arbeitsweise auf, sondern läßt dem Lehrenden freie Hand für die eigene Planung.
— Lehrobjektivierung: Die Filmschleife erweitert bei einer systematischen Anschaffung das didaktische Repertoire des Dozenten erheblich, weil sie wichtige Elemente des Unterrichtsangebots dauerhaft speichert.

Programmierte Instruktion (vgl. dazu den Baustein 3 über PI!)
Die Programmierte Instruktion existiert heute in zwei Formen:
— der der Buchprogramme
— der der Lehr- und Lernmaschine

Angesichts der finanziellen Probleme, die die Anschaffung der zumeist außerordentlich kostspieligen Lehrmaschinen aufwerfen, stellen die *Buchprogramme* heute eindeutig die wichtigere Medienform innerhalb der Programmierten Instruktion dar. Auf die Entwicklung der Buchprogramme haben im wesentlichen zwei wissenschaftliche Richtungen Einfluß genommen:
— die informationstheoretisch-kybernetische Richtung
— die lern- und verhaltenspsychologische Richtung

Besonders in praktischer Hinsicht, nämlich der konkreten Entwicklung einsatzfähiger Programme, war die Lern- und verhaltenspsychologische Rich-

244

tung wichtig. Von dieser her läßt sich ein Buchprogramm folgendermaßen bestimmen:

Ein Buchprogramm stellt ein Verfahren dar, mit dessen Hilfe einem Lernenden gezielte *Verstärkungen* für bestimmte — zumeist intellektuelle — Reaktionen bzw. Leistungen geboten werden. Dies geschieht in systematischer Form in einem Lernverfahren „der kleinen Schritte", bei dem auf jede einzelne Reaktion oder Antwort sogleich eine Rückmeldung (feedback) geboten wird.

Das Buchprogramm stellt also kurz gesagt ein Medium dar, das Reize (= Lernreize) bietet und Antworten (= Reaktionen) fordert, und das außerdem in der Lage ist, sofortige Bestätigungen für die Richtigkeit der Antworten zu erteilen.

Damit dürfte deutlich geworden sein, daß ein Buchprogramm eine Art *Arbeitsbuch* darstellt, mit dem der Lernende in einer Art Selbststudium ohne Unterstützung durch den Dozenten arbeiten kann.

Man unterscheidet nun vier verschiedene Programmformen:

— Lineare und verzweigte Programme
— Konstruktions-Antwort und Auswahl-Antwort-Programme

Damit ergibt sich folgende Übersicht:

	Konstruktions-Antwort-Programme	Auswahl-Antwort-Programme
Lineare Programme	— 1 —	— 2 —
Verzweigte Programme	— 3 —	— 4 —

Auf lernpsychologische Hintergründe der Programmierten Instruktion kann hier nicht näher eingegangen werden. Hier interessieren mehr die unterrichtspraktischen Probleme. Daher zu den vier genannten Programmen hier nun folgende Erklärung:

Die verschiedenen Arten von Buchprogrammen entspringen den je verschiedenen Weisen, in denen die Lerneinheiten dem Lernenden angeboten werden: Entweder läßt man den Teilnehmer die Antworten auf die Programmfragen selbst konstruieren oder formulieren, oder man bietet ihm eine Reihe schon vorgefertigter Antworten an und läßt ihn dann die richtige auswählen. In diesen beiden Fällen hat man sich entweder für Konstruktions- oder Auswahl-Antwort-Programme zu entscheiden. Sodann muß eine Wahl getroffen werden, ob der Lernende geradlinig, gleichsam auf einer einzigen verfügbaren Lernspur oder aber mit Umwegen, entsprechend seinen Fehlern, unter Zuhilfenahme sog. Programmschleifen zum Ziel geführt wird. In diesen letzten beiden Fällen hat man es entweder mit linearen oder verzweigten Programmen zu tun.

In wissenschaftlichen Untersuchungen konnte bislang — entgegen dem ersten Anschein — keine Überlegenheit der einen Programmform gegenüber der anderen nachgewiesen werden.

Die *didaktische Bedeutung* der Programmierten Instruktion liegt
— in der genauen Vorausplanung der Lernschritte,
— der flexiblen Zeiteinteilung für den Lernenden,
— der hohen Lernintensität und Genauigkeit der Arbeit
begründet.

Ihre große Problematik dagegen ist mit dem ihr zugrunde liegenden äußerst primitiven Lernkonzept gegeben (vgl. dazu I,2 im zweiten Teil!). Lernen wird hier nämlich behavioristisch als Änderung beobachtbaren Verhaltens interpretiert, nicht jedoch als ein internaler, kognitiver Prozeß der Verarbeitung von Informationen, was Lernen ja in Wahrheit ist. — Wenn mit Programmen trotz der „falschen" Lerntheorie, die ihnen zugrunde liegt, dennoch gut gelernt werden kann, so liegt das an den folgenden Merkmalen eines Programms:
— Zerlegung in kleine, logisch auf einander aufbauende Lernschritte,
— Sofortige Rückmeldung über die Richtigkeit des eigenen Lernschrittes.

Beide Gesichtspunkte können freilich gerade bei Erwachsenen auch Frustrationen und Abneigungen auslösen. Daher sollten Unterrichtsprogramme — wie andere Medien auch — nur punktuell und nicht über längere Zeit eingesetzt werden.

Ein weiterer *Nachteil* der vorgefertigten Buchprogramme besteht in der spezifischen *Starrheit* dieses Mediums, das die didaktische Entscheidungsfreiheit des Dozenten letztlich auf die Frage einengt, ob er das Programm einsetzen will oder nicht. Alles andere ist vorgegeben und nicht veränderbar. Daher bemühen sich einige Dozenten sinnvollerweise darum, selber Programme bzw. Programmteile für den eigenen Bedarf zu schreiben.

5. Zur Didaktik der unterrichtlichen Medien

Die Forderung, eine ,,Didaktik der unterrichtlichen Medien'' als eigenständige Disziplin oder Theorie zu entwickeln, muß unter den derzeitigen didaktischen Perspektiven als verfehlt angesehen werden. Wenn also z.B. Arnold Fröhlich beklagt, daß es ,,weder eine systematische ,Theorie der Bildung' durch audiovisuelle Unterrichtsmittel, noch eine Theorie für die mit Hilfe auditiver, visueller und audiovisueller Lehr- und Lernverfahren vermittelten Bildungsinhalte'' gibt (Fröhlich, 1974, S. 103) und außerdem feststellt, daß Bemühungen ,,keinen brauchbaren Ansatz'' (ebd.) abgeben, die Medien im Rahmen der allgemeinen Didaktik zu behandeln, so vernachlässigt er die Hilfsmittel-Funktion der Medien.

Medien haben keinen selbständigen Charakter im didaktischen Gefüge. Sie erhalten ihren Stellenwert und ihre Wirkung von dem Kontext (Beziehungsgeflecht), in den sie gestellt werden. Insofern liegt es auf der Linie der neueren Medien-Diskussion, wenn eine ,,Didaktik der unterrichtlichen Medien'' nur als Teildisziplin der *Allgemeinen Didaktik* entwickelt und betrieben wird.

Literatur

Dallmann, G.; Preibusch, W.: Unterrichtsmedien In: Handbuch der Unterrichtsforschung. Teil II, Kap. 10 Weinheim/Berlin/Basel 1970 Sp. 1537—1799.

Dichanz, H.; Kolb, G. (Hrsg): Quellentexte zur Unterrichtstechnologie. Bd. I + II. Stuttgart 1976

Döring, K.W. (Hrsg): Lehr- und Lernmittelforschung. Weinheim/Basel 1971

Döring, K.W.: Lehr- und Lernmittel: Medien des Unterrichts. Weinheim/Basel 1973/2

Fröhlich, A.: Die audiotiven, visuellen und audiovisuellen Unterrichtsmittel. Weinheim/Basel 1974

Gottschaldt, K.: Psychologie des programmierten Lernens. Hannover 1972

Heidt, E.U.: Medien und Lernprozesse. Weinheim/Basel 1976

Issing, L.J.; Knigge-Illner, H. (Hrsg): Unterrichtstechnologie und Mediendidaktik. Weinheim/Basel 1976

Jäckering, W.; Schwebbach, W.; Voelkner, J.: Lernorganisation in der dienstlichen Fortbildung. Köln/Bonn 1980

3. Baustein:
Die Programmierte Instruktion

1. Einleitung: Begriffe

Schon sehr früh wurde darauf hingewiesen, daß der verbreitete Begriff „Programmierter Unterricht" insofern problematisch ist, als ein Programm weder selbst Unterricht im umfassenden Sinne darstellen, noch Unterricht als Ganzes tragen kann. Ein Unterrichtsprogramm ist immer selbst ein Teil des Unterrichts und kann von daher nicht über diesem Ganzen stehen. Insofern sind die Begriffe *„Programmierte Instruktion", „Programmierte Unterweisung"* oder *Programmiertes Lernen"* treffender und auch folgerichtig weiter verbreitet. Im vorliegenden Baustein wird durchgängig die erste der drei genannten Bezeichnungen in der Abkürzung (PI — Programmierte Instruktion) verwendet.

Der Begriff *„Frame"* bezeichnet den einzelnen Lernschritt: Also Aufgabenstellung plus Lösung. Unter *„Verstärkung"* versteht man einen als positiv erlebten subjektiven Effekt, wie er sich nach einem Lernerfolg einstellen kann. Bei *„intrinsischer Motivation"* verstärkt sich das Individuum selbst, bei *„extrinsischer Motivation"* kommt diese von außen (z.B. Lob des Dozenten).

2. Unterrichtstechnologie und Objektivierung von Lehr-/Lernverfahren

Der Begriff Unterrichtstechnologie deutet an, daß Unterricht hier im technologischen Sinne konstruiert und präsentiert werden soll. Dabei bedeutet „Technologie" zweierlei:

— einmal, daß die Trägerschaft des Unterrichts weitgehend auf Technologien, also Maschinen, Geräte oder Materialien übergeht,

— zum anderen, daß Unterricht planmäßig konstruiert, gesteuert und kontrolliert werden soll. Der Terminus „Technologie" kennzeichnet danach die Anwendung wissenschaftlicher Verfahren bei der Lösung praktischer sozialer Probleme und damit auch von Unterrichtsproblemen.

Im modernen Sinne und in Verbindung mit der Systemtechnik beschäftigt sich Unterrichtstechnologie mit der Entwicklung, Einführung und Verbesserung von Medienverbund- oder Lernsystemen. Die Nähe von Unterrichtsprogrammen zu derartigen Entwicklungen bedeutet, daß die PI einen bestimmten Teilbereich einer modernen Unterrichtstechnologie ausmacht.

Dies ist im Prinzip möglich, weil mit Programmen Lehr-/Lernprozesse ganz oder teilweise *„objektiviert"* werden können. Der Begriff *„Objektivierung"* bedeutet dabei im didaktischen Sinne, daß bestimmte (keineswegs alle!!!) Lehrfunktionen des Lehrers/Dozenten auf spezifische Objekte (= unterrichtliche Medien) übertragen werden.

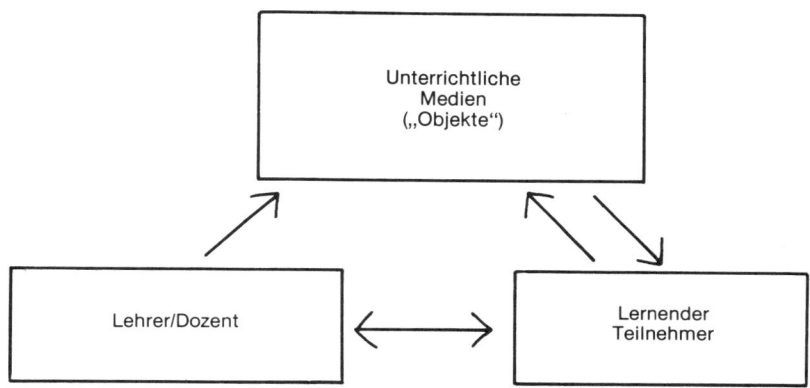

Abb. Modell für den Sachverhalt der „Objektivierung"

Für die PI bedeutet dies, daß Unterrichtsprogramme die Funktion der Informationsübermittlung übernehmen, d.h. die Funktion der Instruktion durch das Programm objektiviert ist. Der Lehrer/Dozent wird dadurch frei für andere Tätigkeiten, z.B. für eine intensive Beschäftigung mit einzelnen Teilnehmern, bzw. Gruppen von Teilnehmern.

Der Lernende wiederum kann sich selbständig mit dem unterrichtlichen Medium auseinandersetzen, ohne daß sich der Lehrer/Dozent als Personfaktor ständig dazwischenschiebt. Damit wird der Unterricht durch Objektivierung versachlicht, wobei soziale Beziehungen nicht unmöglich gemacht werden. Im Gegenteil: Die Kommunikation mit dem von Instruktionsaufgaben entlasteten Lehrer/Dozenten wird für Teilnehmer jetzt leichter möglich. Da sich darüber hinaus die Teilnehmer auch in Partner- oder Gruppenarbeit mit dem unterrichtlichen Medium auseinandersetzen können, ist auch von daher ein objektivierter Unterricht keineswegs gleichzusetzen mit einem unpersönlichen Unterricht.

3. Die lerntheoretische Basis der Programmierten Instruktion

Die PI gehört zweifellos zu den sehr jungen unterrichtlichen Medien, die wir in der Didaktik zur Verfügung haben. Zwar lassen sich einige Tendenzen bis

1926 (Entwicklung eines Testgeräts von S.L.Pressey) zurückverfolgen, der eigentliche Grundstein für die PI aber wurde erst *1954* gelegt, als B.F.Skinner seinen berühmten Aufsatz „Die Wissenschaft vom Lernen und die Kunst des Lehrens" veröffentlichte.

In diesem Aufsatz behandelt Skinner einen zentralen Begriff der PI: Den der *Verstärkung*. Fragen der Steuerung des Verhaltens von Organismen waren besonders in der Tierverhaltensforschung untersucht worden. Dabei hatte sich gezeigt, daß mit Hilfe gezielt verabreichter Verstärkungen eine beinahe beliebige Änderung im Verhalten von Tieren herbeigeführt werden konnte (= Effektgesetz). Zwar ist die lernpsychologische Basis der PI durchaus etwas breiter, sie braucht hier aber nicht weiter behandelt zu werden.

Für den vorliegenden Zusammenhang genügt es, daß Skinner den Gedanken des Lernens am Erfolg, den er aus dem Effektgesetz herleitete, konsequent auf menschliches Lernen übertrug und das Lernmodell des *„operativen Lernens"* entwickelte:

Danach lernt der Mensch dadurch, daß er das Ergebnis seines Handelns prüft und das weitere Verhalten vom Ergebnis dieser Prüfung abhängig macht. Skinner unterstellt nun, daß erfolgreiches Verhalten den Menschen antreibt (= Motivation), neue Lernanstrengungen auf sich zu nehmen, während Mißerfolge diese Bereitschaft schwächen oder lähmen. Er kritisiert den tradititonellen Unterricht in scharfer Form, da dieser ungeeignet sei, den Lernenden in *systematischer Form* das Maß an Verstärkungen (= Lernerfolgen) zu ermöglichen, das nötig sei, um auf Dauer effektiv zu lernen.

Den Ausweg aus dieser Misere sieht Skinner in der Technologie der Unterrichtsprogramme. PI ist für ihn *das* Hilfsmittel, um optimal lernen zu lassen. Zu diesem Zweck wird der Lernstoff in eine Fülle kleiner Lernschritte zerlegt, die der Lernende nacheinander bearbeiten muß. Sie sind so gestaltet, daß etwa 95% der Lernenden, für die das Programm konstruiert ist, richtig antworten können. Nach jedem Lernschritt erfolgt unmittelbar die Kontrolle. Diese wird immer von mindestens 95% der Teilnehmer als Verstärkung erlebt und motiviert auf diese Weise für weiteres Lernen.

Dieser relativ einfache Ansatz der Skinnerschen Programmiertechnik deckt zwar nicht die ganze lerntheoretische Basis der PI ab, er war aber so praktikabel, daß er der heute am weitesten verbreitete Ansatz ist. Kritiker bestreiten Skinner freilich zu Recht, daß er mit seinen Lernprogrammen und seiner Lerntheorie eine akzeptable Basis zum Verständnis der vielschichtigen kognitiven Verarbeitungsmöglichkeiten des menschlichen Verstandes und Geistes gefunden habe. Dazu ist sein behavioristischer Ansatz nun wahrlich zu dürftig! Wer Lernen als geistigen Prozeß auf Kategorien beobachtbaren Verhaltens zurückschraubt, beraubt sich selber grundlegender Möglichkeiten des Verständnisses. Gerade für das Lernen und das Selbstverständnis des Erwachsenen kann daher das behavioristische Modell Skinners eine regelrechte Provokation darstellen. Die Häppchenstrategie, das ständige Verstärken, der streckenweise primitive Aufbau können Frustration und Lernunlust bewirken, wenn über längere Strecken auf diese Weise gelernt werden soll. Kurze Sequenzen jedoch, zur Vermittlung einfacher fachlicher oder begrifflicher Zusammenhänge, eignen sich durchaus.

Eine andere Möglichkeit, PI in der Weiterbildung mit Erwachsenen praktisch nutzbar zu machen, besteht darin, kleine Programmsequenzen selber zu schreiben auf der Basis einer kognitiven Lernpsychologie: Nämlich ganz einfach kluge abwechslungsreiche Aufgabenstellung an kleinere Informationsteile anzuhängen und sogleich anschließend eine Rückmeldung zu geben. Eine solche „pädagogische Programmierung" bedient sich dann nur noch der Struktur der Skinnerschen Programme (= logischer Aufbau, = schrittweises Vorgehen, = Rückmeldung), nicht mehr jedoch der problematischen Lernpsychologie.

4. Programmformen und Programmträger

Programmiertes Lernen kann entweder in Form eines Buchprogramms oder mit Hilfe einer Lehrmaschine angeboten werden.

Im Prinzip kann jedes Programm entweder als Buch- oder Maschinen-Programm konstruiert werden, da Buch oder Maschine lediglich als Träger zu bezeichnen sind. Es gibt nun verschiedene Arten des Programmierens und daher auch verschiedene Arten von Buchprogrammen. So können etwa die Antworten die der Lernende im Programm geben soll, von ihm selbst konstruiert werden. In diesem Fall haben wir ein *Konstruktions-Antwort-Programm* vor uns. Wenn aber der Lernende lediglich aus einer Zahl vorgegebener Antworten die richtige auszuwählen hat, so haben wir es mit einem *Auswahl-Antwort-Programm* zu tun.

Zwei weitere Programmformen sind danach zu unterscheiden, wie die Anordnung der Lehrschritte beschaffen ist. *Lineare Programme* sind solche, bei denen folgender Ablauf vorgesehen ist:

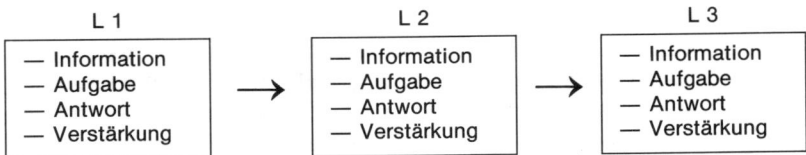

Dagegen liegt bei einem *verzweigten Programm* folgendes Ablaufschema zugrunde:

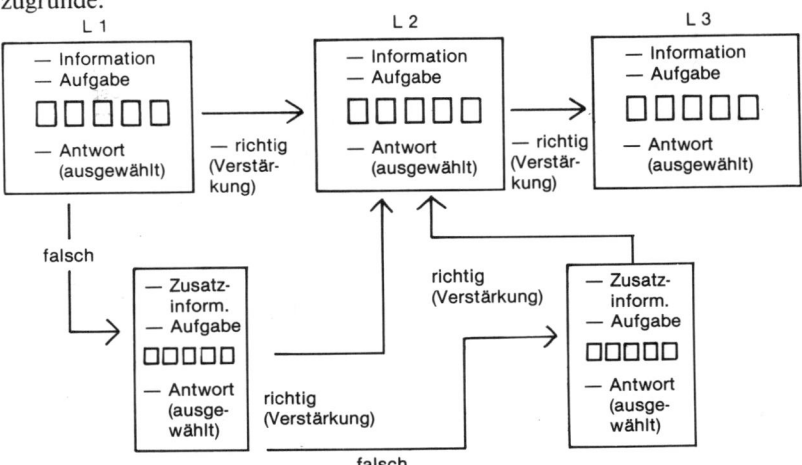

Kombiniert man die zwei Programmformen ,,Konstruktions-Antwortprogramm''/,,Auswahl-Antwort-Programm'' mit den Möglichkeiten ,,linear''/,,verzweigt'', so ergeben sich vier Variationen:

Da diese vier Formen — wie schon ausgeführt — einmal als Buch-, zum anderen aber als Lehrmaschinen-Programme konstruiert werden können, ergeben sich acht denkbare Programmformen. — Verzweigte Konstruktions-Antwort-Programme und lineare Auswahl-Antwort-Programme kommen aber aus naheliegenden Gründen relativ selten vor. Daher muß man letzlich nur von zwei bzw. vier gebräuchlichen Programmformen sprechen.

Als nächstes folgen zwei Programmbeispiele. Zunächst ein Ausschnitt aus einem linearen *Konstruktions-Antwort-Programm* in der Art Skinners, das für Studenten (!) geschrieben ist: W. Corell; H. Schwarze: Lernpsychologie programmiert. Donauwörth 1970. Lernschritte Nr. 1—3 bis 1—8:

Lernen ist ein Prozeß der Wechselwirkung zwischen Mensch und Umwelt. Es läßt sich sowohl vom .... als auch vom sozial-kulturellen Standpunkt aus betrachten.

Richtige Antwort: biologischen

Diesen beiden Aspekten, dem ..... und dem .... lassen sich verschiedene Auffassungen vom Lernprozeß zuordnen.

Richtige Antwort: a) biologischen; b) sozial-kulturellen

Dieser Lern- oder .... -prozeß bewirkt eine Anpassung der Anlagen an die Umwelt.

Richtige Antwort: Entwicklungs-

Die Fähigkeit, sich durch .... zu entwickeln, ist erforderlich, da der Mensch von Natur aus nur über eine relative dürftige Ausstattung an Instinkten verfügt.

Richtige Antwort: Lernen

Eine reichhaltigere Instinktausstattung würde die Notwendigkeit zu .... reduzieren; sie brächte aber auch eine geringere Anpassungsfähigkeit an neue Situationen mit sich.

Richtige Antwort: lernen

Das zweite Beispiel entstammt einem „*Auswahl-Antwort-Programm*" von Crowder, das für Schüler und Erwachsene konstruiert wurde, welche über einige Anfangsgründe der Algebra verfügen:

Wir haben den Ausdruck b^n erklärt. Er bedeutet „das Produkt, das man erhält, wenn man die Zahl b n-mal als Faktor verwendet".
Also z.B.

$$2^3 = 2 \times 2 \times 2 \times 2 = 8$$
$$3^2 = 3 \times 3 = 9$$
$$b^2 = b \times b$$
usw.

Wir haben gelernt, daß in einem Ausdruck von der Form b^n die Zahl b die Basis und die Zahl n der Exponent genannt wird.

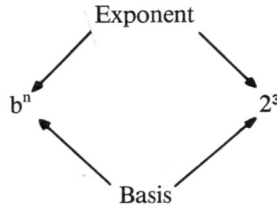

Schließlich haben wir gesehen, daß ein Ausdruck wie z.B. 2^3 gelesen wird als „zwei hoch drei" oder als „zwei in der dritten Potenz" usw.
Hier ist nun eine Frage. Wähle eine Antwort aus und fahre auf der Seite fort, welche neben der gewählten Antwort angegeben ist. Die Frage lautet: „Wenn die Basis eines Ausdrucks 2 ist, und der Exponent 3, welchen Wert hat der Ausdruck?"

Antwort	Seite
8	5
9	9
Ich weiß nicht	13

Deine Antwort war: Ich weiß nicht. So laß uns sehen, ob man das ein wenig klarer machen kann.

Einige Zahlen unseres Zahlsystems sind Produkte der Multiplikation von Faktoren. Die Zahl 15 z.B. ist das Produkt der Multiplikation der Zahlen 5 und 3. Mit anderen Worten: 5 x 3 = 15. Die Zahlen 5 und 3 nennt man die ,,Faktoren'' von 15.

Nun gibt es Zahlen, welche als Produkt entstehen, wenn man den gleichen Faktor mehrmals verwendet. Die Zahl 16 ist z.B. das Produkt, welches entsteht, wenn man die Zahl 4 zweimal als Faktor verwendet. 4 x 4 = 16. Eine Zahl, welche herauskommt, wenn man die gleichen Zahlen mehrmals als Faktor verwendet, kann in der Form b^n geschrieben werden. Dabei wird b die Basis genannt. Der Buchstabe b stellt die Zahl dar, welche als Faktor verwendet wird. Der Buchstabe n wird der Exponent genannt, und er sagt, wievielmal die Basis als Faktor verwendet werden soll. Wenn man also die Zahl 16 als b^n schreibt, so ist dies 4^2. Dies heißt ,,die Ziffer 4 wird zweimal als Faktor verwendet'', also

$$4^2 = 4 \times 4 = 16.$$

Nun hieß es in der Frage auf Seite 1, daß die Basis, b, eines Ausdrucks 2 ist. Der Exponent, n, ist 3. Wenn wir diese Werte in den Ausdruck b^n einsetzen, so haben wir

$$b^n = 2^3.$$

2^3 heißt natürlich, daß 2 dreimal als Faktor verwendet werden soll. Also

$$2^3 = 2 \times 2 \times 2.$$

Und was ergibt 2 x 2 x 2?

Gehe auf Seite 1 zurück und wähle die richtige Antwort!

5. Die Erstellung eines Programms

Die wissenschaftliche Konstruktion von Lehrprogrammen ist ein empirisch-praktischer (= erfahrungswissenschaftlicher) Prozeß. Zunächst läßt sich dieser mit einer Unterrichtsvorbereitung vergleichen, die jeden einzelnen Lernschritt, den die Teilnehmer absolvieren sollen, vorausplant und konstruiert. Inzwischen hat sich allgemein das folgende Verfahren zur Erstellung eines Unterrichtsprogrammes durchgesetzt: Vgl. S. 256.

6. Die Situation auf dem Gebiet der PI

Nachdem sich die Euphorie der ersten Jahre (etwa bis 1970) über die Möglichkeiten der PI im Schul- und Bildungssystem gelegt hatte, ist dieses Medium als *eine* Form unterrichtlicher Medienarbeit *neben anderen* in das normale didaktische Instrumentarium der Lehrer/Dozenten eingerückt worden.

1. | **Didaktische Vorüberlegungen**
— Lernziele
— Lerninhalte
— „Ausgangsverhalten"

↓

2. | **Erstellung eines Rohprogramms**
(möglichst am Teilnehmer)

↓

3. | **1. Feldtest**
(Erprobung in der Realsituation an etwa 300 Teilnehmern)

↓

4. | **1. Fehleranalyse**
und Programmrevision

↓

5. | **2. Feldtest**
(Erneute Erprobung in der Realsituation an etwa 300 Teilnehmern)

↓

6. | **2. Fehleranalyse**
und Letztkorrektur

↓

7. | **Konstruktion des Lehrerbegleitheftes**
(mit Beschreibung des Programms und der Testergebnisse)

↓

8. | **Publikation von**
— Programm und
— Lehrerbegleitheft

In Schulen werden Programme — wie eine Reihe anderer Medien auch — wie man hinzufügen muß — immer noch selten eingesetzt. In Medienverbundsystemen werden mit größter Selbstverständlichkeit bestimmte Sequenzen in Form von Programmen angeboten. Für die Schüler ist der Umgang mit PI keine Sensation mehr. In der Weiterbildung hat die PI eine Chance nur, wenn Dozenten für wiederkehrende Unterrichtsangebote kleine Sequenzen selbst programmieren. Dazu ist nachdrücklich zu ermuntern! Der Programm-Markt in der Bundesrepublik sieht so aus, daß mittlerweile ca. 1200 — 1500 Programme publiziert und käuflich erwerbbar sind (vgl. das Programmverzeichnis im Literaturanhang!).

7. Didaktische Perspektiven der PI

Bei Fachleuten herrscht heute allgemein Einigkeit über die folgenden beiden didaktischen Gesichtspunkte einer Verwendung von PI:

— PI ist trotz problematischer Lernpsychologie prinzipiell didaktisch sinnvoll zu nutzen. Der Einsatz von PI ist — wie jeder andere Medieneinsatz auch — abhängig von einer sorgfältigen didaktischen Planung.

— Der Einsatz von PI macht den Lehrer/Dozenten keinesfalls überflüssig. Lediglich die Tätigkeit des Lehrenden im Unterricht wird durch den Einsatz von PI verändert.

In diesem Sinne sollte daher nicht länger abstrakt von ,,Vorteilen'' oder ,,Nachteilen'' der PI, sondern besser nur noch von didaktischen Möglichkeiten für spezifische unterrichtliche Aufgaben gesprochen werden.

● Aktivierung der Lernenden
PI bietet die Möglichkeit, wirklich alle Teilnehmer eines Unterrichts voll zu aktivieren. Durch das durchgängige Prinzip der kleinen Lernschritte wird sichergestellt, daß alle Teilnehmer jeden einzelnen Denkschritt mitvollziehen und aktiv beteiligt sind.

● Lernverstärkung
Das — durchaus problematische — Verfahren der kleinen Schritte und der sofortigen Erfolgskontrolle macht ein Unterrichtsprogramm zu einem Verfahren der systematischen Lernverstärkung (= Bekräftigung, = Verstärkung). Nicht bis zur Ermüdung eingesetzt, kann PI damit evtl. stimulierend — in bestimmten Fällen gar regelrecht lerntherapeutisch — wirken.

● Zielorientierung und Steuerung
Das Verfahren der PI gibt dem Lehrer/Dozenten ein Medium an die

Hand, mit dessen Hilfe eine exakte Steuerung des Lernverlaufs möglich ist. Dadurch kann der Unterricht im strengen Sinne eine Lernzielorientierung in solchen Lernbereichen erfahren, die klar operationalisierbare (= beobachtbare) Lernziele enthalten.

- Reproduzierbarkeit
  Unterrichtsprogramme sind Medien, in denen die einzelnen didaktischen Intentionen durch Objektivierung verwirklicht werden, d.h. auf das Programm als Objekt übertragen werden. Durch dieses Verfahren sind beliebige identische (!) Wiederholungen des Lehr-/Lernstoffes möglich, was eine enorme Arbeitserleichterung für den Lehrer/Dozenten darstellen kann.

Zu jedem der aufgeführten didaktischen Merkmale
— Aktivierung der Lernenden
— Lernverstärkung
— Zielorientierung und Steuerung
— Reproduzierbarkeit
lassen sich — wie die wissenschaftliche Diskussion gezeigt hat — spezielle unterrichtliche Situation aufführen, in denen diese Gesichtspunkte jeweils weniger wichtig, problematisch oder gar unerwünscht sein können. Daher verbietet sich auch von hierher jede Form der Verabsolutierung sogenannter ,,Vorzüge" der PI.

Daß mit der PI sogar im längerfristigen Einsatz Erfolge zu erzielen sind, konnte inzwischen zweifelsfrei nachgewiesen werden. Nach einem 1 1/2 jährigen Schulversuch, bei dem während der ganzen Zeit im Fach Mathematik ausschließlich programmiert gearbeitet wurde — Hausaufgaben wurden weggelassen —, kommt Kurt Gottschaldt (1972, S. 230) zu folgendem Ergebnis: ,,In kognitiver Hinsicht führen die PL— (= PI) Verläufe auch auf Dauer zu gleichen Lerneffekten wie die Unterrichtung durch Lehrer. In den 1 1/2 Jahren programmierten Lernens mit Zwischenprüfungen nach 9, 15 und 18 Monaten und selbst 1 Jahr nach Abschluß des Programmierten Unterrichts ergibt sich kein Rückstand der P-Schüler (= Programm-Schüler). Das entspricht im großen und ganzen den bisherigen Erfahrungen über die Effizienz des Programmierten Unterrichts. Entscheidend ist aber der Nachweis, daß die P-Schüler nicht etwa nur mechanisch die Kenntnisse und Rechentechniken erwerben, sondern gelernt haben, in den Denkverläufen einsichtig die Sachstruktur eines Problems zu erfassen und diese verstandenen Operationsverfahren selbständig und adäquat auf neue Sachverhalte zu übertragen. Dabei sind die P-Schüler als Gruppe signifikant besser (!!) als die durch Lehrer unterrichteten K-Schüler (= konventionell unterrichteten Schüler)..."

PI hat damit ihre Leistungsfähigkeit unter Beweis gestellt. Es kommt nur darauf an, diese auch didaktisch sinnvoll auszuschöpfen. Dazu ist es erforderlich, die spezifischen Gesichtspunkte des Lernens Erwachsener in der Weiterbildung voll zu berücksichtigen.

Literatur

Einer der ältesten deutschen Taschenbuch-Reader zu Fragen der PI ist der folgende:

— Correll, W. (Hrsg.): Programmiertes Lernen und Lehrmaschinen. Westermann. Braunschweig 1964.

Leicht verständlich geschrieben ist auch:

— Schiefele, H.: Programmierte Unterweisung. Ehrenwirth. München 1964.

Theorie, Methoden und Verwendung der PI enthält der folgende Sammelband:

— Correll, W. (Hrsg.): Zur Theorie und Praxis des Programmierten Lernens, Wiss. Buchgesellschaft. Darmstadt 1969.

Das wichtigste Buch zu PI, das besonders die Langzeitwirkung von Programmen behandelt ist:

— Gottschaldt, K.: Psychologie des Programmierten Lernens: Schroedel. Hannover 1972.

Ein Verzeichnis der in der Bundesrepublik Deutschland verfügbaren Programme ist:

— Der Kultusminister des Landes NRW (Hrsg.): Verzeichnis der Lernprogramme. Gieseking. Bethel bei Bielefeld 1976.

Das Problem des Rollenwechsels des Lehrers/Dozenten in der PI und Fragen des beruflichen Verhaltens werden behandelt in:

— Döring, K.W.: Lehrerrolle und Lehrerverhalten im Programmierten Unterricht: Feoll. Paderborn 1977.

V. Zu den Kontrollen

1. Baustein:
Lernzielorientierte Erfolgskontrollen

1. Die Erfolgskontrolle und der Lernerfolg

Die Güte eines Lernprozesses läßt sich am besten ablesen am erzielten Lernerfolg. Ihn zu ermitteln ist daher für jeden Lehrenden die unabdingbare Voraussetzung für ein Urteil über das Lerngeschehen selbst. So gesehen ist die Lernzielorientierte Erfolgskontrolle die Nagelprobe für jeden Lehrenden insofern als diese einen korrekten Vergleich zwischen angestrebten Zielen und erreichten Unterrichtsergebnissen ermöglicht. Der gleichsam zwischen beiden liegende Lernprozeß kann als positiv angesehen werden, wenn dieser Vergleich eine zumindest annähernde Übereinstimmung ergibt.

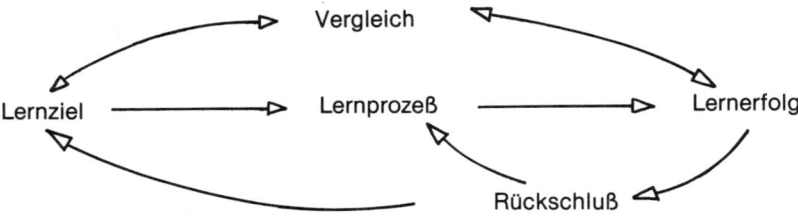

Sehr entscheidend für den Erfolg von Lernprozessen ist, daß der Lehrende eine klare Vorstellung von folgenden drei Faktoren des Unterrichts herausbildet:
— Präzise Feinziele (→ Lernziele)
— Qualität der Aufgabenstellung (→ Aufgabentypen)
— Art der Lernerfolgskontrolle

Die Art der Aufgabenstellung in ihren verschiedenen Ausprägungen (= Aufgabentypen) nimmt insofern eine Mittelstellung zwischen Lernzielen und Lernerfolgskontrollen ein, als sie zum einen Repräsentant des anvisierten Lernziels ist, zum anderen aber bereits die Vorform einer Erfolgskontrolle darstellt. Denn löst der Schüler die gestellte Aufgabe erfolgreich, so ist dies ein Zeichen für einen zwischen Aufgabenpräsentation und Lösung erfolgreich zwischengeschalteten *Lernprozeß* (Denkprozeß).

Lernziel → Aufgabenstellung → Lernprozeß → Lernerfolg.

2. Kritik an der traditionellen Form der Erfolgskontrolle

An den traditionellen Formen von Lernerfolgskontrollen — auch der schulischen — wird bereits seit längerem scharfe Kritik geübt. Dies hat aber bislang noch kaum zu greifbaren Ergebnissen in der Praxis geführt: ,,Trotz zahlreicher kritischer Stellungnahmen zu diesem komplexen Gefüge mit Betonung des Ungenügens der gegenwärtig praktizierten Leistungsbeurteilung und einigen sinnvollen partiellen Lösungsvorschlägen ist die Erziehungswissenschaft von einer allgemein akzeptierten praktikablen Lösung noch weit entfernt" (Potthoff, 1975/2, S.19). Traditionelle Leistungskontrollen wie mündliches Abfragen, Klassenarbeiten, Hausarbeiten, Prüfungen in mündlicher und schriftlicher Form werden vor allem aus zwei Gründen kritisiert:
— Er wird bezweifelt, daß diese Formen der Kontrolle genau genug auf die tatsächlich realisierten Lernziele und Lernprozesse bezogen sind.
— Es wird bezweifelt, ob das angewendete Beurteilungs- und Bewertungsverfahren (Benotungspraxis) den zu fordernden Qualitäten wie Objektivität und Gültigkeit entsprechen kann.

Für den Bereich der Weiterbildung spielen die traditionellen Kontrollen — mit Ausnahme der mündlichen Abfrage — so gut wie keine Rolle. Gerade weil dies aber so ist, sollte der Lernzielorientierten Erfolgskontrolle hier ein besonderes Gewicht beigemessen werden.

Dies auch deshalb, weil im Bereich der Weiterbildung das Problem der Erfolgskontrolle neben der unterrichtlichen noch eine außerunterrichtliche Seite hat:
— das Transferproblem (vgl. Jäckering, 1980; Döring/Schulz, 1982).

Auf dieser Ebene bestimmt sich der Unterrichtserfolg noch von einer anderen Seite her: Was kommt von dem im Unterricht Gelernten in der Praxis auch wirklich an, was ist übertragbar, und was wird tatsächlich übertragen? Diese Frage nach dem Transfer als Lernerfolg muß hier unberücksichtigt bleiben. Daß eine Leistungskontrolle und Leistungsbeurteilung an sich bei institutionalisierten Lernprozessen erforderlich ist, wird heute eigentlich nur noch von Außenseitern bestritten:

„Denn ‚ein Lernprozeß ist organisiert' heißt vor allem: Er ist auf ein Ziel hin ausgerichtet, das zu erreichen ein Interesse besteht. Deshalb sind Meldungen notwendig, die Verlauf und Endergebnisse dieses Lernprozesses anzeigen" (Potthoff, 1975/2, S. 20).

Zu einem Gegenstand sozialer Auseinandersetzungen wird die Lernerfolgskontrolle durch die Abnehmer von Ergebnismeldungen: Repräsentiert durch gesellschaftliche Interessengruppen auf der einen und die Träger der institutionalisierten Lernprozesse, die jeweiligen Bildungsinstitutionen, auf der anderen Seite.

Die Erziehungswissenschaft mischt sich mit der kritischen Frage nach der Brauchbarkeit und Verläßlichkeit der angewendeten Verfahren der Lernerfolgskontrollen in diesen Streit ein und unterbreitet Vorschläge, entwickelt Verfahren, die eine angemessenere Abwicklung dieses für das Lebensschicksal des Einzelnen oft entscheidenden Verfahrens ermöglichen.

Problemfrage:
Ist das weitverbreitete Verfahren, mit Hilfe der sog. *Normalverteilung* (Gaußsche Glockenkurve) die Notenverteilung nach einer Erfolgskontrolle in einer Lerngruppe zu regeln, akzeptabel oder nicht?
— Hinweis: In diesem Beispiel wird die Normalverteilung von Gauß zur Norm gemacht!

Eine übersichtliche Zusammenstellung der Kritik am schulischen Verfahren der Lernerfolgskontrolle findet sich bei Potthoff (1975/2, S. 25/26):

„1. Erfolgskontrollen werden fast ausschließlich für Zwecke der Notengebung durchgeführt. Diese Kontrollen geben zu wenig Auskunft über spezielle Mängel und individuelle Lücken und die Möglichkeiten der Verbesserung.

2. Die Erfolgskontrollen werden zu wenig als Hilfen für die Lernenden verstanden, über das Bewußtmachen des augenblicklichen Lernstandes zu zielgerichteter und selbstverantworteter Arbeit zu gelangen. Statt dessen haben sie oft den Charakter einer moralischen Abrechnung.

3. Wegen der Undifferenziertheit bei den Schülerbeurteilungen kommt es nur in geringem Maße zu aufklärenden Rückwirkungen auf die pädagogischen Überlegungen des Lehrers.

4. Die Kriterien für die schulischen Leistungen sind nur ungenügend präzisiert. So sind z.B. die Skalenwerte notwendigerweise vage interpretiert, um die Noten auf heterogene Verhältnisse anwendbar werden zu lassen.

5. Es fehlt weitgehend an exakt formulierten Zielstellungen und an intersubjektiv anwendbaren Auswertungsverfahren. Somit wird mit den Kontrollen oftmals gar nicht das überprüft, was der Unterricht angestrebt hat.
6. Die Leistungen des einzelnen Schülers werden an den Durchschnittsleistungen der Gruppe gemessen, der er zufällig angehört, da es an einer über die Klasse hinausreichenden Normierung fehlt, sind die Beurteilungssysteme als Klassen- (= gruppen-) intern zu bezeichnen.
7. Die Kontrollverfahren verleiten dazu, bestimmte Leistungen überzubewerten, die sich mit dem Meßinstrument besonders leicht oder umfassend überprüfen lassen (z.B. das Faktenwissen).
8. Bei vielen Beurteilungsverfahren spielen nicht nur subjektive Maßstäbe und Intuition eine dominierende Rolle, sondern auch zahlreiche schichtspezifische Faktoren.''

3. Objektivierte Verfahren der Lernerfolgskontrollen

Auf die oben angeführte Kritik an den traditionellen Verfahrensweisen der Lernerfolgskontrolle hat die Erziehungswissenschaft eine zweifache Antwort zu geben versucht:

— Sie hat zum einen sogenannte *normorientierte* Testverfahren entwickelt. Diese vergleichen die Leistungen eines Schülers oder die einer Lerngruppe mit der Gesamtheit einer genau definierten Schülergruppe, indem sie in standardisierter Form Fragestellungen präsentieren, die genau ausgetestet sind.

— Sie hat zum anderen sog. *kriterienorientierte* Tests, also im engeren Sinne lernzielorientierte Verfahren entwickelt, die primär darüber Auskunft geben, ob die im vorhinein festgelegten Lernziele einer Unterrichtseinheit, eines Lehrgangs, einer Unterrichtsstunde usw. von den Teilnehmern erreicht worden sind. Es wird demnach die Leistung des einzelnen Teilnehmers nur mit dem in Form definierter Lernziele gesetzten Leistungssoll verglichen, nicht aber mit einer irgendwie bestimmten Gesamtheit anderer Teilnehmer.

Von daher gesehen ist klar, daß normorientierte Leistungstests *andere* Ziele verfolgen als kriterienorientierte Tests!

— Während die normorientierten Testverfahren der Leistungsbeurteilung und Leistungsbewertung dienen — also vor allem *Lernkontrolltests* sind —,

263

— dienen die kriterienorientierten Leistungstests der Überprüfung der individuellen Lernleistungen mit dem Ziel, den Lernprozeß zu optimieren — also vor allem als *Lernsteuerungstests.* Eine Benotung der Lernleistung ist
daher nicht vorgesehen.

Was ergibt sich aus diesen Entwicklungen und Unterscheidungen für den
Sektor der beruflichen Weiterbildung? Welche Folgerungen kann der
einzelne Dozent/Ausbilder ziehen?

Zunächst:

Die Konstruktion standardisierter Lernkontrolltests — gesetzt sie seien er-
wünscht — wie von Lernsteuerungstests liegt außerhalb der Möglichkeiten
des einzelnen Ausbilders. Hier ergeben sich nur Einsatzmöglichkeiten,
wenn solche Instrumentarien vorgegeben und käuflich zu erwerben sind.

Funktionen informeller Testverfahren

	Lernkontrolltests (normorientierte Tests)	Lernsteuerungstests (lernzielorientierte Tests)
Orientie-rungspunkte der Messungen	Relativer Standard der spe-ziellen Lerngruppe	Leistungskriterien werden durch die Lernziele festgelegt.
Einteilung der Teilnehmer	Position in einer Rangreihe	Einteilung nach den Krite-rien ,,erfolgreich'' und ,,nicht erfolgreich''
Art der Merkmals-erfassung	Ausprägungsgrad des Merk-mals wird auf das durch-schnittliche Leistungsniveau der speziellen Gruppe bezogen	Vorhandensein oder Nicht-vorhandensein des Merkmals wird festgestellt
Verwendung der Messungen	Herstellung einer Rangord-nung der Teilnehmer bezüg-lich des gruppeninternen Leistungsstandes; Notengebung	Feststellung der Erreichung eines Lernzieles durch wie-viele (?) Teilnehmer oder ei-ner Lernzielreihe: Möglich-keit der Steuerung von Lernprozessen entsprechend den Ergebnissen

Anders sieht es dagegen bei den nicht-standardisierten, *informellen* Testverfahren auf dem Gebiet der Lernsteuerungstests aus. Hier ist der einzelne Ausbilder im Zuge seiner Vorbereitungs- und Planungsaufgaben voll gefordert, denn bei dieser Testform ist der Bezugspunkt ausschließlich die eigene Lerngruppe. Vorwiegend sollen sich die erwachsenen Teilnehmer selber kontrollieren!

Bei der *Konstruktion* informeller Lernkontroll- und Lernsteuerungstests spielt die Frage der *Aufgabenstellung* und der Verwendung bestimmter Aufgabentypen eine zentrale Rolle.

4. Aufgabentypen

Das eigenständige Abfassen lernzielorientierter Erfolgskontrollen ist gebunden an die Kenntnis der verfügbaren Typen und Aufgaben. Je mehr Aufgabentypen präsent sind, desto differenzierter kann die Erfolgskontrolle ausfallen. Darüberhinaus kann jeder Dozent mit einem guten Repertoire an Aufgaben leichter eigene Programmsequenzen (Lernschritte in der PI, vgl. den Baustein zur PI) schreiben. Denn gute Lernschritte bestehen aus immer wieder verschiedenen Aufgabenstellungen. Dazu zunächst die folgende Übersicht über 20 verschiedene Aufgabentypen:

I.   *Einsetzaufgaben*
    1. Einsetzaufgaben
    2. Einsetzaufgaben mit mehr als einem Begriff
    3. Einsetzaufgaben ohne Restbegriffe
    4. Einsetzaufgaben und Restbegriffe
    5. Einsetzaufgaben in eine Zeichnung
    6. Einsetzaufgaben in eine Zeichnung mit vorgegebenen Begriffen
II. *Ergänzungsaufgaben*
    7. Ergänzungsaufgabe (verbal)
    8. Ergänzungsaufgabe (Zeichnung)
III. *Definitionsaufgabe*
    9. Definitionsaufgabe mit offener Antwort
IV. *Zuordnungsaufgaben*
    10. Zuordnungsaufgabe mit je einer Zuordnung
    11. Zuordnungsaufgabe mit mehreren Zuordnungen
    12. Zuordnungsaufgabe und Auswahlaufgabe

Literatur

Döring, K.W.; Schulz, W.: Das Follow-up-Seminar als Instrument der Transfersicherung in der Fortbildung. In: Verwaltung und Fortbildung. 10. Jg. 1982. H.2. S. 51-70.
Herbig, M.: Praxis lehrzielorientierter Tests. Düsseldorf 1976.
Jäckering, W.: Neue Methoden der Sicherung des Wissentransfers. In: Jäckering, W. u.a.: Lernorganisation in der dienstlichen Fortbildung. Köln/Bonn 1980. S. 111 ff.
Potthoff. W.: Erfolgskontrolle. Ravensburg 1975/2.
Strittmatter, P. (Hrsg): Lernzielorientierte Leistungsmessung. Weinheim/Basel 1973.

2. Materialien: Beobachtungs- und Beurteilungsbogen für Lehrproben

Einen allgemeinen Beobachtungs- und Beurteilungsbogen für Lehrproben hat die Didaktik bislang nicht entwickelt, kann sie nach Lage der Dinge wohl auch längerfristig nicht vorlegen. Wie Kant gelehrt hat, sind Anschauungen ohne Begriffe blind. Das heißt für die Frage der Unterrichtsbeobachtung: Man kann Unterricht nicht „allgemein" beobachten. Es müssen bestimmte Fragen, Beobachtungskriterien und -interessen formuliert werden. Erst dann lassen sich Beobachtungs- und Beurteilungsraster oder -instrumentarien konstruieren, die das beobacht- und beurteilbar machen, was in der Fragestellung vorgegeben ist.

266

Die einschlägige Literatur über solche Fragen hilft jedem Dozenten seiner speziellen Fragestellung entsprechend, Beobachtungs- und Beurteilungsraster und -instrumente zu finden. So z.B. in:
1. Bachmair, G.: Handlungsorientierte Unterrichtsanalyse. Weinheim/Basel 1982/2.
2. Jendrowiak, H.-W.; Kreuzer, K.J.: Lehrer beurteilen Lehrer. Düsseldorf 1980.
3. Schreckenberg, W.: ,,Guter" Unterricht — ,,schlechter" Unterricht. Probleme der Unterrichtsbeurteilung. Düsseldorf 1980.

Wenn nachfolgend dennoch so etwas wie ein ,,allgemeiner" Beobachtungs- und Beurteilungsbogen vorgelegt wird, so geschieht dies vor allem mit einer bestimmten Frage, einem Anliegen: Nämlich dem, angehenden Dozenten Hinweise zu geben, worauf am Beginn eigener Unterrichtstätigkeit schwerpunktmäßig zu achten ist. Durch Anwendung eines solchen Beobachtungsbogens auf den eigenen Unterricht oder den von Kollegen dürfte sich die Sensibilität für das didaktische Planen und Vorgehen deutlich erhöhen.

Beobachtungs- und Beurteilungsbogen für Lehrproben

— *Personalia:* Name: . . . .

Vorname: . . . .

Lehrpraxis: | ja | | nein |

— Themenbereich
(Fach): . . . .

Thema der Lehreinheit: . . . .

Ausbildungsstätte: . . . .

Zielgruppe: . . . .

Vorbereitung: Didaktische Analyse   [   ]

Verlaufsplanung   [   ]

Lehrskizze   [   ]

Beobachtungs- und Einschätzungsprofil

Dieses Beobachtungs- und Einschätzungsprofil sollte auf dem vorliegenden Blatt *am Schluß* (nach Erledigung der Einzelbeobachtungen) nach folgendem gestuften Beurteilungsschema zusammenfassend erfolgen:

stark verbesserungsbedürftig	verbesserungsbedürftig	In Ansätzen realisiert	streckenweise realisiert			
1	2	3	4	5	6	7

| | | | | im wesentlichen realisiert | gelungen | sehr gelungen |

I. Zielorientierung des Unterrichts

1	2	3	4	5	6	7

II. Lerninhalte und Lernangebote

1	2	3	4	5	6	7

III. Methodische Vorgehen

1	2	3	4	5	6	7

IV. Medienangebote

1	2	3	4	5	6	7

V. Lehrfertigkeiten/Lehrverhalten

1	2	3	4	5	6	7

VI. Lernverlauf und Lernkontrolle

1	2	3	4	5	6	7

I. Zielorientierung des Unterrichts:

1. *Liegen in der Planung genau definierte Lernziele vor?*

ja		nein

2. *Werden die Lernziele den Teilnehmern im Unterricht verdeutlicht?*

ja		nein		teilweise

3. *Kann man von einer Zielorientierung des realen Lehr- und Lerngeschehens im vorliegenden Fall überhaupt sprechen?*

ja		nein

4. *Auf welcher Stufe der Lernintensität bewegte sich der Unterricht im kognitiven Bereich vorwiegend?*

	1	2	3	4	5
a) Kennen und Verstehen	0	0	0	0	0
b) Anwenden und Umsetzen	0	0	0	0	0
c) Analysieren und Beurteilen	0	0	0	0	0

   sehr große Bedeutung   *sehr geringe Bedeutung*

5. *Werden die Lernziele im Unterricht erreicht?*

— 3	— 2	— 1	0	+ 1	+ 2	+ 3

   überhaupt nicht   *vollständig*

II. Lerninhalte und Lernangebote:

1. *Werden die Lerninhalte im Unterricht gut strukturiert dargeboten?*

| ja | | nein | | teilweise | |

2. *Werden vom Lehrenden hinreichend inhaltsbezogene Einhilfen gegeben?*

| ja | | nein | | teilweise | |

3. *Werden vom Lehrenden zusätzliche Lernangebote zur Motivation der Teilnehmer gemacht?*

| ja | | nein | | teilweise | |

4. *Beherrscht der Lehrende den Stoff?*

— 3	— 2	— 1	0	+ 1	+ 2	+ 3

sehr unsicher   *sehr souverän*

5. *Welches Gewicht haben die folgenden drei Sprachformen im Unterricht?*

	1	2	3	4	5	6	7
Objektsprache	0	0	0	0	0	0	0
Verständigungssprache	0	0	0	0	0	0	0
Sprechen über den Unterricht	0	0	0	0	0	0	0

kein   *sehr großes*
Gewicht   *Gewicht*

270

III. Methodisches Vorgehen

1. *Ansatz:*
   — fachwissenschaftlich-systematisch
   — problemorientiert/aktualisierend
   — handlungsorientiert/pragmatisch

2. *Welche Methodenkonzeption liegt dem Unterricht zugrunde?*
   — Deduktives Verfahren (= ganzheitlich-
   analytisches) | ja | nein |
   — Induktives Verfahren (= elementenhaft-
   synthetisches) | ja | nein |
   — Projektverfahren (= analytisch/
   synthetisch) | ja | nein |

3. *Lehrform/Sozialform:*   *vorhanden/realisiert*
   — Lehrvortrag   (= dozierend)
   (dozenten-
   zentriert)
   — Lehrgespräch   (= darstellend-entwickelnd)
   (teilnehmer-   (= fragend-entwickelnd)
   orientiert)   (= freies Klassen-/
                       Unterrichtsgespräch)
   — Erarbeitung   (= Einzelarbeit)
   (teilnehmer-   (= Partnerarbeit)
   zentriert)   (= Gruppenarbeit)
                       (= Rollenspiel/Planspiel)
                       (= Gespräch, Diskussion,
                       Debatte)
                       (= Übungen/Simulationen)

271

4. *Der Unterricht und seine Artikulation:*

— Sequentielle Gliederung
(Erkennbare Phasen)   ja   nein

— Einstieg/Motivation/Lerngerüst   ja   nein

— Darbietung/Vortrag   ja   nein

— Erarbeitung (teilnehmerzentriert)   ja   nein

— Vertiefung/Erweiterung   ja   nein

— Wiederholung   ja   nein

— Transfer (Übertragung/Umsetzung)   ja   nein

— Übung   ja   nein

— Ausstieg/Zusammenfassung   ja   nein

5. *Welche Aktionsformen des Lehrens kommen im Unterricht zum Tragen?*

— Direkte Zuwendung des Lehrenden   ja   nein

— Indirekte Zuwendung des Lehrenden   ja   nein

IV. Medienangebote

1. *Welche Medien kommen im Unterricht vor?*

....

....

....

....

....

2. *Sind die eingesetzten Medien Träger der inhaltlichen und methodischen Struktur der Lehrveranstaltung?*

| ja | | nein | | teilweise |

3. *Erreichen die eingesetzten Medien eine lernpsychologische Wirkung?*
   — Verbesserung der

Motivation	ja	nein	teilweise
Darbietung	ja	nein	teilweise
Erarbeitung	ja	nein	teilweise
Anwendung	ja	nein	teilweise
Wiederholung/Übung	ja	nein	teilweise

4. *Versteht der Lehrende die Medien technisch zu handhaben?*

— 3	— 2	— 1	0	+ 1	+ 2	+ 3

sicher   sehr
unsicher   souverän

5. *Welche Funktion haben die Medien vorwiegend im Unterricht?*

Enrichment-Funktion (Motivationshilfe)	ja	nein	teilweise
Intensivierungs-Funktion (Lernförderung)	ja	nein	teilweise.
Soziale-Funktion (Interaktionshilfe)	ja	nein	teilweise

V. Lernfertigkeit/Lehrverhalten

1. *Zu den 5 „Verständlichmachern":*

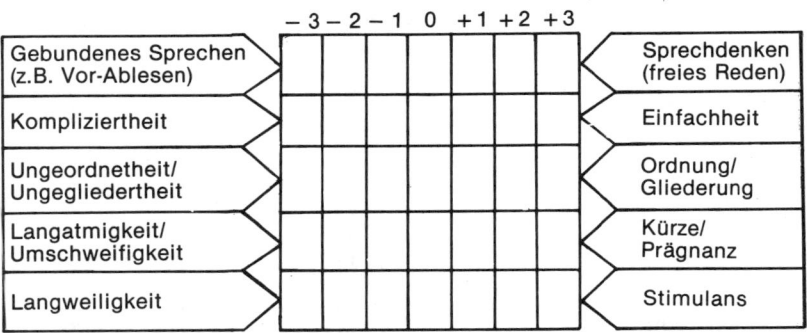

2. Zu den 4 „Muntermachern" und den 4 „Aufwärmern"

		−3	−2	−1	0	+1	+2	+3			−3	−2	−1	0	+1	+2	+3
①	freigebend/ kontrollier. Verhalten								Wertschätzung Wärme								
②	energievolles Verhalten								Bekräftigung, Verstärkung								
③	geist-/ reiches Verhalten								Partnerschaft								
④	streitbares Verhalten								Humorvolles Verhalten								

3. Zum Dozentenverhalten und Teilnehmerumgang

Dozentenverhalten u. Teilnehmerumgang

Körpersprache

1. Augenkontakt ja nein

2. Zuwendung ja nein

3. Mimik/Gestik ja nein

4. Lautstärke/ Modulation ja nein

5. Dynamisches Verhalten (Sitzen, Gehen etc.), ja nein

Umgang mit Teilnehmern

1. Sitzordnung, namentl. Anrede ja nein

2. Vorbereitungen: Medien, Raum usw. ja nein

3. Einwandbebehandlung ja nein

4. Fragen als Führungshilfen ja nein

5. Außerunterrichtlicher Umgang entfällt

VI. Lernverlauf und Lernkontrolle

1. *Zeitliche Gestaltung*

   — planungsgerechte Zeitgestaltung | ja | | nein | | teilweise |

   — situationsgemäß varierte
      Zeitgestaltung | ja | | nein | | teilweise |

   — zeitliche Planung ging verloren | ja | | nein | | teilweise |

2. *Wurde die zeitliche Phasenaufteilung des Unterrichts den lernpsychologischen Erfordernissen gerecht?*

   — Zahl der Lernphasen ....

   — Dauer der Lernphasen in Min. a) ....

                            b) ....

                            c) ....

                            d) ....

3. *War die Artikulation des Unterrichts lerngerecht, wenn man die Reihenfolge der Phasen berücksichtigt?*

   | ja | | nein | | teilweise |

   Reihenfolge der Lernphasen   a) ....

                            b) ....

                            c) ....

                            d) ....

4. *War der Unterricht vorwiegend konvergent oder mehr divergent/kreativ ausgerichtet?*

1	2	3	4	5	6	7

   konvergent   *divergent*

5. *Welche Formen der unterrichtlichen Lernkontrolle kommen im Unterricht vor?*

— Fremdkontrolle d.d. Lehrenden ☐ ja ☐ nein ☐ teilweise

— Selbstkontrolle d.d. Teilnehmer ☐ ja ☐ nein ☐ teilweise

— Mündlich ☐ ja ☐ nein ☐ teilweise

— Schriftlich ☐ ja ☐ nein ☐ teilweise

3. Materialien: Seminarbeurteilung und Stimmungsbarometer (Lang- und Kurzfassung)

Die im folgenden dargestellten beiden Fassungen (Lang- und Kurzfassung) einer Seminarbeurteilung sind als Vorschlag gedacht, wie sich ein Dozent entweder unmittelbar nach einer mehrtägigen seminaristischen Lehrveranstaltung oder nach einigen Wochen stundenweisen Unterrichtens ein Bild darüber verschaffen kann, wie der Unterricht von den Teilnehmern erlebt wurde und eingeschätzt wird.

Seminarbeurteilung
„Stimmungsbarometer" und Beobachtungsbogen

Bitte füllen Sie das folgende „Stimmungsbarometer" zügig aus. Kreuzen Sie zu jeder Frage — entsprechend Ihrem persönlichen, subjektiven Eindruck — eine der Zahlen zwischen 1 und 7 an.

I. Komplex: Inhalte

1. Der im Seminar angebotene Inhalt war quantitativ

unangemessen und nicht ausgewogen	1	2	3	4	5	6	7	angemessen und ausgewogen

2. Der angebotene Inhalt war

uninteressant
und
langweilig
| 1 | 2 | 3 | 4 | 5 | 6 | 7 |
interessant
und
anregend

3. Gliederung und Aufbereitung waren

unüber-
sichtlich
| 1 | 2 | 3 | 4 | 5 | 6 | 7 |
übersichtlich

4. Die erworbenen Kenntnisse sind in der Praxis

wenig
anwendbar
| 1 | 2 | 3 | 4 | 5 | 6 | 7 |
überwiegend
anwendbar

5. Die schriftlichen Arbeitsunterlagen waren

wenig
informativ
| 1 | 2 | 3 | 4 | 5 | 6 | 7 |
sehr informativ

II. Komplex: Gestaltung des Unterrichts

1. Die Art der Unterrichtsgestaltung war

uninteressant
und
langweilig
| 1 | 2 | 3 | 4 | 5 | 6 | 7 |
interessant
und
anregend

2. Der Einsatz der unterrichtlichen Hilfsmittel erfolgte in organisatorisch-
technischer Hinsicht

auf
mangelhafte
Weise
| 1 | 2 | 3 | 4 | 5 | 6 | 7 |
in
gelungener
Form

3. Die unterrichtlichen Hilfsmittel waren in qualitativer Hinsicht für das Lernen

Ballast
und
Belastung

1	2	3	4	5	6	7

Bereicherung
und
Hilfe

4. Die Gestaltung des Unterrichts war didaktisch insgesamt

schlecht auf die
Teilnehmer ab-
gestimmt (Über-/
Unterforderung)

1	2	3	4	5	6	7

gut auf die
Teilnehmer
abgestimmt

5. Die Einführung in die einzelnen Themen erfolgte

wenig
motivierend

1	2	3	4	5	6	7

sehr
motivierend

6. Das Unterrichtstempo war

unangemessen
(zu hoch/
zu niedrig)

1	2	3	4	5	6	7

angemessen

7. Meine eigene aktive Beteiligung im Unterricht war

wenig
möglich

1	2	3	4	5	6	7

häufig
möglich

8. Möglichkeiten zum Üben des Gelernten im Unterricht wurden in Anbetracht der verfügbaren Zeit

zu wenig
geboten

1	2	3	4	5	6	7

angemessen
geboten

9. Möglichkeiten zum Erfahrungsaustausch waren in der Veranstaltung insgesamt

wenig
vorhanden

| 1 | 2 | 3 | 4 | 5 | 6 | 7 |

genügend
vorhanden

10. Die vertiefende Wiederholung der Seminarinhalte erfolgte in der Veranstaltung

in unzureichen-
der Form (z.B.
zu häufige/zu
seltene
Wiederholungen)

| 1 | 2 | 3 | 4 | 5 | 6 | 7 |

in optimaler
Form

III. Komplex: Verhalten der Teilnehmer

1. Die Teilnehmer wirkten

wenig auf-
geschlossen

| 1 | 2 | 3 | 4 | 5 | 6 | 7 |

sehr auf-
geschlossen

2. Hinsichtlich Lernbereitschaft und Mitarbeit waren die Teilnehmer

passiv

| 1 | 2 | 3 | 4 | 5 | 6 | 7 |

aktiv

3. Der Umgang der Teilnehmer untereinander und gegenüber dem Dozenten war

unfreundlich
gering-
schätzend

| 1 | 2 | 3 | 4 | 5 | 6 | 7 |

freundlich
wert-
schätzend

4. Das Verhalten der Teilnehmer untereinander und gegenüber dem Dozenten war geprägt durch

Unsachlichkeit | 1 | 2 | 3 | 4 | 5 | 6 | 7 | Sachlichkeit

5. Im Verlauf der Veranstaltung entwickelte sich ein „Wir-Gefühl" und Gruppenbewußtsein.

Stimmt nicht | 1 | 2 | 3 | 4 | 5 | 6 | 7 | Stimmt

IV. Komplex: Verhalten des Dozenten

1. Der Dozent wirkte insgesamt

wenig
aufgeschlossen | 1 | 2 | 3 | 4 | 5 | 6 | 7 | sehr
aufgeschlossen

2. Das Verhalten des Dozenten wirkte sich im Unterricht

lähmend
lernbehindernd | 1 | 2 | 3 | 4 | 5 | 6 | 7 | aktivierend
lernfördernd

3. Der Dozent ging im Unterricht auf Fragen, Einwände und Diskussionen

a) nicht
immer ein | 1 | 2 | 3 | 4 | 5 | 6 | 7 | immer ein

b) in unange-
messener
Weise ein | 1 | 2 | 3 | 4 | 5 | 6 | 7 | in an-
gemessener
Weise ein

281

4. Der Dozent wirkte im Unterricht

schlecht
vorbereitet | 1 | 2 | 3 | 4 | 5 | 6 | 7 | gut
vorbereitet

5. Das Verhalten des Dozenten gegenüber den Teilnehmern war geprägt
durch

Gering-
schätzung
Kälte | 1 | 2 | 3 | 4 | 5 | 6 | 7 | Wertschätzung
Wärme

6. Die didaktisch-methodische Gestaltung des Seminars stand mit den
vorgetragenen Inhalten

nicht in
überein-
stimmung | 1 | 2 | 3 | 4 | 5 | 6 | 7 | in Über-
einstimmung

(d.h., realisierte der Dozent selbst, war er lehrte?)

7. Das Verhalten des Dozenten war geprägt durch

Passivität | 1 | 2 | 3 | 4 | 5 | 6 | 7 | Aktivität

8. Der Dozent war mir

unsympathisch | 1 | 2 | 3 | 4 | 5 | 6 | 7 | sympathisch

9. Der Dozent schuf ein

unangenehmes
Lernklima | 1 | 2 | 3 | 4 | 5 | 6 | 7 | angenehmes
Lernklima

10. Das Sprachverhalten des Dozenten war

unklar
unverständlich | 1 | 2 | 3 | 4 | 5 | 6 | 7 | klar
verständlich

V. Komplex: Allgemeine Anmerkungen

1. zum Seminar insgesamt:

2. a) zum Dozenten:

b) zu seinen Mitarbeitern:

3. zu den Teilnehmern:

Gesamtauswertung

I. Komplex: Inhalte

1. Quantität	1	2	3	4	5	6	7
2. Interessantheit	1	2	3	4	5	6	7
3. Aufbereitung	1	2	3	4	5	6	7
4. Anwendbarkeit	1	2	3	4	5	6	7
5. Unterlagen	1	2	3	4	5	6	7

Durchschnittswert:

II. Komplex: Gestaltung des Unterrichts

1. Interessantheit	1	2	3	4	5	6	7
2. Hilfsmittel (org.-techn.)	1	2	3	4	5	6	7
3. Hilfsmittel (Lernhilfe)	1	2	3	4	5	6	7
4. Teilnehmer-Abstimmung	1	2	3	4	5	6	7
5. Einführung i. d. Themen	1	2	3	4	5	6	7
6. Unterrichtstempo	1	2	3	4	5	6	7
7. Eigenbeteiligung	1	2	3	4	5	6	7
8. Übung i. Unterricht	1	2	3	4	5	6	7
9. Erfahrungsaustausch	1	2	3	4	5	6	7
10. Wiederholung	1	2	3	4	5	6	7

Durchschnittswert:

III. Komplex: Verhalten der Teilnehmer

1. Aufgeschlossenheit	1	2	3	4	5	6	7
2. Mitarbeit	1	2	3	4	5	6	7
3. Freundlichkeit	1	2	3	4	5	6	7
4. Sachlichkeit	1	2	3	4	5	6	7
5. Gruppenbewußtsein	1	2	3	4	5	6	7

Durchschnittswert:

IV. Komplex: Verhalten des Dozenten

1. Aufgeschlossenheit		1	2	3	4	5	6	7
2. Aktivierung		1	2	3	4	5	6	7
3. Eingehen auf Fragen	a)	1	2	3	4	5	6	7
	b)	1	2	3	4	5	6	7
4. Vorbereitung		1	2	3	4	5	6	7
5. Wertschätzung		1	2	3	4	5	6	7
6. Kongruenz		1	2	3	4	5	6	7
7. Engagement		1	2	3	4	5	6	7
8. Sympathie		1	2	3	4	5	6	7
9. Lernklima		1	2	3	4	5	6	7
10. Sprachverhalten		1	2	3	4	5	6	7

Durchschnittswert:

Seminarbeurteilung durch die Teilnehmer

— *Kurzfassung* —

Bitte füllen Sie den folgenden Beobachtungsbogen zügig aus. Kreuzen Sie zu jeder Frage — entsprechend ihrem persönlichen, subjektiven Eindruck — eine der Zahlen zwischen 1 und 7 an.

I. Komplex: Inhalte und Gestaltung des Unterrichts

1. Der gebotene *Inhalt* war

uninteressant
und | 1 | 2 | 3 | 4 | 5 | 6 | 7 | angemessen und
langweilig   ausgewogen

2. *Gliederung* und Aufbereitung waren

unüber-
sichtlich | 1 | 2 | 3 | 4 | 5 | 6 | 7 | übersichtlich

3. Die Art der *Unterrichtsgestaltung* war für die Teilnehmer

uninteressant
und | 1 | 2 | 3 | 4 | 5 | 6 | 7 | interessant und
langweilig   anregend

4. Die *unterrichtlichen Hilfsmittel waren in qualitativer Hinsicht für das Lernen eine*

Belastung | 1 | 2 | 3 | 4 | 5 | 6 | 7 | Bereicherung und Hilfe

5. Das *Unterrichtstempo* und die Gestaltung des U. waren

unangemessen | 1 | 2 | 3 | 4 | 5 | 6 | 7 | angemessen

6. Meine *eigene aktive Beteiligung* im Unterricht war

wenig
möglich

1	2	3	4	5	6	7

häufig
möglich

7. *Eigene Erfahrungen* konnten von den Teilnehmern

zu selten

1	2	3	4	5	6	7

genügend

eingebracht werden.

II. Komplex: Verhalten der Teilnehmer und des Dozenten

1. Der *Umgang der Teilnehmer* untereinander war

unfreundlich
gering-
schätzend

1	2	3	4	5	6	7

freundlich
wertschätzend

2. Das Verhalten der Teilnehmer untereinander war geprägt durch

Unsachlich-
keit

1	2	3	4	5	6	7

Sachlichkeit

3. Das *Verhalten des Dozenten* gegenüber den Teilnehmern war geprägt durch

Gering-
schätzung
Kälte

1	2	3	4	5	6	7

Wertschätzung
Wärme

4. Das Verhalten des Dozenten gegenüber den Teilnehmern war geprägt durch

Unsachlich-
keit

1	2	3	4	5	6	7

Sachlichkeit

5. Der Dozent schuf ein

unangenehmes
Lernklima
| 1 | 2 | 3 | 4 | 5 | 6 | 7 |
angemessenes
Lernklima

6. Das *Sprachverhalten* des Dozenten war

unverständlich
| 1 | 2 | 3 | 4 | 5 | 6 | 7 |
verständlich

7. Der Dozent ging im Unterricht auf *Fragen, Einwände und Diskussions-beiträge*

nicht immer und
unangemessen
ein
| 1 | 2 | 3 | 4 | 5 | 6 | 7 |
immer und
angemessen
ein

Gesamteindruck:

Der Unterricht war für mich

wenig
bereichernd
wenig
nützlich
| 1 | 2 | 3 | 4 | 5 | 6 | 7 |
bereichernd und
nützlich

Gesamtauswertung

I. Komplex: Inhalte und Gestaltung des Unterrichts

1. Interessantheit (Inh.)	1	2	3	4	5	6	7
2. Gliederung (Inhalt)	1	2	3	4	5	6	7
3. Interessantheit (Gest.)	1	2	3	4	5	6	7
4. Hilfsmittel im U.	1	2	3	4	5	6	7
5. Unterrichtstempo	1	2	3	4	5	6	7
6. Eigenbeteiligung	1	2	3	4	5	6	7
7. Erfahrungsaustausch	1	2	3	4	5	6	7

Durchschnittswert:

II. Komplex: Verhalten der Teilnehmer und des Dozenten

1. Wertschätzung (Tn.)	1	2	3	4	5	6	7
2. Sachlichkeit (Tn.)	1	2	3	4	5	6	7
3. Wertschätzung (Doz.)	1	2	3	4	5	6	7
4. Sachlichkeit (Doz.)	1	2	3	4	5	6	7
5. Lernklima	1	2	3	4	5	6	7
6. Sprachverhalten	1	2	3	4	5	6	7
7. Eingehen auf Fragen	1	2	3	4	5	6	7

Durchschnittswert:

III. Gesamteindruck

1	2	3	4	5	6	7

Dritter Teil

Literaturhinweise
zu ausgewählten Bereichen

1. Bereich: Lernen und Lerntheorie

Spezielle Hinweise:

a) Für die Beschäftigung mit Fragen des Lernens und der Lerntheorien ist nach wie vor das folgende Werk unerläßlich:
Hilgard, E.R.; Bower, G.H.: Theorien des Lernens: 2. Bde. Stuttgart 1973/2. 1975/4.

b) Zu dem im vorliegenden Buch besonders behandelten Informationsverarbeitungs-Ansatz werden die folgenden Hinweise gegeben:
Klassiker:
1. Miller, G.A.; Galanter, A.; Pribram, K.H.: Strategien des Handelns — Pläne und Strukturen des Verhaltens. Stuttgart. Klett 1973.
Amerikanische Originalausgabe: New York. H. Holt 1960.
2. Neisser, U.: Kognitive Psychologie. Stuttgart. Klett 1974. Amerikanische Originalausgabe: New York. Meredith 1967.
3. Klix, F.: Information und Verhalten. Bern 1971.
Gute Gesamtdarstellungen/Einführungen:
1. Lindsay, P.H.; Norman, D.A.: Human information processing: An introduction to psychology. 2. Aufl. New York. Academic Press 1977.
2. Wimmer, H.; Perner, J.: Kognitionspsychologie. Stuttgart. Verlag W. Kohlhammer 1979.
3. Posner, M.J.: Kognitive Psychologie, München 1976.
Dort weiterführende Literatur!
Konstruktive Kritik und Weiterführung des Ansatzes:
1. Neisser, U.: Cognition and Reality. San Franzisko 1976.
2. Stadler, M.; Seeger, F.; Raeithel, A.: Psychologie der Wahrnehmung. München 1977.
3. Eckensberger, L.H.; Silbereisen, R.K. (Hrsg.): Entwicklung sozialer Kognition. Stuttgart 1980.

c) Allgemeine Literatur zum Thema:

Ausubel, D.P.; Fitzgerald, D.: The psychology of meaningful verbal learning. New York 1963.

Bernstein, B.: Soziokulturelle Determinanten des Lernens. In: Kölner Zeitschr. f. Soziologie und Sozialpsychologie. Sonderheft 4. 1959.

Bredenkamp, J.; Wippich, W.: Lern- und Gedächtnispsychologie. 2 Bde. Stuttgart 1977.

Bruner, J.S.; Olver, R.R.; Greenfield, P.M.u.a.: Studies in cognitive growth. New York 1966.

Cofer, C.N.: Motivation und Emotion. München 1975.

Ennenbach, W.: Prototypen des Lernens und Unterrichtens. München/Basel 1968.

Foppa, K.: Lernen, Gedächtnis, Verhalten. Köln 1965.

Fuchs. W.R.: Knaurs Buch vom neuen Lernen. München/Zürich 1969.

Gagné, R.M.: Die Bedingungen des menschlichen Lernens. Hannover 1969.

Galperin, P.J.: Die Psychologie des Denkens und die Lehre von der etappenweisen Ausbildung geistiger Handlungen. In: Budilowa, E.A.u.a.: Untersuchungen des Denkens in der sowjetischen Psychologie. Berlin (Ost) 1967. S. 81-120.

Gasser, P.; Singer, P.: Angewandte Lernpsychologie. Weinheim/Basel 1979.

Hardöfer, L.: Denkenlernen und Gesamtorientierung. Düsseldorf 1978.

Heckenhausen, H.: Förderung der Lernmotivierung und intellektuellen Tüchtigkeit. In: Roth, H. (Hrsg.): Begabung und Lernen. Stuttgart 1969.

Huber, G. L.: Selbstbestimmung und Fremdbestimmung in Lernprozessen. München 1976.

Izard, C. E.: Die Emotion des Menschen. Weinheim/Basel 1981.

Nolda, S. (Hrsg.): Denken, Handeln, Verstehen, Bad Heilbrunn 1986.

Oerter, R.: Psychologie des Denkens. Donauwörth 1971.

Oerter, R.; Weber, E. (Hrsg.): Der Aspekt des Emotionalen in Unterricht und Erziehung. Donauwörth 1975.

Rosemann, H.: Lernen, Behalten und Denken. Berlin 1974.

Roth, H. (Hrsg.): Begabung und Lernen. Stuttgart 1969.

Skowronek, H.: Lernen und Lernfähigkeit. München 1969.

Verres-Muckel, M.: Lernprobleme Erwachsener. Stuttgart 1974.

Vester, F.: Denken, Lernen, Vergessen. Stuttgart 1975.

2. Bereich: Lernen mit Erwachsenen

a) Spezieller Hinweis

Für den vorliegenden Bereich werden zur Einführung die beiden folgenden Werke empfohlen:

— Prokop, E.: Lernen mit Erwachsenen. München 1983.

— Zdarzil, H.; Olechowski, R.: Anthropologie und Psychologie des Erwachsenen. Stuttgart u.a. 1976.

b) Allgemeine Literatur zum Thema

Arbeitsgruppe Altersforschung Bonn (AAB): Altern — psychologisch gesehen. Braunschweig 1971.

Balon, K.-H. u. D. Sokoll: Projekte im Unterricht — Planspiel, Soziales Lernen in simulierter Wirklichkeit. Starnberg 1974.

Brandenburg, A.: Der Lernerfolg im Erwachsenenalter. Göttingen 1974.

Breloer, G. u.a.: Teilnehmerorientierung und Selbstbestimmung in der Erwachsenenbildung, Braunschweig 1980.

Bromley, D.M.: The Psychology of human Ageing. London 1966.

Cube, A.V. u.a.: Kompensation oder Emanzipation. Braunschweig 1974.

Deutscher Volkshochschulverband — Pädagogische Arbeitsstelle —: Die Volkshochschule — Handbuch für die Praxis der VHS-Leiter und -Mitarbeiter, Loseblattsammlung Frankfurt 1968 ff.

ders.: Ergebnisse der Lehrforschung für die Erwachsenenbildung (Arbeitspapier) Frankfurt/M. o.J.

Dohmen, G.: Wie lernen Erwachsene? In: Unterrichtswissenschaft. Jg. 1975. H.3., S. 1-13.

Dolff, H.u.J. Weinberg (Hrsg.): Experimente und Veränderungen — Tendenzen der Erwachsenenbildung...; Braunschweig 1969.

Erhardt, H.: Zum Verhältnis von Aufstiegshoffnung und Bildungsinteresse, Dortmund 1965.

Feifel, E.: Erwachsenenbildung. Zürich 1972.

Fiederle, X.: Kursbuch zur Arbeit mit Erwachsenen: Hilfen für die Organisation kirchlicher Bildungsarbeit, Projekt E: Management — Didaktik — Methodik; Belnhausen, Berlin, Freiburg i.Br. 1975.

ders.: Rollenspiel in der Erwachsenenbildung; in: Erwachsenenbildung, Vierteljahresschrift der Kath. Bundesarbeitsgemeinschaft für Erwachsenenbildung, Heft 3, 1977, S. 145 ff.

Gottwald, K.u.Chr. Brinkmann: Determinanten der Weiterbildungsmotivation; in: Deutscher Bildungsrat: Bildungsurlaub als Teil der Weiterbildung. Stuttgart 1973.

Groothoff, H.H.u.a.: Erwachsenenbildung und Schule. Braunschweig 1967.

Harke, E.: Beiträge zur Erwachsenenqualifizierung. Berlin (Ost) 1971.

Huber, G.L.: Selbstbestimmung und Fremdbestimmung in Lernprozessen. München 1976.

Hubermann, A.M.: Wie verändern sich erwachsene Lerner? In: Unterrichtswissenschaft. Jg. 1975. H.3., S. 14-38.

Jüchter, H.T.: Programmierte Erwachsenenbildung. Braunschweig 1970.

Knoll, H.J.u.H. Siebert: Erwachsenenbildung — Erwachsenenqualifizierung. Heidelberg 1968.

Knoll, H.J.: Erwachsenenbildung. Stuttgart 1972.

Knoll, H.J.: Lebenslanges Lernen, Erwachsenenbildung in Theorie und Praxis. Hamburg 1974.

Kuypers, H.W.: Unterricht mit Erwachsenen. Stuttgart 1975.

Lange, O; D. Raapke: Weiterbildung der Erwachsenen. Bad Heilbrunn 1976.

Lengrand, P.: Permanente Erziehung. UTB, München-Pullach 1972.

Lenz, W.: Grundlagen der Erwachsenenbildung. Stuttgart 1979.

Leon, A.: Psychologie der Erwachsenenbildung. Stuttgart 1977.

Löwe, H.: Einführung in die Lernpsychologie des Erwachsenenalters: Berlin (Ost) 1970.

Mader, W.; A. Weymann: Erwachsenenbildung; Reihe: Didaktische Grundrisse, Verlag Klinkhardt, Bad Heilbrunn 1975.

Maeck, H.: Kreative Planung und Kontrolle des Lehrens und Trainierens. München 1980.

Müller, H.J.: Die didaktische Gestaltung von Erwachsenenbildungsmaßnahmen — Entwicklung und Begründung einer Handlungsstrategie; R.G. Fischer Verlag. Frankfurt a.M. 1979.

Negt, O.: Soziologische Fantasie und exemplarisches Lernen. Frankfurt/M. 1971.

Niggemann, W.: Praxis der Erwachsenenbildung, Freiburg i.Br. 1979/3.

Planungskommision Erwachsenenbildung und Weiterbildung des Kultusministeriums des Landes Nordrhein-Westfalen: Erster Bericht. Düsseldorf 1972.

Pöggeler, F.: Methoden der Erwachsenenbildung. Freiburg i.Br. ³1971.

Ritters, C. (Hrsg.): Theorien der Erwachsenenbildung. Weinheim 1968.

Runkel, W.: Alltagswissen und Erwachsenenbildung. Braunschweig 1976.

Sauer, J.M.: Erwachsenenbildung. Stand und Trend der Forschung in der Bundesrepublik Deutschland. Göttingen 1976.

Schaeffter, O.: Zielgruppenorientierung in der Erwachsenenbildung, Braunschweig 1981.

Schulenberg, W.: Zur Professionalisierung der Erwachsenenbildung. Braunschweig 1972.

ders. (Hrsg.): Transformationsprobleme der Weiterbildung. Braunschweig 1975.

ders.; Loeber; Loeber-Pautsch; Pühler; Driesen: Soziale Faktoren der Lerneinstellung Erwachsener (Rohbericht). Oldenburg 1976.

Siebert, H.: Erwachsenenbildung: Aspekte einer Theorie. Düsseldorf 1972.

ders.: Lernziele in der Erwachsenenbildung — Probleme der Begründung, Operationalisierung und Hierarchisierung; in: Hessische Blätter f. Volksbildung. Jg.22, H.2, 1972, S. 139-151.

ders.: Curricula für die Erwachsenenbildung, Braunschweig 1974.

ders. (Hrsg.): Praxis und Forschung in der Erwachsenenbildung. Opladen 1977.

ders. (Hrsg.): Taschenbuch der Weiterbildungsforschung. Baltmannsweiler 1979.

ders.; Tietgens, H.: Lernfähigkeit und Lernverhalten von Erwachsenen. Selbststudienmaterial. Päd. Arbeitsstelle des Deutschen Volkshochschul-Verbandes. Frankfurt 1979.

ders.: Erwachsenenbildung in der Gemeinde. Regensburg 1975.

ders.; H. Gerl: Lehr- und Lernverhalten bei Erwachsenen. Braunschweig 1975.

Skowronek, H.: Lernpsychologische Forschung zum Erwachsenenalter; in: Siebert, H. (Hrsg.): Taschenbuch der Weiterbildungsforschung. Baltmannsweiler 1979. S. 286-307.

Stiefel, R.T.: Fortbildungsphilosophie und Programmplanung. Wiesbaden 1974.

Strzelewicz; Raapke; Schulenberg: Bildung und gesellschaftliches Bewußtsein. Stuttgart 1966.

dies.: Bildung und gesellschaftliches Bewußtsein; gekürzte Taschenbuchf. Stuttgart 1973.

Tietgens, H.: Lernen mit Erwachsenen. Braunschweig 1967.

Tietgens, H.: Zur Beobachtung von Weiterbildungsprozessen. Braunschweig 1974.

ders.; J. Weinberg: Erwachsene im Feld des Lehrens und Lernens, Braunschweig 1975.

ders.: Einleitung in die Erwachsenenbildung; Wissenschaftliche Buchgesellschaft. Darmstadt 1979.

ders.: Die Erwachsenenbildung; Grundfragen der Erziehung; Bd. 14, Juventa-Verlag. München 1981.

ders.; G. Hirschmann u. M. Bianchi: Baukastensystem für die Erwachsenenbildung. Braunschweig 1976.

Verres-Muckel, M.: Lernprobleme Erwachsener. Stuttgart 1974.

Vontobel, J.: Über den Erfolg in der Erwachsenenbildung. Braunschweig 1972.

Vopel, K.W.: Materialien für Gruppenleiter, Diagnose der Gruppensituation. Hamburg 1977.

Weinberg, J.: Über den Zusammenhang von Lehrerverhalten und Lernerfolg; in: Tietgens, H.: Lernen mit Erwachsenen. Braunschweig 1967, S. 247-262.

Werner, C.A.: Didaktik und Methodik des Erwachsenenbildungsunterrichts. Berlin, Köln 1960.

Wolterhoff, B.: Neue Theorien der Erwachsenenbildung. Stuttgart 1981.

3. Bereich: Lehren/Lernen in der Weiterbildung

a) Spezieller Hinweis

Als Einführung in den vorliegenden Themenkreis werden die beiden folgenden Werke vorgeschlagen:
- Jäckering, W.; Schwebbach, W.; Voelkner, J.: Lernorganisation in der dienstlichen Fortbildung. Köln/Bonn 1980.
- Jeserich, W. (Hrsg.): Handbuch der Weiterbildung f. d. Praxis in Wirtsch. u. Verw. 7 Bde. München/Wien 1981.

b) Allgemeine Literatur zum Thema

Bleicher, K.; Wiek, D.: Die Bestimmung von Lehrinhalten bei der Fortbildung von Führungskräften in Wirtschaft und Verwaltung. In: VuF. 2.Jg. 1974, S. 95-108.

Birkenbühl, M.: Kleines Arbeitshandbuch für Ausbilder und Dozenten, München 1975/3.

Böhret, C.: Das Planspiel. Köln/Bonn 1976.

Brokamp, T.H.; Müller-Marschhausen, E.: Das strukturierte Gespräch mit repräsentativen Gruppen als eine Methode zur Ermittlung des Fortbildungsbedarfs. In: VuF. 4.Jg. 1976, S. 37-54.

Bundesinstitut für Berufsbildungsforschung (Hrsg.): Weiterbildung in der Arbeitswelt. München 1976.

Dahm, G.u.a. (Hrsg.): Wörterbuch für Weiterbildung. München 1980.

Dieckmann, B. u.a.: Gesellschaftsanalyse und Weiterbildungsziele. Braunschweig 1973.

Dikau, J.: Arbeitsbogen für die Planungsvorbereitung. In: Tietgens, H.: Zur Beobachtung von Weiterbildungsprozessen. Braunschweig 1974.

Döring, K.W.: Didaktische Perspektiven in der Weiterbildung. In: Verwaltung und Fortbildung. 5.Jg. 1977, H.1, S. 11-29.

ders. gem. m. Schulz, W.: Das Follow-up-Seminar als Instrument der Transfersicherung in der Fortbildung. In: VuF. 10. Jg. 1982, H.2, S. 51-70.

Döring, P.: Transfersicherung und Transferevaluierung bei der Fortbildung in der öffentlichen Verwaltung. In: BAKÖV-Werkpapiere. Nr. 4. Bonn/Bad Godesberg 1978.

Fischbach, D.; Notz, G.: Lernprozesse in der beruflichen Bildung. Weinheim/Basel 1981.

Groskurth, P. (Hrsg.): Arbeit und Persönlichkeit. Berufliche Sozialisation in der arbeitsteiligen Gesellschaft. Hamburg 1979.

Kemp, T. (i. Auftrag d. BBF): Weiterbildung in der Arbeitswelt. München 1976.

Kudera, S.: Arbeit und Beruf. München 1967.

Lange, O.; Raapke, H.-D.: Weiterbildung der Erwachsenen. Bad Heilbrunn 1976.

Meueler, E.: Erwachsene lernen. Stuttgart 1982.

Maeck, H.: Arbeitshandbuch der Lehr- und Trainingstechniken. München 1978.

Mattern, K.H.: Grundlinien zu einem System der dienstlichen Fortbildung. In: VuF. 2.Jg. 1974, S. 3-15.

Schlutz, E.: Unterricht — ein für die Weiterbildungsforschung relevantes Feld? In: Siebert, H. (Hrsg.): Taschenbuch der Weiterbildungsforschung. Baltmannsweiler 1978. S. 482-510.

Ders: Sprache, Bildung und Verständigung. Regensburg 1984.

Schulenberg, W. (Hrsg.): Transformationsprobleme der Weiterbildung. Braunschweig 1975.

Siebert, H. (Hrsg.): Taschenbuch der Weiterbildungsforschung. Baltmannsweiler 1979.

Thiele, H.: Trainingsprogramm Gesprächsführung im Unterricht. Bad Heilbrunn/OBB 1983.

Voelkner, J.: Zum Problem der Fortbildung von Führungskräften in der Wirtschaft...; Dissertation. Gießen 1975.

ders.: Das Erfahrungsaustausch-Seminar als Fortbildungsinstrument. In: Verwaltung und Fortbildung, 4.Jg., 1976. H.4, S. 182-202.

ders.: Gruppendynamik und Lernprozeß in Fortbildungsseminaren. In: Verwaltung und Fortbildung. 1.Jg. 1973, H.3, S. 139-155.

ders.: Das Transferproblem bei der Verwaltungsfortbildung. In: Bundeswehrverwaltung. 1977, H.7.

ders.: Das Lehrmethoden-Instrumentarium für Fortbildungsveranstaltungen. In: VuF. 7.Jg. 1979, H.1. S. 17-28.

Weinberg, J.: Didaktische Reduktion und Rekonstruktion. In: Schulenberg, W. (Hrsg.): Transformationsprobleme der Weiterbildung. Braunschweig 1975.

4. Bereich: Allgemeine Didaktik

a) spezieller Hinweis

Für die schier unüberschaubare Fülle an Literatur zum vorliegenden Thema können als grundlegende Einführungen die beiden folgenden Werke dienen:

— Adl-Amini, B.; Künzli, R. (Hrsg.): Didaktische Modelle und Unterrichtsplanung. München 1980.

— Reich, K.: Theorien der Allgemeinen Didaktik. Stuttgart 1977.

b) Allgemeine Literatur zum Thema

Adl-Amini, B. (Hrsg.): Didaktik und Methodik. Weinheim/Basel 1981.

Adl-Amini, B.; Künzli, R. (Hrsg.): Didaktische Modelle und Unterrichtsplanung. München 1980.

Becker, H.; Haller, H.-D.; Stubenrauch, H.u.G. Wilkending: Das Curriculum: Praxis, Wissenschaft und Politik, München 1974.

Blankertz, H.: Theorien und Modelle der Didaktik. München [9]1975.

Bloom. B.S. (Ed.): Taxonomy of Educational Objectives-Handbook I. New York 1956.

Döring, K.W. (Hrsg.): Unterricht mit Lehr- und Lernmitteln. Weinheim 1973/2.

Dohmen, G.; Maurer, F. (Hrsg.): Unterricht. Aufbau und Kritik. München 1968.

dies. (Hrsg.): Unterrichtsforschung und didaktische Theorie. München 1970.

Edelmann, G.u.C. Möller: Grundkurs Lernplanung: Einzel- oder Gruppenübungen zu praxisorientierten Problemen der Lernzieldarstellung. Weinheim, Basel 1976.

Eigler, G.; Judith, H.; Künzel, M.u.A. Schönwalder: Grundkurs Lehren und Lernen. Weinheim, Basel [2]1975.

Flanders. N.A.: Analyzing Teaching Behavior. Reading/Mass. u.a. 1970.

Frey, K. (Hrsg.): Curriculum-Handbuch; Bd. 1-3. München etc. 1976.

Giesecke, H.: Methodik des politischen Unterrichts. München 1975.

Haller, H.-D.: Didaktische Organisation des Unterrichts. München 1978.

Heimann, P.; Otto, G.; Schulz, W.: Unterricht, Analyse und Planung. Hannover 1965.

Keil, W.: Psychologie des Unterrichts. München 1977.

Klafki, W.; Otto, G.; Schulz, W.: Didaktik und Praxis. Weinheim/Basel 1977.

Klafki, W.: Zur Unterrichtsplanung im Sinne kritisch-konstruktiver Didaktik. In: Adl-Amini, B.; Künzli, R. (Hrsg.): Didaktische Modelle und Unterrichtsplanung. München 1980, S. 11-48.

Kösel, E.: Sozialformen des Unterrichts. Ravensburg [4]1975.

Koskenniemi, M.: Elemente der Unterrichtstheorie. München 1971.

Mager, R.F.: Lernziele und programmierter Unterricht. Weinheim, [14]1970.

Menck, P.; Thoma, G. (Hrsg.): Unterrichtsmethode. München 1972.

Messner, R.u.H. Rumpf (Hrsg.): Didaktische Impulse: Studientexte zur Analyse von Unterricht. Wien 1971.

Meyer, H.: Trainingsprogramm zur Lernzielanalyse. Kronberg 1976.

Möller, C.: Technik der Lernplanung. Weinheim 1973.

Ostertag, H.-P. u. Th. Spiering: Unterrichtsmedien. Technologie und Didaktik. Ravensburg 1975.

Popp, W.: Kommunikative Didaktik: Soziale Dimension des didaktischen Feldes. Weinheim 1976.

Reich, K.: Unterricht — Bedingungsanalyse und Entscheidungsfindung. Stuttgart 1979.

Robinsohn, S.B.: Bildungsreform als Revision des Curriculum. Neuwied [4]1972.

Schmidt, W. (Hrsg.): Unterrichtsgestaltung. München 1978.

Sommer, H.: Grundkurs Lehrerfrage. Weinheim/Basel 1981.

Staatsinstitut für Schulpädagogik München (Hrsg.): Curriculumarbeit in Bayern — eine Zwischenbilanz. München 1971.

Thiel, S.: Lehr- und Lernziele; Reihe Workshop Schulpädagogik, H.2. Ravensburg [2]1975.

Zinnecker. J.: Der heimliche Lehrplan. Weinheim 1975.

5. Bereich: Techniken geistigen Arbeitens

a) Spezielle Hinweise

Zu diesem Thema liegt seit neuerem eine vom ‚bbb' (Bundesinstitut für Berufsbildung) herausgegebene, kurz kommentierte Bibliographie vor:

— Melms, B.: Literaturübersicht zu Lern- und Arbeitstechniken. Berlin 1980.

Als Einführungen in das Gebiet werden die beiden folgenden Werke empfohlen:

— Beelich, K.-H.; Schwede, H.-H.: Lern- und Arbeitstechnik. Würzburg 1974.

— Rückriem, G.; Stary, J.; Franck, N.: Die Technik wissenschaftlichen Arbeitens. Paderborn 1977.

b) Allgemeine Literatur zum Thema

Aretz, M.; Gielessen, R.: Erfolgreich lernen. Essen 1977.

Bronnmann, W. u.a.: Lernen lehren. Regensburg 1981.

Dehmel, H.; Heimerer, L.-H.: Lern- und Arbeitstechnik. Zürich 1974.

Fermer. H.; Wie verbessere ich meine Arbeitstechnik? Stuttgart 1975.

Günther, M.u.a.: Konzentriert arbeiten — gezielt studieren. München 1977.

Hasselhorn, M. (Hrsg.): Wirkungsvoller lernen und arbeiten. Heidelberg 1977.

Hülshoff, F.; Kaldewey, R.: Training rationeller lernen und arbeiten. Stuttgart 1976.

Kliemann, H.: Anleitungen zum wissenschaftlichen Arbeiten. Freiburg 1965/5.

Köpping, W.: Mit Freude lernen. Köln 1977.

Kugemann, W.F.: Kopfarbeit mit Köpfchen. München 1974.

ders. u.a.: Lerntechniken für Erwachsene. Stuttgart 1972.

Naef, R.D.: Rationeller Lernen lernen. Weinheim/Basel [4]1973.

Rainer, W.: Lernen lernen. Paderborn 1981.

Roland, P.: Lerntechnik für Erwachsene... . Wien 1976.

Seiffert, H.: Einführung in das wissenschaftliche Arbeiten. Braunschweig 1962.

Schweim, L. (Hrsg.): Der andere Studienführer. Weinheim, Basel 1973.

Spandl, O.P.: Die Organisation der wissenschaftlichen Arbeit. Reinbek 1974.

Standop, E.: Die Form der wissenschaftlichen Arbeit. Heidelberg 1973.

Vester, F.: Denken, Lernen, Vergessen. München [7]1981.

ders.: Aufmerksamkeitstraining in der Schule. Heidelberg 1979.

Weltner, K.: Theorie und Praxis der Unterstützung selbstgeregelten Lernens in der Hochschule und Schule. Stuttgart 1978.

Zielke, W.: Handbuch Lern-, Denk- und Arbeitstechnik. München 1980.

6. Bereich: Lehrer-/Dozentenverhalten

a) Spezielle Hinweise

Für den Bereich der Fortbildung fehlen bislang Monographien zum Thema Dozentenverhalten. So muß derzeit auf die einschlägige Literatur aus dem schulischen Bereich zurückgegriffen werden. Als Einführungen werden genannt:

— Döring, K.W.: Lehrerverhalten: Forschung, Theorie, Praxis. Weinheim/Basel 1980.
— Grell, J.: Techniken des Lehrerverhaltens. Weinheim/Basel 1974.
— Tausch, R.u. A.-M.: Erziehungspsychologie. Göttingen 1970/5.
— Langer, I. u.a.: Sich verständlich ausdrücken. München 1981/2.

b) Allgemeine Literatur zum Thema

Baake, D.: Kommunikation und Kompetenz. München [2]1975.

Balon, K.H. u. D. Sokoll: Projekte im Unterricht — Planspiel: Soziales Lernen in simulierter Wirklichkeit. Starnberg 1974.

Brocher, T.: Gruppendynamik und Erwachsenenbildung. Braunschweig 1967.

Brophy, J.E.u.a.: Die Lehrer — Schüler — Interaktion. München u.a. 1976.

Brumlik, M.: Der symbolische Interaktionismus und seine pädagogische Bedeutung. Frankfurt/M. 1973.

Brunner, R.: Lehrerverhalten. Paderborn 1978.

Büchner, U.: Der Gewerbelehrer und die industrielle Arbeit. Weinheim/Basel 1980.

Döring, K.W.: Klassenarrangement und kritischer Unterricht. In: Döring, K.W.; Kupffer, H.: Die eindimensionale Schule. Weinheim/Basel 1972. S. 184-203.

ders.: Lehrerverhalten und das Konzept der Unterrichtstechnologie. In: Zeitschrift f. Pädagogik. 20. Jg. Nr.2. 1974, S. 189-210.

Fritz, J.: Interaktionspädagogik — Methoden und Modelle. München 1975.

Goeppert, H.C. (Hrsg.): Sprachverhalten im Unterricht. München 1977.

Goffmann, E.: Interaktion: Spaß am Spiel, Rollendistanz. München 1973.

Greif, S.: Diskussionstraining. Salzburg 1976.

Gröschel, H. (Hrsg.): Das Lehrer-Schüler-Verhalten in Erziehung und Unterricht. München 1975/2.

Junker, H.: Das Beratungsgespräch. München 1973.

Kickhöfer, B.: Rolle und Handeln. Beispiel: Lehrer. Weinheim/Basel 1981.

Kirsten, R.E.: Lehrerverhalten. Stuttgart 1973.

Loser, F.; Terhart, E. (Hrsg.): Theorien des Lehrens. Stuttgart 1977.

Priesemann, G.: Zur Theorie der Unterrichtssprache. Düsseldorf 1971.

Reinert, G.-B.; Thiele, J. (Hrsg.): Nonverbale pädagogische Kommunikation. München 1977.

Schreckenberg, W.: Vom ,,guten" zum ,,besseren" Lehrer. Düsseldorf 1982.

Schulz v., F.; Thun, I.; Langer, R.; Tausch, R.: Trainingsprogramm für Pädagogen zur Förderung der Verständlichkeit bei der Wissensvermittlung. Hrsg.: Landesverband der Volkshochschulen Schleswig-Holsteins. Kiel 1972.

Schusser, G.: Lehrererwartungen. München 1972.

Solomon, D.; Bezdek, W.E.; Rosenberg, L.: Teaching Styles and Learning. Chicago 1963.

Sommer, H.: Grundkurs Lehrerfrage. Weinheim/Basel 1981.

Spanhel, D.: Die Sprache des Lehrers. Düsseldorf 1971.

Thiele, H.: Gesprächsführung im Unterricht. Bad Heilbrunn 1983.

Vogel, A.: Artikulation des Unterrichts. Ravensburg [4]1975.

Vopel, K.W.: Interaktionsspiele, Lebendiges Lernen. Bde. 1-9, Hamburg 1974.

Watzlawik, P.; Beavin, J.H.u.D.D. Jackson: Menschliche Kommunikation. Bern [2]1971.

Watzlawik, P.; Weakland, J.; Fisch, R.: Lösungen. Bern [2]1975.

Weber, A. (Hrsg.): Lehrerhandeln und Unterrichtsmethode. Paderborn 1981.

Weinberg, J.: Über den Zusammenhang von Lehrerverhalten und Lernerfolg. In: Tietgens, H.: Lernen mit Erwachsenen. Braunschweig 1967. S. 247-262.

Zifreund, W. (Hrsg.): Training des Lehrerverhaltens und Interaktionsanalyse. Weinheim/Basel 1976.

Zöschbauer, F.; Hoekstra, H.: Kommunikationstraining. Heidelberg 1974.

7. Bereich: Medien und Mediendidaktik

a) Spezieller Hinweis

Als Einführungen in den Problemkreis eignen sich:

—Dichanz, H.: Medien im Unterrichtsprozeß. München 1974.

— Döring, K.W. (Hrsg.): Unterricht mit Lehr- und Lernmitteln. Weinheim/Basel 1973/2.

— Fröhlich, A.: Die auditiven, visuellen und audiovisuellen Unterrichtsmittel. Weinheim/Basel 1974.

— Schoeps, J.H.; Proske, R.; Greiner, F. (Hrsg.): Weiterbildung durch Medien. Bonn 1982.

b) Allgemeine Literatur zum Thema

Ashauer, G. (Hrsg.): Audiovisuelle Medien. Handbuch für Schule und Weiterbildung. Bonn 1980.

Bachmair, B.: Medienverwendung. Berlin 1979.

Balon, K.H.; Sokoll, D.: Projekte im Unterricht — Planspiel, Soziales Lernen in simulierter Wirklichkeit. Starnberg 1974.

Correll, W.: Programmiertes Lernen und Lehrmaschinen. Braunschweig 1965.

301

Dichanz, H.; Kolb, G. (Hrsg.): Quellentexte zur Unterrichtstechnologie, 2 Bde. Stuttgart 1975.

Döring, K. W. (Hrsg.): Lehr- und Lernmittelforschung. Weinheim/Basel 1971.

Gottschaldt, K.: Psychologie des Programmierten Lernens, Hannover 1972.

Gutschmidt, F. u. a.: Bildungstechnologie und Curriculum. Hannover 1974.

Heidt, E. U.: Medien und Lernprozesse, Weinheim/Basel 1976.

Issing, L. J.; Knigge-Illner, H. (Hrsg): Unterrichtstechnologie und Mediendidaktik. Weinheim/Basel 1976.

Klotz, G.: Programmierter Unterricht – ein Verfahren für morgen, München 1969.

Salzmann. C. u. a.: Unterrichtsmedien im Gespräch. Rheinstetten 1976.

Sommer, W.: Neue Medien in der Aus- und Weiterbildung. Berlin 1987.

Zimmermann, P. (Hrsg.): Neue Medien und Lernen. Weinheim 1985.